시상(詩想)을 잘 담은 제목들과 간결한 주석을 읽으면서, 역시 성서 글쓰기의 달인인 저자의 경륜이 잘 드러나는 작품이라고 생각했다. 본래 시는 여백의 문학이다. 시편은 그 여백에서 하늘의 영감과 땅 위의 인생이 조우한다. 그렇기 때문에 지리한 설명은 오히려 시의 심상을 옥죄어버리기 일쑤다. 저자의 30년 경륜은 탁월하게 그 완급을 조절하였고, 그 결과 가장 시(詩)다운 시편 글이 나오게 되었다. 성서를 놓고 같은 고민과 씨름을 하는 동료들 및 시편 애독자들에게 훌륭한 해설서가 되어 줄 아주 고마운 책이다.

기민석 | 한국침례신학대학교 구약학 교수

시편을 연구하고 묵상하면 기독교 영성의 진수를 만날 수 있다. 달리 말하면 시편으로 기도하고 노래하지 않는 기독교 영성은 세상 일반 종교보다 나을 것이 없다. 하나님의 일하심과 말씀하심에 전인격적으로 반응하는 영적 보화들이 이 속에 가득 들어 있기 때문이다. 수천 년 전에 쓰인 이 시들을 진짜배기로 누리기 원하는 사람들은 이 시들을 깊이 연구하면서 기도하는 안내자를 구하게 된다. 저자는 학문적 연구에 개인적 묵상을 더하여 우리를 기독교 영성의 본령으로 초대한다. 이 책은 내가 시편을 묵상하고 시편으로 기도할 때마다 참고할 책이 될 것 같다. 51-100편, 101-150편의 주해가 그래서 기다려진다.

김형국 | 하나복DNA네트워크 대표

시편은 혼돈과 어둠의 세력에 짓눌려 방향을 잃고, 저항적 무신론과 고립무원의 무력감에 매여 어찌할 바를 모르는 하나님의 자녀들을 소생시키고 회복시키는 그분의 신묘한 약초다. 저자의 시편 사색은 간결하고 절제된 주석과 성찰을 바탕으로 신앙건덕을 위한 메시지를 도출하고 있다. 이런 점에서 매일 아침 경건의 시간이나 새벽기도 시간에 성경과 함께 읽기에 참 좋은 책이라고 할 수 있다. 이 책은 원전을 꼼꼼하게 읽고 해석할 수 있도록 각 시편의 전체 제목을 제시할 뿐만 아니라, 각 시편의 소단락에도 제목을 붙여 각 시편의 음조와 주제를 손쉽게 가늠하도록 도와준다. 정기적으로 발행되는 잡지에 기고한 원고에서 출발한 까닭에 시편 각각에 대한 주석은 간결한 편이지만, 본서를 연속적으로 읽어가다 보면 마르틴 루터가 시편을 가리켜 왜 "신자들을 위한 그리스도의 중보기도"라고 평가했는지, 또한 칼뱅이 왜 "영혼의 해부도"라고 불렀는지를 충분히 공감하며 이해하게 될 것이다. 그렇게 이 책을 정독하는 그리스도인들은 필시 "낮은 목소리로 시편을 음송하는" 물가의 심은 나무처럼 성장해갈 것이다.

김회권 | 숭실대학교 기독교학과 구약학 교수

그리스도인들의 영성은 하나님의 말씀을 통해 형성된다. 즉 하나님과 그분의 말씀에 반응하고 응답하는 과정에서 그리스도인들의 영성이 빚어진다. 찬양과 기도와 감사는 하나님께 반응하고 응답하는 방식이며, 우리는 시편에서 그 방식을 배운다. 시편은 개인과 공동체의 영성 형성을 위한 소중한 책이다. 저자는 질서정연한 형태로 시편의 양식, 구조, 내용, 메시지를 소개하면서, 건실한 학문성과 목회적 온화함을 바탕으로 독자들이 시편의 맥박과 심장 소리를 생생하게 경험할 수 있도록 배려하였다. 한마디로 시편 시인의 영성을 우리에게 친절하게 전해주는 시편 영성 전도자의 역할을 해낸 것이다. 많은 경건한 그리스도인들이 그렇게 행했듯이 독자들도 시편을 열어놓고 이 책의 안내를 따라 시편의 세계로 들어가보기를 권한다. 그 세계에 깊이 들어가 말씀을 묵상하다 보면 반드시 이슬 같은 은혜를 경험하리라 믿는다.

류호준 | 백석대학교 신학대학원 구약학 은퇴 교수

시편을 영혼의 해부도라고 한다면, 이 책은 시편의 해부도 혹은 조감도라고 부를 만하다. 이 책의 가장 큰 매력인 적확한 해설과 적실한 적용은 성경을 중심에 두고 사람에 대한 애정 가득한 시선을 품은 채 세상과 교회 속에서 부대껴온 저자의 삶이 낳은 결과라고 생각한다. 간절히 시인을 부르는 시대 아닌가? 『시인의 영성』과 함께 시편의 사람의 되시라. 시인의 상상력으로 하나님의 위안과 가능성이 되시라.

박대영 | 광주소명교회 책임목사, 『묵상과 설교』 책임편집

교회의 모든 사역을 목회라는 단어로 표현할 수 있는데, 그 목회와 밀접하게 연결된 것이 바로 신학이다. 신학은 하나님의 말씀인 성경을 잣대로 삼아 기독교의 가르침과 선포가 올바른지를 검증한다. 에베소서 4:11의 "목사와 교사"라는 표현에 언급되는 교사가 바로 오늘날의 기독교 구조에서 신학이 맡는 기능을 뜻한다.

평범한 그리스도인들에게는 신학의 기능과 중요성이 잘 보이지 않는다. 예 컨대 선교나 구제에는 금방 마음이 움직이지만, 신학적인 연구를 후원하는 일 에는 쉽게 마음이 움직이지 않는다. 그러나 신학의 기능은 참 중요하다. 신학 은 목회의 토대이기 때문이다. 신학이 건강해야 목회가 건강해질 수 있다. 바 른 신학 없이 사람을 끌어모아 재정만 커지면 최고라고 생각하는 것에서부터 목회의 타락이 시작된다.

신학자의 강의 강단은 근본적으로는 설교자의 설교 강단과 마찬가지로 매 우 중요하다. 신학 이론 자체가 진리는 아니지만, 신학자는 겸허하게 진리를 탐구하는 순례자다. 따라서 우리는 "기도와 연구와 삶의 시련이 신학자를 만 든다"(*Oratio, meditatio, tentatio faciunt theologum*)는 종교개혁자 마르틴 루터(Martin Luther, 1483-1546)의 말을 기억할 필요가 있다.

루터의 말에서 "신학자"라는 표현은 목회자와 넓은 의미의 교회 지도자를 뜻하기도 한다. 이 책의 저자인 차준희 교수님은 목회자의 심성을 가진 신학 자다. 강의와 설교의 오랜 경험을 잘 녹여낸 신학자의 저술을 읽으면서 참 귀 하다는 생각이 들었다. 오랜 시간의 시편 연구와 묵상을 잘 우려내어 담은 이 글 모음은 목회자뿐 아니라 그리스도인 모두의 삶에 귀한 울림을 가져올 것 이다.

지형은 | 말씀삶공동체 성락성결교회 담임목사

시인의 영성 1: 시편 1-50편 해설과 묵상

시인의 영성 1: 시편 1-50편 해설과 묵상

차준희 지음

새물결플러스

차례

인생의 한 바퀴를 도는 시점에서

지난 27년간(1988년 1학기, 1993년 8월부터 2021년 4월까지) 진행한

저의 부족한 구약 수업을

억지로, 기꺼이, 흔쾌히 들어준

한세대학교 신학부, 신학대학원 및 대학원,

한세대학교 목회대학원,

서울신학대학교 신학과, 신학대학원 및 대학원,

연세대학교 대학원, 연합신학대학원,

성결대학교 신학대학원과 대학원의 수많은 제자들에게

이 책을 바칩니다.

그대들 덕분에 외롭고 고독한 학자의 길을

기쁨과 보람으로 걸어올 수 있었습니다.

"영화 한 편의 상영 시간에 맞먹는 매 수업 시간 동안 시편 작품을 소개해주시고,
시편이라는 넓은 신앙의 박물관에서 친히 도슨트(docent)가 되어 길잡이를 해주
신 '시편 읽어 주는 남자' 차준희 교수님께 이 지면을 빌려 감사드린다."

– 한세대학교 신학대학원 한 원우의 2020년 2학기 강의 수강 소감서 중

서문

이 책은 기독교 주간지 『위클리 굿뉴스』에 2017년 10월 31일 창간호 부터 2018년 12월 16일 51호까지 매주 투고한 원고에서 출발한다. 원고를 집필하는 동안 시인의 가르침에 홀려서 정신없이 일주일을 보 냈다. 매주 한 편의 시편을 묵상하고 관련 자료를 찾아 세밀하게 살펴 본 후 여러 해석을 비교 분석하여 정리하고 탈고하는 일이 일상이 되 었다. 매주 독서하고 연구하면서 새롭게 배운 많은 내용을 제한된 지면 에 다 담을 수 없어서 아쉬웠다. 탈고하는 순간의 뿌듯함과 황홀함은 글쓰기가 주는 선물이다. 그러나 이를 충분히 즐기고 만끽하기도 전에 늘 다음 주 시편이 순서를 기다리고 있다. 이전 시편을 뒤로한 채 쉬지 도 못하고 다음 시편의 문을 두드린다. 또 어떤 메시지를 만나게 될까? 설레는 마음으로 다음 시편을 만난다. 새로운 시편이 보여주는 신기 한 세계를 접하다 보면 이전의 감동은 어느새 사라진다. 과거의 감흥이 사라져야 신선한 감흥을 담게 되는 모양이다.

급하게 작성한 원고를 틈틈이 다시 다듬고 지면의 제약으로 인해 덜어낸 부분을 덧붙이는 갈무리 과정을 통해 그럴듯한 책이 만들어졌다. 이후 이 책을 교재로 삼아 한세대학교 신대원의 2020년 1학기 수업에서 학생들과 자세히 독서할 수 있는 기회를 가졌고, 그 과정을 통해 본문을 음독하면서 비판적으로 내용을 검토할 수 있었다. 토론 중 학생들의 탁

월한 제안이 툭툭 쏟아져 나왔다. 이 책에는 성실한 제자들의 목소리가 적잖이 담겨 있다. 이 과목을 흔쾌히 수강해준 한세대학교 신대원 학생들에게 고마움을 전하고 싶다. 또한 연재의 기회를 주고 매주 마감 시간을 기다려준 『위클리 굿뉴스』의 김신규 부장님께도 감사를 드린다.

이와 더불어 헌신적으로 도와준 이들이 있다. 서울신학대학교 대학원에서 구약학 박사과정을 마치고 논문을 작성하고 있는 강수정 전도사, 이화여자대학교 대학원 석사과정을 졸업한 장영옥 목사, 한세대학교 대학원의 구약학 박사과정에 있는 손주환 목사와 조교 김호경 전도사, 구약학 석사과정에 있는 조교 조덕환 전도사와 정준희 전도사의 "에제르"(도움)가 없었다면 이 책은 세상에 태어나지 못했을 것이다. 이 책을 통해 시인의 영성이 널리 알려지기를 간절히 바란다. 『시인의 영성 1: 시편 1-50편』에 이어서 『시인의 영성 2: 시편 51-100편』과 『시인의 영성 3: 시편 101-150편』도 출간을 계획하고 있다. 독자들의 응원을 기대한다.

부족한 원고를 멋진 책으로 만들어주는 새물결플러스의 김요한 대표님과 직원분들에게도 감사의 마음을 표현하고 싶다. 한국교회를 일으켜 세우고 건강한 토대를 다지고자 하는 사명을 품고 최전선에서 신학 선교를 당당하게 감당하고 있는 새물결플러스가 함께 있다는 것만으로도 큰 힘이 된다.

2020년 12월 28일
한세대학교 신학관 연구실에서
차준희

집필 원칙과 의도

1) 시편의 표제는 처음부터 본문과 함께 기록된 것이 아니라 후대에 덧붙여진 것으로서 본문에 대한 최초의 해석이라고 할 수 있다. 표제는 "해석의 기초"가 아닌 "해석의 영향"을 받은 결과물이며 최초의 해석이자 적용이기 때문에, 여기서는 시편 본래의 의미에 주목하기 위해 해석의 범위를 표제를 제외한 시편 본문의 내용에 한정하고자 한다.

2) 학술적인 논쟁을 피하고 일반인의 시편 묵상과 설교자의 시편 설교를 돕는 해설에 집중한다. 따라서 몇 가지 경우를 제외하고는 일일이 각주를 달지 않았다. 주로 참조한 국내 학자는 김정우(2005), 김이곤(대한기독교서회 창립 100주년 기념 성서주석, 2007), 전봉순(2015), 송병현(엑스포지멘터리, 2018)이다. 외국 학자는 H.-J. 크라우스(Biblischer Kommentar Altes Testament, 1989), A. 바이저(국제성서주석, 1992), A. 다이슬러(1993), F.-J. 호스펠트/E. 쳉어(Die Neue Echter Bibel, 1993), K. 자이볼트(Handbuch zum Alten Testament, 1993), R. 데이빗슨(1998), J. 림버그 (Westminster Bible Companion, 2000), 피터 크레이기(WBC 성경주석, 2000), M. 웨밍(Neuer Stuttgarter Kommentar Altes Testament, 2000/2010), B. 베버 (2001), 제임스 L. 메이스(현대성서주석, 2002), R. J. 클리포드(Abingdon Old Testament Commentaries, 2002), S. 테리엔(The Eerdmans Critical Commentary,

2003), W. 브루그만/W. H. 벨링저(New Cambridge Bible Commentary, 2014), 앨런 로스(2015), 낸시 드클레세-왈포드/롤프 제이콥슨/베스 라닐 태너(NICOT 2019), D. J. 에스테스(The New American Commentary, 2019) 등이다.

3) 각 시편은 양식, 구조, 본문의 풀이, 메시지라는 틀에 맞추어 정리한다. 시편은 특정 양식을 갖추고 있으므로, 내용을 이해하기 위해서는 필수적으로 각 시편의 양식을 규정할 필요가 있다. 하지만 양식 규정과 관련하여 학자들마다 주장하는 내용이 다르기 때문에, 이 책에서는 다양한 논의를 검토한 후 그 결과만 간단히 정리하였다. 더불어 시편 전체를 조감할 수 있도록 시편 1-50편의 양식표를 첨부하였다.

4) 각 시편의 메시지는 시편 저자의 의도에 근거를 두고 도출하였다. 또한 하나의 시편에는 단일한 목소리(single voice)보다 다양한 목소리(multi voice)가 담겨 있는 경우가 많으므로, 객관적인 주석에 근거하여 본문 본연의 메시지에 접근하려고 노력하였다. 모든 주석의 과정은 메시지를 향하고 있으며 그 메시지를 통해 시인의 영성이 드러난다.

5) 이 책은 늘 분주한 설교자들이 짧은 시간에 시편의 내용과 메시지를 파악하는 데 도움을 주는 참고자료로 사용되면 좋겠다. 시편을 공부하는 신학도는 물론 시편을 묵상하는 일반 독자들에게도 좋은 안내서가 되길 바란다.

머리말: 시인의 영성을 찾아서

"오늘날의 교회가 시편을 잘 사용하지 않게 되면서 비할 바 없는 보물들이 시편과 함께 교회에서 사라졌습니다. 그러나 시편 기도가 다시 회복되면 상상할 수 없는 힘이 교회 안으로 들어올 것입니다."[1] 독일의 신학자 디트리히 본회퍼(1906-1945)는 신앙 공동체 안에서 시편을 재발견하는 일이 얼마나 절실한지를 이렇게 표현하였다.

구약성경은 크게 오경, 역사서, 시가서, 예언서로 구분된다. 오경과 역사서는 하나님이 이스라엘에서 행하신 구원의 "행동"(God's acts)을 보여주며 예언서는 하나님이 예언자를 통해 주신 "말씀"(God's words)을 기록한다. 반면 시가서는 하나님의 구원 행동과 말씀에 대한 "인간의 응답"(human response)을 담아낸다.

오경, 역사서, 예언서가 위에서 아래로 향하는 "하나님의 계시"(God's revelation)를 담고 있다면, 시가서는 하나님의 계시를 듣고 아래에서 위로 보내는 "인간의 응답"(human response)이라고 할 수 있다. 시가서(욥기, 시편, 잠언, 전도서, 아가) 가운데 가장 대표적인 책은 시편이다. 시편은 모두 다섯 권으로 구성되어 있다. 시편이 다섯 권으로 분

---

1   디트리히 본회퍼, 『본회퍼의 시편 이해: 기도의 책』, 최진경 역(서울: 홍성사, 2019), 48.

류되어 있는 이유는 오경과 관련된 것으로 보인다. 유대 랍비의 가르침에 따르면, 모세는 이스라엘 백성에게 토라(율법) 다섯 권을 주었고 다윗은 이스라엘 백성에게 시편집(詩篇集) 다섯 권을 주었다. 이처럼 위로부터 주어진 다섯 권의 토라와 아래로부터 반응한 다섯 권의 시편이 "5대 5"로 적절히 상응한다.

시편의 시인들은 하나님이 자신의 삶 속에 찾아오셔서 역사하시고 말씀하실 때는 찬양시(psalm of praise)로 응답했고, 하나님의 부재와 침묵을 경험할 때는 탄원시(psalm of lament)로 반응했다. 찬양시는 기뻐 부르는 노래이며 탄원시는 슬픔 가운데 절규하는 기도다. 따라서 시편은 노래(찬양)와 기도(탄원)의 책이라고 할 수 있다. 노래와 기도는 인간이 하나님과 소통할 수 있는 유일한 통로다. 하나님은 찬양 중에 임재하시기 때문이다.

이스라엘의 찬양 중에 계시는 주여,
주는 거룩하시니이다(시 22:3).

우리는 찬양을 통해 하나님의 임재 안으로 들어간다. 그 속에 머무를 때 비로소 하나님과 대화하는 기도를 할 수 있다. 하나님과 소통하는 일에는 매뉴얼이 필요한데, 이런 측면에서 시편은 인간이 하나님과 어떻게 소통해야 하는지를 자세히 가르쳐주는 교과서 같은 역할을 한다. 따라서 시편을 제대로 알면 하나님과 올바르게 소통(노래와 기도)할 수 있다.

시편은 찬양의 책으로서, 우리에게 찬양의 정도(正道)를 가르쳐준다. 아우구스티누스의 말처럼 우리는 찬양을 통해 찬양하는 대상을 닮아간다. 우리는 하나님을 찬양하면서 그분의 형상을 닮아간다. 예배를 드리며 거룩하신 하나님을 찬양하면 할수록 우리도 더욱더 거룩해진다. 기독교 예배는 이 같은 방식으로 하나님을 영화롭게 할 뿐만 아니라 신자들을 성화의 길로 이끈다.[2]

또한 시편은 기도의 책으로서, 우리에게 기도의 정도(正道)를 보여준다. 칼뱅의 표현에 따르면 시편은 "영혼의 해부도"(anatomy of all parts of the soul)와 같다. 시편의 기도는 인간의 삶에서 일어나는 모든 고통과 기쁨, 불행과 행복, 질병과 죽음, 불의와 배신, 회개와 용서, 하나님을 향한 감사와 고백 등을 총망라한다. 시편에 담긴 한 시인의 심정이 바로 우리의 심정과 정확히 일치한다. 우리의 인생 선배인 시편의 시인들은 희로애락(喜怒哀樂)이 공존하는 일상에서 어떻게 기도를 했을까? 시편은 그 본을 보여줌으로써 우리가 드리는 기도의 방향을 잡아준다.

시편에서 대표적인 장르는 찬양시, 탄원시, 감사시다. 첫째, 찬양시는 "방향 설정의 시"(Psalms of Orientation)로서 하나님의 창조질서가 자연 세계와 인간사회에서 오차 없이 작동되는 상태를 전제한다. 둘째, 탄원시는 "방향 상실의 시"(Psalms of Disorientation)로서 하나님의 창조질서가 인간사회와 역사에서 잘 작동되지 않는 상황을 전제한다. 즉 하나님의 현존이 가려진 "하나님의 일식"(eclipse of God)의 순간을 전제로 한다(M. Buber). 셋째, 감사시는 "방향 재설정의 시"(Psalms of

---

2 스탠리 하우어워스/윌리엄 윌리몬, 『주여, 기도를 가르쳐 주소서』, 이종태 역(서울: 복 있는사람, 2006), 72-73.

Reorientation)로서 길을 잃고 암초에 부딪혀서 헤매던 시인이 다시 길을 찾아 제 자리로 돌아온 이후 부른 시다.[3] 현재 150편으로 구성된 시편은 각기 특정 장르로 구분될 수 있다. 장르 구분이 모호한 시편도 적지 않지만, 시편의 시를 이해하기 위해서는 장르 구분이 필수적이다. 장르를 파악해야 시편의 의도를 알 수 있기 때문이다.

이제 시인의 영성을 찾아가는 여정을 시작해보려 한다. 독자들과 함께 시편의 세계로 떠나는 여행이라면 힘이 날 것 같다.

---

3   W. Brueggemann, "Psalms and the Life of Faith: A Suggested Typology of Function," *JSOT* 17(1980), 3-32, 특히 6.

시편 1-50편 양식

1편	2편	3편	4편	5편
지혜시	제왕시	개인 탄원시	신뢰시	개인 탄원시
6편	7편	8편	9편	10편
개인 탄원시	개인 탄원시	찬양시	감사시	탄원시
11편	12편	13편	14편	15편
신뢰시	개인 탄원시	개인 탄원시	예언시	성소 입장 의식시
16편	17편	18편	19편	20편
신뢰시	개인 탄원시	왕의 감사시	토라 찬양시	제왕시
21편	22편	23편	24편	25편
제왕시	개인 탄원시	신뢰시	성소 입장 의식시	개인 탄원시
26편	27편	28편	29편	30편
개인 탄원시	개인 탄원시	개인 탄원시	찬양시	개인 감사시
31편	32편	33편	34편	35편
개인 탄원시	개인 감사시	찬양시	교훈시	개인 탄원시
36편	37편	38편	39편	40편
개인 탄원시	지혜시/교훈시	개인 탄원시/ 참회시	개인 탄원시	개인 탄원시
41편	42편	43편	44편	45편
개인 감사시	개인 탄원시	개인 탄원시	공동체 탄원시	제왕시
46편	47편	48편	49편	50편
시온시	야웨 왕권시	시온시	지혜시	예언시

1편

나무 인생과 겨 인생:

"무릇 의인들의 길은 여호와께서 인정하시나"

1. 양식

시편 1편은 시편 전체의 시작을 알리는 첫 번째 시편으로서 특별히 중요한 의미를 지닌다. 시편 1편은 시편 150편 전체에 대한 서시(序詩)이자 머리말에 해당되며 나머지 모든 시편을 어떻게 읽어야 하는지 방향을 알려주는 길라잡이 역할을 한다.

시편 1편은 "지혜시"(wisdom psalm)에 속한다. 악인의 길과 의인의 길을 대조시키는 이 시의 형식은 지혜 문학의 특징이다(시 1:6). 지혜시는 성전 예배가 아닌 가정과 학교의 교육 현장을 배경으로 가르침을 전하고 있다. 이 시편은 이런 형식을 반영하여 의인의 길과 악인의 길로 향하는 인생의 갈림길을 "가정 교육"과 "학교 교육"의 장(場)으로 안내한다. 또한 시편 1편에 따르면 모든 사람의 앞에는 의인의 길과 악인의 길이 놓여 있다.

2. 구조

1) 1-3절: 의인(단수)의 삶과 운명
2) 4-5절: 악인들(복수)의 삶과 운명
3) 6절: 하나님의 섭리

3. 내용

1) 의인(단수)의 삶과 운명(1-3절)

> 1 복 있는 사람은
>
> 악인들의 꾀를 따르지 아니하며
>
> 죄인들의 길에 서지 아니하며
>
> 오만한 자들의 자리에 앉지 아니하고
>
> 2 오직 여호와의 율법을 즐거워하여
>
> 그의 율법을 주야로 묵상하는도다.
>
> 3 그는 시냇가에 심은 나무가 철을 따라 열매를 맺으며
>
> 그 잎사귀가 마르지 아니함 같으니
>
> 그가 하는 모든 일이 다 형통하리로다.

1절의 "복 있는 사람"(אַשְׁרֵי־הָאִישׁ, 아쉐레 하이쉬)이라는 표현에서 "복 있는"(אַשְׁרֵי, 아쉐레)은 "행복하여라"(Be happy!)는 뜻으로서 "행복 기원 공식"이라고 불린다. 이 공식은 하나님께서 특정한 삶의 한 방식을 기뻐하시고 그것이 성공에 이르는 길임을 확증해주신다는 의미다. 즉 1절은 악인들의 꾀를 따르지 아니하며 죄인들의 길에 서지 아니하고 오만한 자들의 자리에 앉지 아니하는 사람에게 "행복이 있을지어다"라고 말함으로써 온갖 악과 단절하고 올바른 길을 걸어가는 자에게 행복을 약속한다.

2절의 "주야로 묵상하다"라는 표현에서 "주야"(晝夜)는 밤낮으로

또는 "항상/늘"이라는 "시간적인 의미"와 함께 형통(亨通)할 때와 불통(不通)할 때라는 "질적인 의미"를 내포한다. 따라서 주야라는 말은 "항상(시간적 의미) 환경을 초월한다(질적 의미)"는 뜻이다. 그리고 "묵상하다"(הגה, 하가)는 한 번 읽은 후 눈을 감고 생각하는 것으로 그치지 않고 "작은 소리로 읊조리다/소리 내서 읽다/계속해서 읽다/연구하다/공부하다"라는 의미다. 그러므로 하나님의 말씀을 늘 가까이하면서 공부하는 사람은 행복한 자가 될 것이다.

악과 철저히 단절하고 하나님의 말씀과 늘 소통하는 사람은 시냇가에 심긴 나무가 된다(3절). 개역개정에 "심은"으로 번역된 히브리어 단어 "샤툴"(שָׁתוּל)은 동사 "샤탈"(שתל)의 수동 분사다. 이는 경건한 유대인들이 하나님의 일하심을 묘사할 때 "하나님"을 직접 언급하지 않고 우회적으로 조심스럽게 묘사하는 표현 방식으로서, 이런 표현법을 "신적 수동태"(divine passive)라 한다. 이 점을 고려하면 시냇가에 심은 나무는 시냇가에 "심긴" 나무, 즉 하나님께서 심으신 나무다.

이 나무의 뿌리는 생명의 원천으로서 성장과 결실에 필요한 생명력을 무한히 공급받는 통로가 된다. 또한 시절의 옷을 갈아입다가 결실의 때가 이르면 사람들에게 유익한 열매를 준다. 게다가 푸르고 청정한 빛깔의 아름다움을 길이길이 유지한다. 나무는 기본적으로 꿋꿋함, 지속성, 번영, 풍성함, 유용함, 감싸줌, 생명, 존재 등을 연상케 한다. 의인의 삶은 이런 나무의 모습과 같다.

> 12 의인은 종려나무같이 번성하며
> 레바논의 백향목같이 성장하리로다.

13 이는 여호와의 집에 심겼음이여,

우리 하나님의 뜰 안에서 번성하리로다(시 92:12-13).

2) 악인들(복수)의 삶과 운명(4-5절)

4 악인들은 그렇지 아니함이여,

오직 바람에 나는 겨와 같도다.

5 그러므로 악인들은 심판을 견디지 못하며

죄인들이 의인들의 모임에 들지 못하리로다.

4-5절은 "악인들"의 삶과 운명을 묘사한다. 악인들은 1-3절에 소개된 "의인"의 삶과 정반대의 길을 걷는다. 악인들의 꾀를 따르고 죄인들의 길에 서며 오만한 자들의 자리에 앉는 이들의 삶은 겨에 비유된다. 겨는 흩날림, 무상, 멸망, 허무, 공허, 무용, 귀찮음, 죽음, 비존재 등을 연상시킨다. 악인들은 현실 세계에서 심판을 받아 의인이 모이는 거룩한 모임에 참여할 수 없을뿐더러, 세상 끝에 오는 심판에도 서지 못한다. 이처럼 겨와 같은 악인들의 삶은 마치 평생을 뿌리내리지 못하고 떠다니는 부평초와 같다.

3) 하나님의 섭리(6절)

6 무릇 의인들의 길은 여호와께서 인정하시나

악인들의 길은 망하리로다.

6절의 첫 단어 "무릇"으로 번역된 히브리어 단어 "키"(כִּי)는 여기서 "왜냐하면"이라는 의미로 쓰인다. 따라서 이 절은 앞서 언급한 "의인과 악인들의 길"에 대한 하나님의 섭리의 근거를 기술한다. 의인의 길은 하나님이 적극적으로 수용하고 책임을 져주시지만, 악인의 길은 하나님의 어떠한 개입도 받지 못한 채 저절로 멸망하게 된다. 이는 하나님이 세상을 주관하시는 법칙이다.

4. 메시지

이 시에서 의인은 단수("복 있는 사람")로, 악인은 복수("악인들")로 표기되는 것은 매우 흥미로운 점이다. 이것은 의인의 길을 걸어가는 자는 늘 소수이나 악인의 길을 걷는 이들은 상대적으로 다수임을 암시한다. 시편 1편의 시인은 소수 의인 대 다수 악인의 삶과 운명을 대조시킨다. 지금 당장은 다수가 추구하는 인생의 길이 안전하고 옳은 것으로 보일 수 있다. 그러나 대중 심리에 휩싸여서 다수가 걷는 길을 좇아가다 보면 참된 인생의 가치가 마치 바람에 나는 겨와 같이 날아가버린다. 반면 야웨께서 인도하시는 길은 다수의 대중과 동떨어져 있는 길이라서, 그 길을 걷다 보면 때로는 자신만 뒤처지는 느낌에 불안할 때도 있다. 하지만 그 길에 머물면 시냇가에 심겨 늘 수분을 공급받는 나무처럼 풍성한 결실을 맺을 수 있다. 하나님은 우리에게 선택의 자유를 허락하셨다. 소수가 선택하는 "시냇가에 심긴 나무와 같은 견고한 인생"을 살 것인가? 아니면 다수와 함께 "바람에 나는 겨와 같이 떠도는 인생"을 살 것인가?

2편

행복한 피난처:

"여호와께 피하는 모든 사람은 복이 있도다"

1. 양식

시편 2편은 "제왕시"(royal psalm)에 속한다. 제왕시는 왕과 관련된 것들을 노래한다. 이 시는 원래 현세적 통치자인 인간 왕을 위한 노래였다. 그러나 제왕시는 유다 왕국 멸망 이후 인간 왕에 대한 기대가 무산되면서, 미래에 임할 메시아적인 왕을 기대하는 시로 재해석된다.

2. 구조

이 시편은 장소의 변화에 따라 다음과 같이 네 단락으로 구분된다.

> 1) 1-3절: 이 땅의 이방 나라들의 반란
> 2) 4-6절: 하늘에 계신 하나님의 응답
> 3) 7-9절: 시온의 메시아적 왕의 선포
> 4) 10-12절: 이방 나라들에 대한 최후통첩

3. 내용

1) 이 땅의 이방 나라들의 반란(1-3절)

> 1 어찌하여 이방 나라들이 분노하며
> 민족들이 헛된 일을 꾸미는가?

2 세상의 군왕들이 나서며

관원들이 서로 꾀하여

여호와와 그의 기름 부음 받은 자를 대적하며

3 "우리가 그들의 맨 것을 끊고

그의 결박을 벗어 버리자" 하는도다.

1절의 "어찌하여?"라고 번역된 히브리어 단어 "람마"(לָמָּה)는 "어쩌자
고?"로 해석해야 원래의 뜻이 더 잘 살아난다. 이 뉘앙스를 살리면 "어
쩌자고 헛된 일을 꾸미는가?"라는 말이 된다. 또한 "꾸미다"는 시편
1:2의 "묵상하다"와 같은 단어인 "하가"(הגה)다. 이런 단어 사용을 통
해 시편 1편의 "의인"과 2편의 "민족들"이 분명히 대조된다. 의인은
"여호와의 율법"을 즐거워하며 하나님의 뜻을 따라 살고자 노력하는
반면(시 1:1-2), 민족들은 하나님을 거스르기 위해 쓸모없는 음모를 꾸
민다(시 2:1-3). 시편 1편이 개인적 차원에서 하나님의 뜻에 순종하는
삶을 이야기한다면, 시편 2편은 국가적·정치적·집단적인 차원에서 하
나님의 뜻에 반역하는 삶의 모습을 드러낸다.

2) 하늘에 계신 하나님의 응답(4-6절)

4 하늘에 계신 이가 웃으심이여,

주께서 그들을 비웃으시리로다.

5 그때에 분을 발하며 진노하사

그들을 놀라게 하여 이르시기를

6 "내가 나의 왕을

내 거룩한 산 시온에 세웠다" 하시리로다.

"땅에서" 대항하기 위해 쓸모없는 음모를 꾸미는 민족들을 "하늘에 계신 이"가 비웃으신다(4절). 그리고 진노를 발하신다. 그분의 진노에 민족들은 놀라게 될 것이다(5절). 하나님은 반역자들을 상대할 그분의 왕("메시아적 왕")을 거룩한 산 시온에 세우신다(6절). 메시아적 왕과 성전(시온산)은 둘 다 하나님의 선택을 받아 그분께 속한 존재다.

3) 시온의 메시아적 왕의 선포(7-9절)

7 내가 여호와의 명령을 전하노라.

여호와께서 내게 이르시되

"너는 내 아들이라.

오늘 내가 너를 낳았도다.

8 내게 구하라.

내가 이방 나라를 네 유업으로 주리니

네 소유가 땅끝까지 이르리로다.

9 네가 철장으로 그들을 깨뜨림이여,

질그릇 같이 부수리라" 하시도다.

7-9절은 시온의 메시아적 왕이 하나님으로부터 받은 "하나님의 조서"를 선포하는 장면을 묘사한다. 이 선포에는 다음 세 가지 요소가 들어

있다. 첫째, 왕은 하나님의 아들이다(7절). 둘째, 왕에게 세상의 통치권이 주어진다(8절). 셋째, 원수들에 대한 지배권이 왕에게 위임된다(9절).

이 가운데 "너는 내 아들이라. 오늘 내가 너를 낳았도다"에 주목해보자. 고대 문명 국가인 이집트의 파라오는 잉태된 순간부터 신 아몬(Amon)의 아들 곧 육화(肉化)된 신으로 받아들여졌다. 그러나 이 시편에 나오는 이스라엘의 왕은 이집트의 왕과는 달리 태어날 때부터 하나님의 아들로 간주되지 않는다. 그는 왕으로 즉위할 때에야 비로소 하나님의 아들이 된다. 일종의 입양 절차를 거쳐야 그분의 아들이 되는 것이다. 구약의 왕권은 진정한 통치자이신 하나님의 뜻을 구현하는 도구의 역할을 할 뿐이다. 하나님은 왕에게 신성(神性)을 부여하지 않으셨다. 왕은 신이 아니며 신의 뜻을 위임받은 하나님의 대리인일 뿐이다.

> ¹ 하나님이여,
> 주의 판단력을 왕에게 주시고
> 주의 공의를 왕의 아들에게 주소서.
> ² 그가 주의 백성을 공의로 재판하며
> 주의 가난한 자를 정의로 재판하리니(시 72:1-2).

4) 이방 나라들에 대한 최후통첩(10-12절)

> ¹⁰ 그런즉 군왕들아,
> 너희는 지혜를 얻으며

세상의 재판관들아,

너희는 교훈을 받을지어다.

11 여호와를 경외함으로

섬기고 떨며 즐거워할지어다.

12 그의 아들에게 입맞추라.

그렇지 아니하면 진노하심으로

너희가 길에서 망하리니

그의 진노가 급하심이라.

여호와께 피하는 모든 사람은 다 복이 있도다.

10-12절은 야웨 하나님과 그가 세운 메시아의 통치를 벗어나려 하는 민족들에 대한 최후통첩을 보여준다. 시편 2편의 시인은 반란을 꾸미는 이방의 군왕들과 재판관들을 향해 하나님과 그분의 아들인 메시아께 순종할 것을 간곡히 권고한다(11절). 이것이 참 지혜이자 참 교훈이기 때문이다(10절). 또한 "그의 아들에게 입 맞추는 것"은 존경과 복종의 표현이다(12절).

이 시편은 단지 위협으로 끝을 맺지 않고 "여호와께 피하는 모든 사람은 다 복이 있도다"(12절)라고 선언한다. "~에게로 피하다"라는 말은 "~에게 의지하다"라는 말과 동의어다. 다시 말해 하나님께 자신을 내어 맡긴다는 뜻이다. 이처럼 야웨 하나님의 복은 이스라엘에게만 제한되지 않고 이방 민족들에게도 열려 있다.

이 구절의 "복"(אַשְׁרֵי, 아쉐레)이라는 단어는 시편 1:1의 첫 단어인 "복"(אַשְׁרֵי, 아쉐레)과 같은 단어다. 시편 1편과 2편은 서로 다른 시각에서 "복 있는 사람"에 관해 증언하고 있다. 즉 행복한 사람은 1) 악을 멀리한 채로 야웨의 율법을 늘 가까이 두고 공부하며(시 1:1-2), 2) 야웨만을 유일한 피난처로 확신하는 그런 사람이다(시 2:12).

4. 메시지

시편 2편은 신약성경에서 가장 많이 인용되는 시편이다. 기독교 전통은 시편 2편에 언급된 메시아 약속이 예수 그리스도 안에서 성취된 것으로 본다(눅 3:22; 9:35; 행 4:23-26; 13:32-33; 계 2:27; 12:5). 시편 1편은 악을 멀리하며 율법으로 인해 즐거워하고 율법을 주야로 묵상하는 사람이 복 있는 사람이라고 이야기하며, 시편 2편은 야웨 하나님께 피하는 모든 자들이 복을 받을 것이라고 말한다. 이처럼 메시아적 왕인 예수를 피난처로 삼고 "예수께 피하는 모든 사람은 다 복이 있도다"(참조. 엡 1:3).

3편

절망의 순간:
"여호와여, 나의 대적이 어찌 그리 많은지요"

1. 양식

시편 3편은 "개인 탄원시"(psalm of an individual lament)에 속한다. 탄원시는 현재 겪는 고통으로 인해 괴로워 울부짖으며 하나님의 도우심을 간구하는 시다. 탄원시는 하나님을 향한 1) 부름, 2) 불평/탄원, 3) 간구, 4) 신뢰의 확신, 5) 찬양 맹세의 다섯 가지 요소로 구성된다(참조. 시 13편).

2. 구조

  1) 1-2절: 하나님을 향한 부름과 탄원
  2) 3-6절: 신뢰의 확신
  3) 7절: 간구와 응답의 확신
  4) 8절: 찬양과 축복의 기원

3. 내용

1) 하나님을 향한 부름과 탄원(1-2절)

  1 여호와여,
  나의 대적이 어찌 그리 많은지요.
  일어나 나를 치는 자가 많으니이다.

2 많은 사람이 나를 대적하여 말하기를

"그는 하나님께 구원을 받지 못한다" 하나이다. (셀라)

시편 3편은 다윗이 자신의 아들 압살롬이 일으킨 반란의 칼날을 피하며 지은 시로 소개된다. 1절의 "어찌"(מָה, 마)는 상황이 매우 심각함을 나타낸다. 또한 "많다"(רַבִּים, 라빔)라는 동일한 단어가 1-2절에서 세 번이나 반복되는 것은 시인이 처한 위험의 강도를 반복적으로 강조함으로써 하나님의 개입을 재촉하는 의미다.

그는 하나님께 구원을 받지 못한다는 대적들의 조롱을 들으며 쫓기고 있다(2절). 시인을 조롱하는 "원수들의 많음"과 조롱받는 "시인의 홀로됨"이 극명한 대조를 이룬다. 시편에 처음 등장하는 "셀라"는 아마도 "쉼"이나 "간주곡"을 가리키는 것으로 추정된다. 따라서 "셀라"는 소리 내어 읽지 않고 잠시 쉬고 난 후 다음 구절을 읽으라는 표시로 보아야 한다.

2) 신뢰의 확신(3-6절)

3 여호와여,

주는 나의 방패시요,

나의 영광이시요,

나의 머리를 드시는 자이시니이다.

4 내가 나의 목소리로 여호와께 부르짖으니

그의 성산에서 응답하시는도다. (셀라)

5 내가 누워 자고 깨었으니

여호와께서 나를 붙드심이로다.

6 천만인이 나를 에워싸 진 친다 하여도

나는 두려워하지 아니하리이다.

3절의 첫 문장을 문자적으로 번역하면 "그러나 당신, 여호와는 나를 둘러싼 방패시오"가 된다. 갑자기 시인의 고백이 탄원에서 신뢰로 바뀐다. 절망에 둘러싸였던 시인의 시선이 문제에서 벗어나 위에 계시는 하나님을 향하기 시작하자 그동안 그가 보지 못했던 사실이 보인다. 그는 야웨 하나님이 자신을 "둘러싼"(בַּעַד, 바아드) 방패임을 깨닫는다. 하나님의 방패는 "한 면"이 아닌 "사면"(四面)을 모두 감싸고 있다. 이 구절은 "하나님의 구원과 보호의 완전함"을 상징적으로 표현한 것이다. 더 나아가 시인은 하나님께서 자신에게 영광을 주고 자신의 명예를 회복키시는 분임을 고백한다.

4절의 "부르짖다"(אֶקְרָא, 에크라)는 미완료형 시제다. 이는 시인의 부르짖는 기도가 일회에 그치지 않는 "반복된 행동"이었음을 보여준다(기도의 반복성). 5절의 "붙들다"(יִסְמְכֵנִי, 이스메케니)도 미완료형이다. 이는 하나님의 보호하심이 "지속적임"을 드러낸다(보호의 지속성). "누워 자고 깨다"라는 표현은 이 시가 성소에서 철야 기도를 마친 이후에 드려진 아침 기도임을 암시한다.

6절의 "천만인"은 천만 군대를 가리킨다. 시인은 천만 군대가 자신을 에워싼 채 무장하여 진을 친다고 해도 전혀 두려워하지 않는다. 시인은 하나님에 대한 믿음으로 두려움을 몰아내고 안전함을 느낀다.

3) 간구와 응답의 확신(7절)

> 7 여호와여,
>
> 일어나소서.
>
> 나의 하나님이여,
>
> 나를 구원하소서.
>
> 주께서 나의 모든 원수의 뺨을 치시며
>
> 악인의 이를 꺾으셨나이다.

7절의 "여호와여, 일어나소서"(קוּמָה יְהוָה, 쿠마 야웨)는 하나님께 하늘 보좌에서 일어나셔서 자신의 문제에 개입해달라고 요청하는 급박한 간구다. 이런 호소는 매우 긴박한 상황에서 나오는 외침이다.

> 23 주여, 깨소서. 어찌하여 주무시나이까?
>
> 일어나시고 우리를 영원히 버리지 마소서.
>
> 24 어찌하여 주의 얼굴을 가리시고
>
> 우리의 고난과 압제를 잊으시나이까?
>
> 25 우리 영혼은 진토 속에 파묻히고
>
> 우리 몸은 땅에 붙었나이다.
>
> 26 일어나 우리를 도우소서.
>
> 주의 인자하심으로 말미암아 우리를 구원하소서(시 44:23-26).

"원수의 뺨을 치심"과 "악인의 이를 꺾으심"이라는 표현은 대적에게 "모욕과 수치를 주는 행위"로서 "그는 하나님께 구원을 받지 못한다"라고 말하는 대적의 조롱하는 입을 단번에 닫게 만드는 기능을 한다. 대적들은 완전히 무력해진다.

여기서 "치심"(נכה, 나카)과 "꺾으심"(שבר, 샤바르)은 완료형 동사로 표현된다. 시인은 야웨께서 원수의 뺨을 치셨고 악인의 이를 꺾으셨다고 표현한다. 이런 완료형 시제는 "확신의 완료형"(perfect of confidence)으로서 미래에 일어날 사건이 확실히 성취될 것을 나타내는 표현이다. 시인은 이처럼 미래에 일어날 사건을 이미 발생한 사건으로 고백함으로써 기도의 응답을 확신하고 있다.

4) 찬양과 축복의 기원(8절)

> 8 구원은 여호와께 있사오니
> 주의 복을 주의 백성에게 내리소서. (셀라)

8절에서 시인은 "구원은 여호와께 있사오니"라고 찬양함으로써, 2절에서 인용한 "그는 하나님께 구원을 받지 못한다"라는 대적의 주장을 정면으로 반박한다. 이제 시인은 자신의 문제에서 눈을 떼고 왕의 권위를 되찾아 백성을 돌아본다. 그리고 "주의 복을 주의 백성에게 내리소서"라고 축복을 기원한다.

4. 메시지

시편 3편의 시인은 자신의 분신과도 같은 아들에게 쫓기는 절박한 위기에 내몰려 수치를 느낀다. 또한 시인은 자신을 조롱하는 수많은 주변의 대적들을 보고 절망한다. 그러나 절망의 그 순간에 눈을 들어 하나님을 응시하자 희망이 보이기 시작한다(3절). 우리는 이 시인의 본을 따라 절망의 순간에 문제 자체보다는 문제의 해결사가 되시는 하나님을 바라보아야 한다. 상황이 절망스럽다고 시선마저 절망에 매여 있을 필요는 없다. 절망의 순간이야말로 우리의 시선이 위를 향해야 하는 때다.

> ¹ 내가 산을 향하여 눈을 들리라.
> 나의 도움이 어디서 올까?
> ² 나의 도움은
> 천지를 지으신 여호와에게서로다(시 121:1-2).

4편

주께서 내 마음에 두신 영원한 기쁨:

"내가 평안히 눕고 자기도 하리니"

1. 양식

시편 4편은 "신뢰시"(psalm of trust)로 분류된다. 4절의 "(잠)자리에 누워"와 8절의 "눕고 자기도"라는 표현으로 짐작건대 이 시는 저녁에 드려진 기도로 보인다.

2. 구조

1) 1절: 간구
2) 2-5절: 힘 있는 자를 향한 경고성 권면
3) 6-8절: 신뢰 고백

3. 내용

1) 간구(1절)

> 1 내 의의 하나님이여,
>
> 내가 부를 때에 응답하소서.
>
> 곤란 중에 나를 너그럽게 하셨사오니
>
> 내게 은혜를 베푸사
>
> 나의 기도를 들으소서.

시인은 하나님을 가리켜 "자신의 의로움을 지켜주시는 하나님" 곧 "내 의의 하나님"이라고 일컬으며 간구를 시작한다(1절). 시인은 현재 고발을 당한 상태에 있으나, 스스로 의로운 삶을 살아왔다고 생각하는 것 같다. 그는 자신을 곤경으로부터 구해주셨던 하나님을 상기한다. 그리고 이에 근거하여 지금도 동일한 구원의 하나님께 간구한다.

2) 힘 있는 자를 향한 경고성 권면(2-5절)

2 인생들아,
어느 때까지 나의 영광을 바꾸어 욕되게 하며
헛된 일을 좋아하고
거짓을 구하려는가. (셀라)
3 여호와께서 자기를 위하여
경건한 자를 택하신 줄 너희가 알지어다.
내가 그를 부를 때에
여호와께서 들으시리로다.
4 너희는 떨며 범죄하지 말지어다.
자리에 누워 심중에 말하고 잠잠할지어다. (셀라)
5 의의 제사를 드리고
여호와를 의지할지어다.

2절의 "인생들"은 히브리어로 "베네 이쉬"(בְנֵי אִישׁ)다. 이 표현은 "존귀한 자" 곧 부유하고 힘 있는 사람을 일컫는다. 반면 "베네 아담"(אָדָם

בְּנֵי)은 "비천한 자"를 가리킨다.

> **귀**(베네 이쉬) **천**(베네 아담) 빈부를 막론하고
> 다 들을지어다(시 49:2).

> 아, 슬프도다.
> **사람**(베네 아담)은 입김이며
> **인생**(베네 이쉬)도 속임수이니
> 저울에 달면 그들은 입김보다 가벼우리로다(시 62:9).

무고하지만 힘없는 시인은 힘 있는 자들로부터 억울한 곤욕을 당하고 있다. 헛된 일을 좋아하는 이 유력자들은 거짓을 찾아 시인의 명예를 실추시키는 데 혈안이 되어 있다. 그들은 거짓으로 근거 없는 비난과 억울한 고소를 만들어내는 행위를 마다하지 않는다.

3절은 힘 있는 원수들에 대항하는 시인의 무기를 보여준다. 그 무기는 바로 하나님에 대한 신앙이다. 시인은 "여호와께서 자기 자신을 위하여 경건한 자를 택하셨다"는 사실을 알고 있기 때문에 경건한 자가 기도하면 그분께서 반드시 응답하신다는 확신을 갖고 있다. 그는 원수의 불의한 "사법적 무기"에 맞서 의로운 "신앙의 무기"로 대응한다.

그리고 시인은 4-5절에서 원수들을 향해 1) "떨며", 2) "범죄하지 말지어다", 3) "자리에 누워 심중에 말하고", 4) "잠잠할지어다", 5) "의의 제사를 드리고", 6) "여호와를 의지할지어다"라는 여섯 가지의

경고성 권면을 한다. 이는 하나님을 두려워하며, 힘없는 자에 대한 억압을 중지하고, 침상에 누워 깊이 반성하며, 더 이상 고소하지 말고, 하나님과 올바른 관계를 회복하며, 오직 하나님만을 의지하고 신뢰하라는 뜻이다.

3) 신뢰 고백(6-8절)

> 6 여러 사람의 말이
>
> "우리에게 선을 보일 자 누구뇨?" 하오니,
>
> 여호와여,
>
> 주의 얼굴을 들어 우리에게 비추소서.
>
> 7 주께서 내 마음에 두신 기쁨은
>
> 그들의 곡식과 새 포도주가 풍성할 때보다 더하니이다.
>
> 8 내가 평안히 눕고 자기도 하리니
>
> 나를 안전히 살게 하시는 이는
>
> 오직 여호와이시니이다.

6-8절은 하나님에 대한 시인의 신뢰 고백이다. 우선 시인은 많은 사람들이 말하는 절망적인 상태를 인용한다. "우리에게 선을 보일 자 누구뇨?"(6절) 여기서 "선"(טוב, 토브)은 인간의 삶에 필수적인 모든 것을 지칭한다. 특히 생계를 위협받는 상황일수록 이런 회의와 의심이 여기저기서 터져 나온다. "인간의 생존을 책임지시는 하나님은 과연 존재하는가?" 이때 시인은 친히 자신의 얼굴을 우리에게 비춰주시는 "은혜와

평강의 하나님"께로 향한다.

> 24 여호와는 네게 복을 주시고
> 너를 지키시기를 원하며
> 25 여호와는 그의 얼굴을 네게 비추사
> 은혜 베푸시기를 원하며
> 26 여호와는 그 얼굴을 네게로 향하여 드사
> 평강 주시기를 원하노라 할지니라 하라(민 6:24-26).

7절에서 시인은 하나님이 주시는 기쁨이 곡식과 새 포도주를 풍성히 얻을 때 느끼는 기쁨보다 더 크다고 고백한다. "곡식과 새 포도주"는 하나님의 축복의 표지(標識)로서 물질적인 부이자 세상적인 기쁨의 상징이다. 그러나 시인은 물질이 주는 기쁨보다 하나님이 자기 마음에 주시는 기쁨이 더 크다고 확신한다. 내적인 마음의 상태가 외적인 물질의 존재보다 더 중요한 법이기 때문이다. 이 기쁨은 하나님을 믿고 의지하는 경건한 자에게 주어지는 선물로서 "일시적인 기쁨"이 아니라 누구도 빼앗을 수 없는 "영구적인 기쁨"이다.

> 지금은 너희가 근심하나 내가 다시 너희를 보리니 너희 마음이 기쁠 것이요, 너희 기쁨을 빼앗을 자가 없으리라(요 16:22).

여기서 분위기는 급반전된다. 이처럼 이 시는 절박한 간구로 시작(1-2절)하였음에도 불구하고, 하나님 안에서만 누릴 수 있는 "평안한 잠과 안전한 머무름"에 대한 확신으로 끝난다(8절).

4. 메시지

이 시편은 우리에게 진정한 기쁨과 참된 평안이 무엇인지를 가르쳐
준다. 하나님은 우리의 마음 깊숙한 곳에서 솟아나는 샘물과도 같은
기쁨을 주신다. 물질적 축복은 우리의 영혼까지 풍요롭게 할 수 없다.
그 축복에 한순간 행복을 느낄 수는 있지만 그 감정은 그리 오래 가
지 못한다. 물질적 축복의 기쁨보다 소중한 것은 마음에 담긴 영적 기
쁨이다. 그 기쁨은 한순간에 그치지 않고 영원히 지속되기 때문이다.
그래서 예수님은 "내가 주는 평안은 세상이 주는 것과 같지 않다"(요
14:27)고 말씀하셨다.

5편

은혜의 큰 방패:

"여호와여, 방패로 함같이 은혜로 그를 호위하시리이다"

1. 양식

시편 5편은 "개인 탄원시"(psalm of an individual lament)에 해당된다. "아침에 내가 주께 기도하고 바라리이다"라는 3절의 언급으로 보아 이 시는 아침에 드리는 기도다. 또한 내용 측면에서 보면 의인의 보호를 확신하는 시다.

2. 구조

    1) 1-3절: 아침에 드리는 간구
    2) 4-6절: 하나님의 본성 진술
    3) 7-8절: 의인의 특징과 그들에 대한 지속적인 인도의 간구
    4) 9-10절: 악인들의 특징과 그들에 대한 합당한 처벌의 간구
    5) 11-12절: 의인의 운명

3. 내용

1) 아침에 드리는 간구(1-3절)

    1 여호와여,
    나의 말에 귀를 기울이사
    나의 심정을 헤아려 주소서.

2 나의 왕, 나의 하나님이여,

내가 부르짖는 소리를 들으소서.

내가 주께 기도하나이다.

3 여호와여,

아침에 주께서 나의 소리를 들으시리니

아침에 내가 주께 기도하고 바라리이다.

이 시는 시인의 간구로 시작한다. 시인은 "나의 심정을 헤아려 주소서"(1절)라고 말한 후 "내가 부르짖는 소리를 들으소서"(2절)라고 기도를 이어간다. 자신의 심정을 헤아려달라는 "은밀한 기도"와 고통을 이기지 못하고 터져 나오는 "절규의 기도"가 반복되는 것이다. 1절의 "나의 심정"은 언어화되지 않고 마음으로 표현되는 것으로서 긍휼을 구하는 내면의 신음 소리를 가리킨다. 2절의 "부르짖는 소리"는 내적 고뇌가 외부로 표출된 울부짖는 소리다. 이를 볼 때 이 기도는 고난 중의 기도라고 할 수 있다.

앞서 언급했듯이 시인은 아침에 기도하고 있는데(3절), 이는 아마도 철야 이후의 시간을 말하는 것 같다. 이스라엘 사람들은 보통 아침에 제사와 기도를 드렸다.

아침이 되어 소제 드릴 때에
물이 에돔 쪽에서부터 흘러와 그 땅에 가득하였더라(왕하 3:20).

너희는 벧엘에 가서 범죄하며

길갈에 가서 죄를 더하며

아침마다 너희 희생을,

삼일마다 너희 십일조를 드리며(암 4:4).

왜냐하면 주님의 도움이 이른 아침에 임하기 때문이다.

하나님이 그 성 중에 계시매

성이 흔들리지 아니할 것이라.

새벽에 하나님이 도우시리로다(시 46:5).

새벽에 여호와께서 불과 구름 기둥 가운데서 애굽 군대를 보시고

애굽 군대를 어지럽게 하시며(출 14:24).

여호와의 사자가 나가서 앗수르 진중에서 십팔만 오천인을 쳤으므로

아침에 일찍이 일어나 본즉 시체뿐이라(사 37:36).

2) 하나님의 본성 진술(4-6절)

4 주는 죄악을 기뻐하는 신이 아니시니

악이 주와 함께 머물지 못하며

5 오만한 자들이 주의 목전에 서지 못하리이다.

주는 모든 행악자를 미워하시며

6 거짓말하는 자들을 멸망시키시리이다.

여호와께서는 피 흘리기를 즐기는 자와

속이는 자를 싫어하시나이다.

시인은 자신을 괴롭히는 자들이 하나같이 하나님의 성품에서 완전히 벗어난 사람들이라고 진술한다. 그들은 "악인"(4절), "오만한 자들과 행악자들"(5절), "거짓말하는 자들", "피 흘리기를 즐기는 자"(살인자), "속이는 자(거짓 증인)들"(6절)이다. 하나님은 이들과 함께하실 수 없을 뿐만 아니라 이들을 미워하고 싫어하신다. 그들은 이런 악행들을 끊임없이 자행하고도 돌이키지 않기 때문에 하나님도 이들을 감당하시기 어렵다.

헛된 제물을 다시 가져오지 말라.

분향은 내가 가증히 여기는 바요,

월삭과 안식일과 대회로 모이는 것도 그러하니

성회와 아울러 악을 행하는 것을 내가 견디지 못하겠노라(사 1:13).

3) 의인의 특징과 그들에 대한 지속적인 인도의 간구(7-8절)

7 오직 나는 주의 풍성한 사랑을 힘입어

주의 집에 들어가 주를 경외함으로

성전을 향하여 예배하리이다.

8 여호와여,

나의 원수들로 말미암아

주의 의로 나를 인도하시고

주의 길을 내 목전에 곧게 하소서.

이런 원수들은 하나님의 집(성전)에 출입이 금지된 반면(4-5절), 이들로부터 억울하게 고통당하는 의인은 성전에 출입하여 예배를 드릴 수 있다(7절). 시인은 원수들 때문에 하나님의 힘을 구한다(8절). 올바르게 행동하려고 애쓰는 사람들에게는 적이 생긴다. 그들의 선한 행동을 시기하는 사람들이 있기 때문이다. 시인은 원수들의 해코지와 공격으로 인해 고통을 받으며 하나님의 힘을 간곡하게 구한다. 그야말로 원수 덕분에(?) 하나님께 기도하게 된 셈이다.

  시인은 성전 출입이 자신의 공로나 업적이 아닌 하나님의 선물과 같은 은혜로 인해 가능한 일임을 잊지 않고 "오직 나는 주의 풍성한 사랑을 힘입어"라고 고백하면서(7절) "주의 의로 인도하시고 주의 길을 곧게 해달라"고 겸손히 간구한다(8절).

4) 악인들의 특징과 그들에 대한 합당한 처벌의 간구(9-10절)

  9 그들의 입에 신실함이 없고

  그들의 심중이 심히 악하며

  그들의 목구멍은 열린 무덤 같고

  그들의 혀로는 아첨하나이다.

  10 하나님이여,

  그들을 정죄하사 자기 꾀에 빠지게 하시고

  그 많은 허물로 말미암아

그들을 쫓아내소서.

그들이 주를 배역함이니이다.

이제 시인은 악인들을 주목한다. 악인들의 겉과 속은 모두 문제로 가득
차 있다. 그들의 행실은 그야말로 병적이다. "겉"에 해당되는 그들의
"입"에는 신실함이 전혀 없으며 혀에는 오직 아첨뿐이다. 그리고 "속"
에 해당되는 심중(心中)이 심히 악하고 목구멍은 열린 무덤과 흡사하다
(9절). 그들은 이미 수많은 희생자들을 양산(量産)했음에도 불구하고 열
린 무덤과 같이 아직도 만족하지 못한 채로 악행을 멈추지 않는다. 그
들은 악행에 굶주린 자들이다(잠 27:20).

그들의 악행이 멈추지 않고 계속되자 시인은 온갖 악행들이 고스
란히 그들에게 되돌아오기를 기도한다(10절). 이들의 운명을 한마디로
요약하면 자승자박(自繩自縛) 또는 자업자득(自業自得)이다. 또한 이를
이미지로 묘사하면 부메랑과 같은 운명이다. 부메랑은 오스트레일리아
서부나 중앙에 거주하는 원주민이 사용하던 활등처럼 굽은 나무 막대
기 모양의 무기로서 목표물을 향해 던지면 회전하여 날아가다가 목표
를 맞추지 못하면 되돌아오는 특성을 지녔다. 즉 시인은 악인의 행실에
합당하고 적법한 처벌을 간구하고 있다.

5) 의인의 운명(11-12절)

11 그러나 주께 피하는 모든 사람은 다 기뻐하며
주의 보호로 말미암아 영원히 기뻐 외치고

주의 이름을 사랑하는 자들은

주를 즐거워 하리이다.

12 여호와여,

주는 의인에게 복을 주시고

방패로 함같이 은혜로 그를 호위하시리이다.

마지막에 와서 시인은 의인의 운명을 노래한다. 그는 "주께 피하는 모든 사람"은 영원한 기쁨을 누린다는 확신을 하나님께 고백한다. 올곧은 마음으로 사는 자들은 어떤 상황 가운데서도 야웨가 주시는 "기쁨과 즐거움"을 누린다(11절).

시인은 하나님께서 의인에게 복을 주실 것이라고 믿는다(12절). 또한 하나님의 은혜를 "방패"에 비유한다. 이는 "큰 직사각형의 방패"로서 온몸을 덮을 수 있다. 이 표현은 하나님께서 온몸을 가릴 수 있는 엄청나게 큰 방패로 의인을 완벽하게 막아 주시기 때문에, 의인이 그를 향한 모든 공격으로부터 안전하게 보호받는다는 것을 의미한다(12절).

4. 메시지

이 시편의 가르침에 따르면 악인의 거짓과 아첨 때문에 억울한 고난을 당하더라도 하나님의 풍성한 사랑을 힘입어 그분을 끝까지 의지하고 기도하는 의인은 결국 복을 얻을 수 있다. 하나님은 신실한 자들을 은혜의 방패로 호위해주신다. 우리는 하나님의 방패를 통해 간절히 그분을 찾는 이들을 그 크신 품에 안아주시는 자비로우신 하나님의 모습을 떠올린다.

6편

병상에서 드리는 기도:

"나를 고치소서"

1. 양식

시편 6편은 "개인 탄원시"(psalm of an individual lament)로 분류된다. 이 시편은 고대 교회 때부터 "참회시"(penitential psalm)로 분류된 일곱 편의 시편(시 6, 32, 38, 51, 102, 130, 143편) 가운데 첫 번째에 해당된다. 참회시는 탄원시에 속한 하위 장르다. 또한 이 시편은 "나를 고치소서"(רְפָאֵנִי, 라파, 2절)라는 구체적인 언급으로 인해 "질병시"로 세분되기도 한다.

2. 구조

　　1) 1-3절: 고뇌의 상황에서의 탄원
　　2) 4-7절: 고통으로부터 구원을 요청하는 간구
　　3) 8-10절: 기도 응답에 대한 확신

3. 내용

1) 고뇌의 상황에서의 탄원(1-3절)

　1 여호와여,
　주의 분노로 나를 책망하지 마시오며
　주의 진노로 나를 징계하지 마옵소서.

2 여호와여,

내가 수척하였사오니

내게 은혜를 베푸소서.

여호와여,

나의 뼈가 떨리오니

나를 고치소서.

3 나의 영혼도 매우 떨리나이다.

여호와여,

어느 때까지니이까?

이 시는 하나님의 이름을 부르면서 시작한다(1절). 시인은 먼저 하나님의 분노와 진노를 바라본다. 그리고 자신에게 분노로 인한 "책망"(사법적 전문 용어)과 진노로 인한 "징계"(교육적 전문 용어)를 내리지 말라고 탄원한다(1절). 매우 위중한 상태에 놓여 있는 시인은 하나님께 자신과의 관계를 끝내지 말아 달라고 간구하고 있다.

2절에서 "수척하다"로 번역된 동사 "아말"(אמל)은 "육체적 약함" 뿐만 아니라 "심리적인 약함"에도 적용된다. 시인은 자신의 뼈가 떨린다고 말한다. "뼈"(עֶצֶם, 에쳄)는 사람의 육체적인 힘과 건강의 자리를 대변하는 단어다.

그의 **기골**(에쳄)이 청년 같이 강장하나

그 기세가 그와 함께 흙에 누우리라(욥 20:11).

이것이 네 몸에 양약이 되어

네 **골수**(에쳄)를 윤택하게 하리라(잠 3:8).

여호와가 너를 항상 인도하여

메마른 곳에서도 네 영혼을 만족하게 하며

네 **뼈**(에쳄)를 견고하게 하리니

너는 물 댄 동산 같겠고

물이 끊어지지 아니하는 샘 같을 것이라(사 58:11).

따라서 뼈는 몸 전체를 가리킨다고 할 수 있다.

게다가 시인은 자신의 영혼마저 떨린다고 울부짖는다(3절). "영혼"(נֶפֶשׁ, 네페쉬)은 사람의 "내적 자아"(심령)를 가리킨다. 시인의 몸(외부)과 마음(내부)은 둘 다 매우 불안한 상태다. 그의 온몸과 마음은 심각한 병에 걸렸다. 그로 인해 시인은 "내게 은혜를 베푸소서", "나를 고치소서"라고 절규한다. 그는 코앞의 현실로 다가온 죽음을 피할 수 없는 상황에 처했다.

여호와여, 어느 때까지니이까?

더 이상은 못 버팁니다!

2) 고통으로부터 구원을 요청하는 간구(4-7절)

⁴ 여호와여,

돌아와 나의 영혼을 건지시며

주의 사랑(헤세드)으로 나를 구원하소서.

5 사망 중에서는 주를 기억하는 일이 없사오니

스올에서 주께 감사할 자 누구리이까?

6 내가 탄식함으로 피곤하여

밤마다 눈물로 내 침상을 띄우며

내 요를 적시나이다.

7 내 눈이 근심으로 말미암아 쇠하며

내 모든 대적으로 말미암아 어두워졌나이다.

중병에 걸려 죽음을 눈앞에 둔 시인은 본격적으로 하나님께 간구한다. 그는 하나님께 자신을 구원해달라고 눈물로 호소하면서 그분의 구원하심의 근거가 자신의 공로나 의에 있지 않고 그분의 전적인 사랑(חֶסֶד, 헤세드)에 있음을 강조한다(4절).

시인은 자신이 사망과 스올로 떨어지면, 하나님을 기억하고 찬양하는 그분의 자녀 한 사람이 사라지게 된다고 말한다(5절). "스올"은 죽은 이들이 가는 지하 세계로서 "침묵의 땅"(시 94:17; 115:17)이자 "망각의 나라"(시 88:14)다.

시인은 매일 밤을 눈물과 탄식으로 지샌다(6절). 너무 많이 탄식하며 눈물을 흘린 나머지 그의 기력은 완전히 소진되었다. 게다가 자신의 병이 죄에 대한 하나님의 벌이라고 생각하는 대적들 때문에 시인의 고통은 증폭된다(7절).

3) 기도 응답에 대한 확신(8-10절)

> 8 악을 행하는 너희는 다 나를 떠나라.
>
> 여호와께서 내 울음소리를 들으셨도다.
>
> 9 여호와께서 내 간구를 들으셨음이여,
>
> 여호와께서 내 기도를 받으시리로다.
>
> 10 내 모든 원수들이 부끄러움을 당하고 심히 떪이여,
>
> 갑자기 부끄러워 물러가리로다.

그런데 8절부터는 시인의 목소리가 밝아지고 높아지면서 갑자기 침울했던 분위기가 반전된다. 그는 자신을 조롱했던 행악자들을 향해 떠나라고 대범하게 선포한다. 시인의 기도가 응답됨에 따라 말 그대로 탄식이 변하여 기쁨이 된 것이다(8절).

9절에서 시인은 기도의 응답을 확신하고 다시금 하나님께 고백한다. 그런데 이 구절에 나오는 각각의 동사 시제가 다르다. 첫 번째 동사는 "완료 형태"로서 이미 완료된 동작을 나타내며("내 간구를 들으셨음이여"), 두 번째 동사는 "미완료 형태"로서 앞으로 일어날 미래의 동작을 말한다("내 기도를 받으시리로다"). 사실 시인의 이 기도는 아직 실현되지 않았다. 그의 현실에는 여전히 달라진 것이 하나도 없다. 달라진 것은 오직 시인의 심령뿐이다. 이것이 바로 믿음이다. 시인의 믿음은 그의 육체적 상태의 변화보다 앞서 나간다. 그는 지금 당장 변화된 것이 없는 상황에서도 앞으로 일어날 미래의 사건을 이미 일어난 사건으로 선취(先取)한 것이다. 즉 믿음은 현실을 앞선다.

결국 고통 중에 있는 시인은 확신을 얻고, 모든 원수들은 부끄러워 떨게 된다(10절). 처음에는 시인의 뼈와 영혼이 "떨렸으나"(2-3절), 이제는 원수들이 "떨게 될 것이다"(10절).

4. 메시지

시인의 기도는 마침내 믿음과 확신이 고통과 절망을 능가하는 지점에 도달하게 되었다. 이런 기도의 비등점에 이르자 두려움과 낙담이 온데 간데없이 사라지고 새로운 확신과 소망 및 용기가 용솟음친다. 우리 하나님은 은혜뿐만 아니라 진노를 통해서도 인간의 역사와 개인의 삶 가운데 역사하신다. 그런데 우리는 진노를 하나님의 심판으로만 이해한다. 이것은 잘못된 해석이다. 하나님의 진노는 때로 교육적 징계일 수도 있다.

> 6 주께서 그 사랑하시는 자를 징계하시고 그가 받아들이시는 아들마다 채찍질하심이라 하였으니 7 너희가 참음은 징계를 받기 위함이라. 하나님이 아들과 같이 너희를 대우하시나니 어찌 아버지가 징계하지 않는 아들이 있으리요. 8 징계는 다 받는 것이거늘 너희에게 없으면 사생자요 친아들이 아니니라. 9 또 우리 육신의 아버지가 우리를 징계하여도 공경하였거든 하물며 모든 영의 아버지께 더욱 복종하며 살려 하지 않겠느냐? 10 그들은 잠시 자기의 뜻대로 우리를 징계하였거니와 오직 하나님은 우리의 유익을 위하여 그의 거룩하심에 참여하게 하시느니라. 11 무릇 징계가 당시에는 즐거워 보이지 않고 슬퍼 보이나 후에 그로 말미암아 연단 받은

자들은 의와 평강의 열매를 맺느니라(히 12:6-11).

또한 중한 병고는 우리로 하여금 인간의 제한된 능력과 허약함을 깨닫게 해준다. 동시에 반성과 회개의 기회를 제공함으로써 우리가 기도를 통해 하나님께 더욱 의지하도록 만든다. 하나님께 대한 믿음의 확신이 있는 곳에서는 그 누구도 근심에 얽매이지 않는다.

7편

억울하게 고소당한 사람의 기도:

"내가 주께 피하오니"

1. 양식

시편 7편은 "개인 탄원시"(psalm of an individual lament)로 분류된다. 이 시편의 시인은 하나님께 피신하고자 하는 의지를 알린 후(1절) 자신의 무죄를 진술하고(3-5절) 하나님을 진정한 심판자로 선언한다(11절). 이런 구절을 통해 추정해보면 이 시편은 재판과 관련하여 억울하게 고소당한 사람의 기도일 것이다. 따라서 이 시는 자신의 무죄를 변호하는 탄원시라고 할 수 있다.

2. 구조

1) 1-2절: 서론적 간구
2) 3-5절: 자기 저주를 통한 무죄 선서
3) 6-10절: 중심적 간구(정의의 심판)
4) 11-16절: 하나님의 섭리에 대한 신뢰 고백
5) 17절: 하나님에 대한 감사와 찬양

3. 내용

1) 서론적 간구(1-2절)

1 여호와 내 하나님이여,

내가 주께 피하오니

나를 쫓아오는 모든 자들에게서

나를 구원하여 내소서.

2 건져낼 자가 없으면 그들이 사자 같이

나를 찢고 뜯을까 하나이다.

이 시는 독특하게 하나님을 두 번 부르며 시작한다("여호와 내 하나님이여", 1절). 이는 자신의 기도를 반드시 들어달라는 간절함이 녹아 있는 부르짖음이다. 시인은 아마도 성소 안에서 구원의 도피처를 찾는 것 같다(참조. 출 21:13-14; 왕상 8:31-32).

시인을 추적하는 원수들의 행동은 사자의 잔인함에 비유된다 (2절). 그런데 이들이 시인을 괴롭히는 무기가 칼이나 창이 아니라 "찢고 뜯는" 말(언어)인 것으로 보아, 시인은 지금 무고(誣告)의 핍박을 받는 중임을 알 수 있다.

2) 자기 저주를 통한 무죄 선서(3-5절)

3 여호와 내 하나님이여,

[만일] 내가 이런 일을 행하였거나

내 손에 죄악이 있거나

4 화친한 자를 악으로 갚았거나

내 대적에게서 까닭 없이 빼앗았거든

5 원수가 나의 영혼을 쫓아 잡아

내 생명을 땅에 짓밟게 하고

내 영광을 먼지 속에 살게 하소서. (셀라)

시인은 3-5절에서 조건부 "자기 저주 형식"("만일 내가…행하였거든, ~하소서")을 사용하여 자신의 무죄를 천명한다. 이는 만일 죄가 있으면 자신이 저주를 달게 받을 것이라고 선포함으로써(3-4절) 자신의 결백을 알리는 것으로서, 실제 저주 의식이라기보다는 화자의 무죄를 강조하는 어법이다.

시인은 자신이 죄가 있을 경우 1) 원수에게 잡혀도 좋고, 2) 목숨을 잃어도 좋으며, 3) 멸망을 당해도 좋다고 말한다(5절). 이 세 가지 징벌은 사실상 모두 "죽음"을 가리킨다.

3) 중심적 간구(정의의 심판)(6-10절)

6 여호와여,

진노로 일어나사

내 대적들의 노를 막으시며

나를 위하여 깨소서.

주께서 심판을 명령하셨나이다.

7 민족들의 모임이 주를 두르게 하시고

그 위 높은 자리에 돌아오소서.

8 여호와께서 만민에게 심판을 행하시오니

여호와여,

나의 의와 나의 성실함을 따라

나를 심판하소서.

9 악인의 악을 끊고 의인을 세우소서.

의로우신 하나님이 사람의 마음과 양심을 감찰하시나이다.

10 나의 방패는 마음이 정직한 자를 구원하시는 하나님께 있도다.

이어서 시인은 중재와 재판을 구하는 기도를 세 개의 명령문으로 시작한다("일어나사, 막으시며, 깨소서" 6절). 이는 급박한 어조로 하나님의 즉각적인 개입을 애원하는 표현으로서, 그는 정당한 재판을 요청하고 있다.

시인은 민족들이 하나님 주위에 모이고 하나님이 높은 심판석에 앉아 계시기를 원한다(7절). 그리고 "의와 성실"을 따라 자신을 심판해 달라고 요구한다(8절). 이는 시인 자신이 절대적으로 의롭다거나 결백하다는 주장이 아니다. 그는 3-5절에서 제시한 것처럼 자신의 무죄를 항변하고 있을 뿐이다.

하나님의 법정에서는 악인들(원어는 복수형)이 끊어지고 의로운 자(원어는 단수형)가 세워질 것이다. 재판관이신 하나님은 의로우시기 때문이다(9절). 하나님은 사람의 "마음"(לֵב, 레브: 사고와 의지의 자리)과 "양심"(כְּלָיוֹת, 켈라요트: 감정과 정서의 자리)을 꿰뚫어 보신다.

나 여호와는 **심장**(레브)을 살피며

폐부(켈라요트)를 시험하고

각각 그의 행위와

그의 행실대로 보응하나니(렘 17:10).

이처럼 하나님은 인간의 생각과 감정을 하나도 빠짐없이 모두 간파하신다. 정당한 중재와 재판을 구하는 시인의 기도는 확신으로 끝난다(10절). 확신에 언급된 "방패"는 마음이 정직한 자를 건지시는 하나님의 구원 도구다.

4) 하나님의 섭리에 대한 신뢰 고백(11-16절)

11 하나님은 의로우신 재판장이심이여,

매일 분노하시는 하나님이시로다.

12 사람이 회개하지 아니하면

그가 그의 칼을 가심이여,

그의 활을 이미 당기어 예비하셨도다.

13 죽일 도구를 또한 예비하심이여,

그가 만든 화살은 불화살들이로다.

14 악인이 죄악을 낳음이여(죄악으로 산고를 겪으며),

재앙을 배어 거짓을 낳았도다.

15 그가 웅덩이를 파 만듦이여,

제가 만든 함정에 빠졌도다.

16 그의 재앙은 자기 머리로 돌아가고

그의 포악은 자기 정수리에 내리리로다.

시인은 11절에서 하나님의 재판 행동을 다음 두 가지 형식으로 묘사한다. 1) 하나님은 의로운 자를 의롭다고 판결하시며("의로우신 재판장"), 2) 분노를 발하심으로써 죄인을 벌하신다("분노하시는 하나님"). 하나님은 회개하지 않는 죄인들을 분노로써 심판하실 것이다(12a절). 이어지는 구절들은 하나님께서 악을 제거하기 위한 심판 도구인 "칼과 불화살"을 준비하시는 모습을 묘사한다(12b-13절).

14a절의 "악인이 죄악을 낳음이여"는 "악인이 죄악으로 산고를 겪으며(하발)"로 수정 번역되어야 한다.

> 그의 사랑하는 자를 의지하고
> 거친 들에서 올라오는 여자가 누구인가?
> 너로 말미암아 네 어머니가 **고생한**(하발) 곳
> 너를 낳은 자가 **애쓴**(하발) 그곳
> 사과나무 아래에서 내가 너를 깨웠노라(아 8:5).

시인은 악인들의 죄를 "산고"("죄악으로 산고를 겪으며"), "임신"("재앙을 배어"), "출산"("거짓을 낳았도다")이라는 은유를 사용하여 경멸조로 묘사하고 있다(14절).

> 그들은 **재난을 잉태하고 죄악을 낳으며**
> 그들의 뱃속에 속임을 준비하느니라(욥 15:35).

> 공의대로 소송하는 자도 없고

진실하게 판결하는 자도 없으며

허망한 것을 의뢰하며

거짓을 말하며

악행을 잉태하여 죄악을 낳으며(사 59:4).

이런 비유를 쓰는 목적은 악인들이 자기 스스로 죄를 만들어냈다는 사실을 표현하기 위해서다. 시인은 15-16절에서 악한 자가 행하는 악은 다시 그들에게로 돌아가므로 이들은 결과적으로 자신들의 심판을 예비하는 것이라고 고백한다(부메랑 방식의 심판).

그러므로 하나님께서 그들을 마음의 정욕대로 더러움에 내버려 두사 그들의 몸을 서로 욕되게 하게 하셨으니(롬 1:24).

5) 하나님에 대한 감사와 찬양(17절)

17 내가 여호와께 그의 의를 따라 감사함이여,

지존하신 여호와의 이름을 찬양하리로다.

시인은 이런 결과를 통해 신비스러운 하나님의 섭리를 깨닫고 이에 대해 감사와 찬양을 드린다(17절).

4. 메시지

시인은 거짓 고소로 인해 고통을 당한다. 그러나 자신이 무죄하고 하나님이 그것을 인정하신다면, 어떤 고통 앞에서라도 두려워하지 않고 하나님의 의로우신 심판이 내려지기를 잠잠히 기다리겠다고 고백한다. 하나님은 그의 억울함을 풀어주시지만, 악인들에게는 반드시 그들의 죄악을 묻는 부메랑의 심판을 내리실 것이다. 우리는 억울한 핍박과 이유 없는 조롱에 직면했을 때 시편 7편의 시인이 하나님을 무한히 신뢰하고 온전히 의지하며 기다렸던 것처럼 기도하는 가운데 하나님이 역사하시기를 기대해야 한다. 왜냐하면 하나님은 의롭고 한없이 자비로운 분이시기 때문이다.

8편

시인의 인간학:
"사람이 무엇이기에"

1. 양식

시편 8편은 창조주 야웨 하나님을 찬양하는 내용을 담고 있기 때문에 "찬양시"(psalm of praise)로 분류된다. 시편 3-7편은 주로 어두운 골짜기에서 부르짖는 탄원 기도지만, 이 시는 즐거운 분위기 속에서 부르는 찬양의 노래다. 또한 찬양시 중 시편에 가장 먼저 등장하는 시다.

2. 구조

1) 1a절: 서론적 찬양
2) 1b-2절: 약한 자에 대한 하나님의 애정
3) 3-8절: 사람에 대한 하나님의 애정
4) 9절: 결론적 찬양

3. 내용

1) 서론적 찬양(1a절)

1a 여호와, 우리 주여!
주의 이름이 온 땅에
어찌 그리 아름다운지요.

이 시는 "여호와, 우리 주여! 주의 이름이 온 땅에 어찌 그리 아름다운 지요"라는 말로 시작한다(1a절). 시인은 눈을 들어 온 땅과 하늘을 바라 보면서 하나님이 창조하신 이 세상이 얼마나 아름다운지를 고백한다. 아마도 그는 지금 가장 행복한 상태에 놓여 있는 것 같다.

2) 약한 자에 대한 하나님의 애정(1b-2절)

> 1b 주의 영광이 하늘을 덮었나이다.
> 2 주의 대적으로 말미암아
> 어린 아이들과 젖먹이들의 입으로 권능을 세우심이여,
> 이는 원수들과 보복자들을 잠잠하게 하려 하심이니이다.

1절에서 "주"(אָדוֹן, 아돈)는 왕을 가리키는 특별한 호칭이다(왕상 1:11, 43, 47). 시인은 야웨 하나님을 "온 세상의 왕"(주인)이라고 부른다. 따라서 "여호와 우리 주"는 이 시편의 핵심어라고 말할 수 있다. 시인 은 "주의 이름"(현존)과 "주의 영광"이 온 땅과 하늘에 가득함을 찬양 한다. 야웨 하나님은 온 땅과 온 하늘의 주인이시다.

2절은 하나님을 찬양하는 앞 절의 내용과 어울리지 않아 보이기 때문에 이해하기 쉽지 않은 구절이다. "주의 대적"은 하나님과 하나님 의 창조질서에 반대하는 세력으로 추정된다. 하나님은 이들과 맞서기 위해 어린아이들과 젖먹이들의 입으로 말미암아 "요새"(권능)를 세우 신다. 마태복음은 어린아이와 젖먹이의 입에서 나오는 것이 "찬양"이 며, 이 찬양을 통해 하나님의 대적을 물리친다고 해석한다.

예수께 말하되 "그들이 하는 말을 듣느냐?" 예수께서 이르시되 "그렇다. '어린 아기와 젖먹이들의 입에서 나오는 **찬미**를 온전하게 하셨나이다' 함을 너희가 읽어 본 일이 없느냐" 하시고(마 21:16).

이처럼 우리는 찬양을 통해 강력한 요새를 구축함으로써 하나님의 대적들과 맞설 수 있다.

3) 사람에 대한 하나님의 애정(3-8절)

> 3 주의 손가락으로 만드신 주의 하늘과
>
> 주께서 베풀어 두신 달과 별들을 내가 보오니
>
> 4 사람(에노쉬)이 무엇이기에
>
> 주께서 그를 생각하시며
>
> 인자(벤-아담)가 무엇이기에
>
> 주께서 그를 돌보시나이까?
>
> 5 그를 하나님보다 조금 못하게 하시고
>
> 영화와 존귀로 관을 씌우셨나이다.
>
> 6 주의 손으로 만드신 것을 다스리게 하시고
>
> 만물을 그의 발아래 두셨으니
>
> 7 곧 모든 소와 양과
>
> 들짐승이며
>
> 8 공중의 새와 바다의 물고기와
>
> 바닷길에 다니는 것이니이다.

시인은 하나님이 지으신 광활한 우주를 바라보면서 감탄한다(3절). 그는 창조주 하나님의 위대하심을 깨닫는 순간 자신의 무의미성을 발견한다(4절). 우주의 창조자이신 하나님 앞에서 인간이란 아주 보잘것없는 존재다. "사람"으로 번역된 "에노쉬"(אֱנוֹשׁ)는 나약하고 덧없고 죽을 수밖에 없는 허약한 인간을 가리킨다.

여호와여, 그들을 두렵게 하시며
이방 나라들이 자기는 **인생**(에노쉬)일 뿐인 줄 알게 하소서(시 9:20).

주께서 **사람**(에노쉬)을 티끌로 돌아가게 하시고 말씀하시기를
"너희 인생들(베네-아담)은 돌아가라" 하셨사오니(시 90:3).

인생(에노쉬)은 그날이 풀과 같으며
그 영화가 들의 꽃과 같도다(시 103:15).

또한 "인자"로 번역된 "벤-아담"(בֶּן־אָדָם)은 어원상 "땅"(아담)의 "자식"(벤)으로서 흙으로 빚어져 결국 흙으로 돌아가야 하는 허무한 인간을 말한다. "사람"을 뜻하는 "아담"(אָדָם)이라는 명칭은 "땅"을 의미하는 "아다마"(אֲדָמָה)와 어근이 같다. 이를 참고하면 아담은 "땅의 자식"이라는 의미로서, "벤-아담"은 곧 "땅 자식의 자식"이라는 뜻이다. 즉 사람은 완전히 땅에 매인 존재다.

여호와 하나님이 **땅**(아다마)의 흙(아파르)으로 **사람**(아담)을 지으시고

생기를 그 코에 불어넣으시니 **사람**(아담)이 생령이 되니라(창 2:7).

"네가 **흙**(아다마)으로 돌아갈 때까지 얼굴에 땀을 흘려야 먹을 것을 먹으리니 네가 그것에서 취함을 입었음이라. 너는 **흙**(아파르)이니 **흙**(아파르)으로 돌아갈 것이니라" 하시니라(창 3:19).

인간은 이처럼 "허약성"(אֱנוֹשׁ, 에노쉬)과 "허무성"(בֶּן־אָדָם, 벤-아담)을 지닌 존재다.

그러나 하나님은 이런 무의미한 인간을 늘 "생각하시며"(זָכַר, 자카르) 항상 "돌보신다"(פָּקַד, 파카드). 히브리어 동사 "자카르"(זָכַר)는 하나님이 인간을 마음에 두고 계심을 뜻하고, "파카드"(פָּקַד)는 하나님의 따뜻한 심방을 의미한다. 하나님은 이런 하찮은 인간을 늘 기억하고 항상 돌보신다.

시인은 이때 인간의 특수성을 깨닫는다. 창조주는 인간을 하나님보다 조금 부족하게 만드시고, 영화와 존귀로 관을 씌워주셨다(5절). 고대 근동의 인간 창조 신화에 따르면, 야웨 하나님과 달리 고대 근동의 신들은 자신들의 노동을 대신하고 시중을 들 수 있는 노예와 같은 존재로 인간을 창조했다. 그러나 성서의 인간은 "하나님과 거의 동급"(Beinahe-Gott)이다. 인간은 "하나님의 형상"(*imago Dei*, 이마고 데이)으로 창조되었다.

26 하나님이 이르시되 "우리의 형상을 따라 우리의 모양대로 우리가 사람을 만들고 그들로 바다의 물고기와 하늘의 새와 가축과 온 땅과 땅에 기

는 모든 것을 다스리게 하자" 하시고 **27** 하나님이 자기 형상 곧 **하나님의**
형상대로 사람을 창조하시되 남자와 여자를 창조하시고(창 1:26-27).

사람에게 주어진 "영화"(כָּבוֹד, 카보드)와 "존귀"(הָדָר, 하다르)는 본디 왕
에게 속한 것이다.

> 주의 구원이 그의 **영광**(카보드)을 크게 하시고
> 존귀와 **위엄**(하다르)을 그에게 입히시나이다(시 21:5).

그러므로 인간은 왕과 같은 존엄성을 지닌 존재다.
　　또한 하나님은 인간에게 창조세계를 다스리는 권한을 위임하셨다
(6절). 사람은 땅(소와 양과 들짐승)과 하늘(공중의 새)과 바다(바다의 물고기)
를 통치하시는 하나님의 대리자가 된다(7-8절). 여기서 말하는 "다스
림"은 착취를 허용한다는 뜻이 아니라, 하나님이 세상을 사랑으로 돌
보시는 것처럼 그분의 창조세계를 사랑으로 돌보라는 의미다.

4) 결론적 찬양(9절)

> **9** 여호와, 우리 주여!
> 주의 이름이 온 땅에
> 어찌 그리 아름다운지요.

9절은 이 시의 시작인 1a절과 동일한 찬양의 어구지만, 의미 없이 단

순히 반복되는 것은 아니다. 시인은 이런 형식을 통해 주님을 찬양하는 것이 인생의 시작이자 마지막임을 알려준다. 즉 주님을 찬양하는 것이 인생의 알파요 오메가다(참조. 롬 11:36).

4. 메시지

인간은 하나님 앞에서 자신이 얼마나 무의미한 존재인지 깨달아야만 하나님과의 깊은 관계 속으로 들어갈 수 있다. 그리고 그곳에서 인간의 본질에 근접하는 순간에 비로소 인간이란 어떤 존재인지를 깨닫게 된다. 인간은 하나님과의 만남 속에서 자신의 본질을 직면하게 된다. 인간은 하나님의 마음속에 담겨 있으면서 그분의 지속적인 돌보심을 받는 존재다. 동시에 하나님의 마음을 가지고 그분이 만드신 자연을 돌보는 존재다. 이 땅에서 하나님의 돌봄을 받고 그 과정에서 얻은 힘을 가지고 하나님의 작품인 자연을 돌보는 것이 인간의 사명이다. 자연이 죽으면 인간도 죽는다. 자연이 살아야 인간도 산다. 이처럼 인간과 자연은 더불어 살아야 하는 생명공동체다. 그러므로 우리는 하늘의 돌봄을 지속적으로 받으며 하나님이 믿고 맡기신 그분의 땅을 돌보는 존재가 되어야 한다.

9편

가난한 자의 기도:

"가난한 자의 부르짖음을 잊지 아니하시도다"

1. 양식

시편 9편은 그리스어 성경(LXX)에서는 10편과 함께 하나의 시로 묶여 있지만, 히브리어 성경(BHS)에서는 9편과 10편으로 나누어져 있다. 시편 9편은 "감사시"(psalm of thanksgiving)로 분류된다. 또한 시편 9편은 내용상 "가난한 자의 시편"(Armenpsalmen)으로 불리며, 이런 시(시 9/10, 25, 34, 37, 69, 72, 109편)들 가운데 최초로 등장하는 시다.

2. 구조

1) 1-4절: 의로운 재판관인 하나님을 향한 찬양
2) 5-10절: 열방에 대한 우주적 심판자이신 하나님에 대한 회고
3) 11-12절: 가난한 자를 돕는 자이신 하나님을 향한 찬양 촉구
4) 13-14절: 간구
5) 15-20절: 열방의 재판관이자 가난한 자의 구원자이신 하나님에 대한 고백

3. 내용

1) 의로운 재판관인 하나님에 찬양(1-4절)

1 내가 전심으로 여호와께 감사하오며

주의 모든 기이한 일들을 전하리이다.

2 내가 주를 기뻐하고 즐거워하며

지존하신 주의 이름을 찬송하리니

3 내 원수들이 물러갈 때에

주 앞에서 넘어져 망함이니이다.

4 주께서 나의 의와 송사를 변호하셨으며

보좌에 앉으사 의롭게 심판하셨나이다.

1절에 의하면 시인은 "전심(全心)으로 하나님께 감사"한다. 시인은 나뉘지 않는 마음 즉 "진실함"과 "간절함"을 가지고 주님을 대한다. 시인은 야웨께서 행하신 "기이한 일"(1절)과 그의 "이름"(שֵׁם, 쉠)을 찬양한다(2절). 이 두 가지는 하나님이 창조하신 것과 역사 속에서 행하신 모든 활동을 뜻한다.

시인은 원수들의 패망을 지켜봄으로써 억울함으로부터 풀어진다(3절). 이는 하늘 보좌에 좌정하신 하나님이 정의의 심판을 내리신 결과다(4절).

2) 열방에 대한 우주적인 심판자이신 하나님에 대한 회고(5-10절)

5 이방 나라들을 책망하시고 악인을 멸하시며

그들의 이름을 영원히 지우셨나이다.

6 원수가 끊어져 영원히 멸망하였사오니

주께서 무너뜨린 성읍들을 기억할 수 없나이다.

7 여호와께서 영원히 앉으심이여,

심판을 위하여 보좌를 준비하셨도다.

8 공의로 세계를 심판하심이여,

정직으로 만민에게 판결을 내리시리로다.

9 여호와는 압제를 당하는 자의 요새이시요,

환난 때의 요새이시로다.

10 여호와여,

주의 이름을 아는 자는 주를 의지하오리니

이는 주를 찾는 자들을 버리지 아니하심이니이다.

이어서 시인은 하나님께서 지난 역사 가운데 행하신 일들을 회고한다.
5절의 "이방 나라들"은 외부의 적을 가리키며 "악인"은 내부의 적을
지칭한다. 하나님은 이방 나라들과 악인들의 이름을 영원히 지우셨다.
"이름을 지운다는 것"은 그 존재를 세상에서 완전히 제거해버리는 것
을 의미한다.

말하기를

"가서 그들을 멸하여

다시 나라가 되지 못하게 하여

이스라엘의 이름으로

다시는 기억되지 못하게 하자" 하나이다(시 83:4).

6절은 역사 속에서 영원히 사라진 대제국들의 몰락(아시리아, 이집트, 바

빌로니아 등)을 회상한다. 7절은 하나님을 "정의의 심판관"이라고 일컬은 4절의 내용을 더욱 자세히 설명하고 있다. 하나님은 공의로 세계를 심판하시고, 정직으로 만민을 판결하신다(8절). 하나님의 통치는 우주적이고 공평하다. 그렇기 때문에 억울한 일을 당한 이들은 도움을 받게 된다.

하나님은 악인들에게는 무서운 심판자이시나, 그들에게 압제당하는 사람들에게는 "요새"(피신처)가 되신다(9절). "주의 이름을 아는 자"가 곧 "의로운 자"라는 10절의 묘사는 지혜 문학적인 표현이다(시 36:10; 91:14; 잠 3:6). "주를 찾는 자"는 경건하고 의로운 예배 참여자를 뜻한다.

> 여호와께서 하늘에서 인생을 굽어살피사
> 지각이 있어 **하나님을 찾는 자**가 있는가 보려 하신즉(시 14:2).

> 겸손한 자는 먹고 배부를 것이며
> **여호와를 찾는 자**는 그를 찬송할 것이라.
> 너희 마음은 영원히 살지어다(시 22:26).

하나님은 의로운 자와 경건한 자를 결코 버리지 아니하신다.

3) 가난한 자를 돕는 자이신 하나님을 향한 찬양 촉구(11-12절)

11 너희는 시온에 계신 여호와를 찬송하며

그의 행사를 백성 중에 선포할지어다.

12 피 흘림을 심문하시는 이가 그들을 기억하심이여,

가난한 자의 부르짖음을 잊지 아니하시도다.

하나님은 "하늘의 보좌"에 좌정하시며(7절), 이와 동시에 "땅 위의 시온"에도 계신다(11절). 하나님은 피 흘리는 자들을 "기억해두시며"(창 4:10), 가난한 자의 부르짖음을 "잊지 않으시는" 분이다(12절). 특히 이 구절은 가난한 자들의 부르짖음을 들으시고 응답하시는 출애굽의 야웨 하나님을 연상시킨다.

7 여호와께서 이르시되 "내가 애굽에 있는 내 백성의 고통을 분명히 보고 그들이 그들의 감독자로 말미암아 **부르짖음을 듣고** 그 근심을 알고 **8 내가 내려가서** 그들을 애굽인의 손에서 건져내고 그들을 그 땅에서 인도하여 아름답고 광대한 땅, 젖과 꿀이 흐르는 땅 곧 가나안 족속, 헷 족속, 아모리 족속, 브리스 족속, 히위 족속, 여부스 족속의 지방에 데려가려 하노라. 9 이제 가라. 이스라엘 자손의 부르짖음이 내게 달하고 애굽 사람이 그들을 괴롭히는 학대도 내가 보았으니 10 이제 내가 너를 바로에게 보내어 너에게 내 백성 이스라엘 자손을 애굽에서 인도하여 내게 하리라"(출 3:7-10).

4) 간구(13-14절)

13 여호와여,

내게 은혜를 베푸소서.

나를 사망의 문에서 일으키시는 주여,

나를 미워하는 자에게서 받는 나의 고통을 보소서.

14 그리하시면 내가 주의 찬송을 다 전할 것이요,

딸 시온의 문에서 주의 구원을 기뻐하리이다.

시인은 현재 고통을 겪으며 "사망의 문"(מִשַּׁעֲרֵי מָוֶת, 미샤아레 마베트)을 향하고 있다(13절). 이런 상황에서 그는 하나님을 향해 생명의 문인 "시온의 문"(שַׁעֲרֵי בַת־צִיּוֹן, 샤아레 바트-치욘)으로 자신을 구원해달라고 간구한다(14절).

5) 열방의 재판관이자 가난한 자의 구원자이신 하나님에 대한 고백(15-20절)

15 이방 나라들은

자기가 판 웅덩이에 빠짐이여,

자기가 숨긴 그물에 자기 발이 걸렸도다.

16 여호와께서

자기를 알게 하사 심판을 행하셨음이여,

악인은 자기가 손으로 행한 일에 스스로 얽혔도다. (힉가욘, 셀라)

17 악인들이 스올로 돌아감이여,

하나님을 잊어버린 모든 이방 나라들이 그리하리로다.

18 궁핍한 자가 항상 잊어버림을 당하지 아니함이여,

가난한 자들이 영원히 실망하지 아니하리로다.

19 여호와여,

일어나사 인생(에노쉬)으로 승리를 얻지 못하게 하시며

이방 나라들이 주 앞에서 심판을 받게 하소서.

20 여호와여,

그들을 두렵게 하시며

이방 나라들이 자기는 인생(에노쉬)일 뿐인 줄 알게 하소서. (셀라)

시인에 따르면 "악인은 자기가 손으로 행한 일에 스스로 얽혔다"
(16절). 그는 악인에 대한 심판이 본질상 그들 자신의 행위로 인한 자승
자박(自繩自縛)의 결과임을 회고한다(15절). 악은 부메랑과 같은 효과가
있다. 시인은 이어서 미래의 일을 전망한다. "악인들"(내부의 적)과 하나
님을 잊어버린 "이방 나라들"(외부의 적)은 결국 스올로 사라질 것이다
(17절). 야웨 하나님을 잊어버리는 자에게는 희망이 없다. 그러나 야웨
의 이름을 알고 그분을 찾는 궁핍한 자와 가난한 자들은 하나님이 영
원히 잊지 아니하신다(18절).

19-20절에서는 하나님의 원수를 가리켜 "인생"(אֱנוֹשׁ, 에노쉬)이라
고 일컫는다. "에노쉬"(אֱנוֹשׁ)는 풀같이 사멸(死滅)할 존재를 가리킨다.

사람(에노쉬)이 무엇이기에

주께서 그를 생각하시며

인자가 무엇이기에

주께서 그를 돌보시나이까?(시 8:4)

시인은 하나님을 외면하고도 잘 나가는 교만한 자들이 언젠가는 사멸될 것이라고 믿는다. 그리고 그날에 이르러 그들 자신이 얼마나 허약한 존재인지를 깨닫게 되기를 간구한다.

4. 메시지

야웨 하나님은 가난한 이들의 "피난처"(요새)이자 "희망"이시다. 하나님은 자신을 찾는 가난한 이들을 잊지 않으시고 그들의 부르짖음에 반드시 응답하신다. 하나님을 멀리하면서 풍요를 얻은 자들은 자신의 능력으로 성공했다고 여기지만, 그것은 참된 성공이 아니다. 비록 가난하더라도 하나님을 가까이하는 것이 진정으로 성공한 삶이다. 가난한 시인은 이 믿음을 간직하며 산다.

10편

억울하게 압제당하는 자의 기도:

"악인의 팔을 꺾으소서"

1. 양식

시편 10편은 그리스어 성경(LXX)에서는 9편과 함께 하나의 시로 묶여 있으나 히브리어 성경(BHS)에서는 9편과 구분되어 있다. 시편 9편은 감사시인 반면, 시편 10편은 "탄원시"(psalm of lament)로 분류된다. 이 시는 하나님을 향한 1) 부름, 2) 탄원 혹은 불평, 3) 간구, 4) 신뢰 고백, 5) 찬양이라는 탄원시의 다섯 가지 요소를 모두 갖추고 있다. 대부분의 탄원시는 일반적으로 이 순서대로 진행된다.

2. 구조

1) 1-11절: 하나님을 향한 부름과 탄원
2) 12-15절: 간구와 신뢰 고백
3) 16-18절: 찬양

3. 내용

1) 하나님을 향한 부름과 탄원(1-11절)

1 여호와여,

어찌하여 멀리 서시며

어찌하여 환난 때에 숨으시나이까?

2 악한 자가 교만하여 가련한 자를 심히 압박하오니

그들이 자기가 베푼 꾀에 빠지게 하소서.

3 악인은 그의 마음의 욕심을 자랑하며

탐욕을 부리는 자는 여호와를 배반하여 멸시하나이다.

4 악인은 그의 교만한 얼굴로 말하기를

"여호와께서 이를 감찰하지 아니하신다" 하며

그의 모든 사상에 "하나님이 없다" 하나이다.

5 그의 길은 언제든지 견고하고

주의 심판은 높아서 그에게 미치지 못하오니

그는 그의 모든 대적들을 멸시하며

6 그의 마음에 이르기를

"나는 흔들리지 아니하며

대대로 환난을 당하지 아니하리라" 하나이다.

7 그의 입에는 저주와 거짓과 포악이 충만하며

그의 혀 밑에는 잔해와 죄악이 있나이다.

8 그가 마을 구석진 곳에 앉으며

그 은밀한 곳에서 무죄한 자를 죽이며

그의 눈은 가련한 자를 엿보나이다.

9 사자가 자기의 굴에 엎드림 같이

그가 은밀한 곳에 엎드려

가련한 자를 잡으려고 기다리며

자기 그물을 끌어당겨 가련한 자를 잡나이다.

10 그가 구푸려 엎드리니

그의 포악으로 말미암아

가련한 자들이 넘어지나이다.

11 그가 그의 마음에 이르기를

"하나님이 잊으셨고 그의 얼굴을 가리셨으니

영원히 보지 아니하시리라" 하나이다.

이 시는 "여호와여, 어찌하여 환난 때에 숨으시나이까?"라는 탄원의 질문으로 시작된다(1절). 이는 "여호와는 환난 때의 요새이시로다"(시 9:9)라는 고백에 대한 반문이다. 즉 "하나님의 무관심과 숨으심"(*Deus absconditus*)이 모든 불행의 근본 원인이라는 것이다.

시인은 이어지는 2-11절에서 악한 자들의 교만과 행태를 탄원조로 고발한다. 악인들은 교만하여 가련한 자(עָנִי, 아니)를 억압하고(2절), 심지어 자신의 탐욕을 과시하며 야웨를 멸시하기도 한다(3절).

악인들은 "하나님은 감찰하지 않으신다"고 말하며, 더 나아가 "하나님이 없다"고 생각한다(4절). 히브리어 동사 "감찰하다"(דָּרַשׁ, 다라쉬)는 본래 "찾다"라는 뜻인데, 여기서는 "벌하다"라는 의미로 사용된다(참조. 시 9:12; 10:13). 이들의 주장은 "하나님은 피 흘림을 심문하시는 분"(시 9:12)이라고 철석같이 믿고 있는 "가난한 자"(עָנִי, 아니)의 신앙고백을 정면으로 부정한다. 악인들은 하나님의 존재를 부인하는 "이론적인 무신론자들"(theoretic atheists)이라기보다는, 오히려 하나님의 존재는 인정하지만 그분이 인간의 역사 속에는 개입하시지 않는다고 생각하는 "실제적인 무신론자들"(practical atheists) 또는 "이신론자들"(deists)에 가깝다. 스스로가 항상 잘 나가고 있으니 하나님의 심판이 자신들에게 미치지 않는다고 여기는 것이다.

따라서 그들은 더 기고만장해진 채로(5절) "나는 흔들리지 아니하며 대대로 환난을 당하지 아니하리라"(6절)고 확신한다.

시인은 7-11절에서 악인들이 무죄한 자에게 가하는 해악(害惡)에 대해 묘사한다. 그들의 "입"은 치명적인 무기로 가득 찬 "병기 창고"와 같다. 실제로 그 입은 저주와 거짓과 포악으로 충만하다(7절; 참조. 시 5:6, 9).

또한 그들은 은신처에 매복하여 무고한 자들을 기다리는 도적 혹은 강탈자를 닮았다(8절). 악인들은 숨어서 먹이를 기다리고 있는 굶주린 사자와 같고(9a절), 가련한(가난한) 이들을 사로잡기 위해 그물을 설치하는 사냥꾼과 흡사하다(9b절). 죄 없는 불쌍한 사람들은 이들이 휘두르는 폭력의 먹잇감이 된다(10절). 악인들은 하나님이 그들의 악행에 관심을 두지 않는다고 여기고, 행여 안다 하더라도 곧 잊어버릴 것이라고 생각한다(11절). 악인이 이런 확신을 갖게 할 만큼 긴 시간 동안 유지된 하나님의 침묵은 시인을 더욱 고통스럽게 만든다.

이처럼 힘없고 가난한 자들을 무참히 억압하는 악인들의 행태에 대해 즉각적인 하나님의 응답이 없는 현실을 보며 시인은 심히 고뇌하고 있다.

2) 간구와 신뢰 고백(12-15절)

12 여호와여,

일어나옵소서.

하나님이여,

손을 드옵소서.

가난한 자들을 잊지 마옵소서.

13 어찌하여 악인이 하나님을 멸시하여

그의 마음에 이르기를

주는 감찰하지 아니하리라 하나이까?

14 주께서는 보셨나이다.

주는 재앙과 원한을 감찰하시고

주의 손으로 갚으려 하시오니

외로운 자가 주를 의지하나이다.

주는 벌써부터 고아를 도우시는 이시니이다.

15 악인의 팔을 꺾으소서.

악한 자의 악을 더 이상 찾아낼 수 없을 때까지 찾으소서.

시인은 12-15절에서 악인들에 대한 하나님의 심판을 간구하는데, 이 부분이 시의 핵심이다. 시인은 "여호와여, 일어나옵소서. 하나님이여, 손을 드옵소서"라고 간청한다(12절). "일어나옵소서"는 의로운 심판관이신 주님의 개입을 급박하게 요청하는 호소다.

여호와여,

진노로 **일어나사**

내 대적들의 노를 막으시며

나를 위하여 깨소서.

주께서 심판을 명령하셨나이다(시 7:6).

여호와여,

일어나사

인생으로 승리를 얻지 못하게 하시며

이방 나라들이 주 앞에서 심판을 받게 하소서(시 9:19).

여기서 "손을 드는 것"에 대한 묘사는 적들에 대한 선전 포고를 의미한다.

> 그 일이 그러한 것이 아니니라. 에브라임 산지 사람 비그리의 아들 그의 이름을 **세바라 하는 자가 손을 들어 왕 다윗을 대적하였나니** "너희가 그만 내주면 내가 이 성벽에서 떠나가리라" 하니라. 여인이 요압에게 이르되 "그의 머리를 성벽에서 당신에게 내어던지리이다" 하고(삼하 20:21).

하나님을 멸시하는 악인들은 심판을 받아 마땅하다(13절). 시인은 갑자기 확신을 표명한다(14절). 그리고 그는 하나님이 악인의 행태를 눈여겨보고 계시며 권력을 한 손에 쥐고 보응할 때를 기다리시는 분이라는 사실을 상기한다. 주님은 예나 지금이나 변함없이 고아를 돕는 분이시다. 시인은 주님께서 악인들의 죄를 발본색원(拔本塞源)하시기를 한 번 더 간구한다(15절).

3) 찬양(16-18절)

> **16** 여호와께서는 영원무궁하도록 왕이시니
> 이방 나라들이 주의 땅에서 멸망하였나이다.
> **17** 여호와여,
> 주는 겸손한 자의 소원을 들으셨사오니
> 그들의 마음을 준비하시며 귀를 기울여 들으시고
> **18** 고아와 압제당하는 자를 위하여 심판하사
> 세상에 속한 자가 다시는 위협하지 못하게 하시리이다.

이 탄원시는 찬양으로 마감된다(16-18절). 왕적인 권능을 지니신 주님은(16절) 가난한 자의 소원을 귀담아 들어주시는 분이다(17절). 그러므로 세상에 속한 "자"(אֱנוֹשׁ, 에노쉬)인 악인은 결국 멸망할 것이다(18절).

4. 메시지

우리 하나님은 세상에서 일어나고 있는 모든 일을 하나도 빠짐없이 감찰하고 계신다. 따라서 하나님의 "현상학적 부재"는 "존재론적 부재"가 아니다. 이런 사실을 무시하거나 망각한 악인들은 무죄한 자들을 억압하고 있으나, 하나님은 적절한 심판의 때를 기다리고 계실 뿐이다. 이 시편의 저자는 1-11절에 걸쳐 장황하게 하나님께 탄원을 올린다. 시인은 가련한 자들을 억압하면서 하나님의 도우심을 구하는 이를 조롱하는 악인의 모습에 절망한다. 그는 이들을 향한 심판이 속히

이르기를 간구하지만 하나님의 응답은 지칠 정도로 더디다. 하지만 시인은 기도 가운데 하나님에 대한 확고한 신뢰를 회복하고 찬양하게 된다. 이것이 바로 탄원시를 통해 얻게 되는 교훈이자 은혜다.

11편

도망 혹은 믿음:

"터가 무너지면 의인이 무엇을 하랴?"

1. 양식

시편 11편은 대화 형식으로 이루어진 "신뢰시"(psalm of trust)로 분류된다. 시인은 위험한 상황에서도 하나님이 피난처가 되시는 의로운 분임을 신뢰하고 있다.

2. 구조

이 시는 크게 탄원(1-3절)과 확신(4-7절)으로 구성되어 있다. 이를 좀더 세분하면 다섯 부분으로 구분된다.

    1) 1a절: 야웨 하나님이 피난처라는 신뢰 고백
    2) 1b-3절: 충고자의 권고
    3) 4-5절: 야웨 하나님이 의로운 분이라는 신뢰 고백
    4) 6절: 악인에 대한 처벌 간구
    5) 7절: 확신

3. 내용

1) 야웨 하나님이 피난처라는 신뢰 고백(1a절)

> **1a** 내가 여호와께 피하였거늘

이 시는 "내가 여호와께 피하였거늘"이라는 말로 시작한다(1절). 이는 위기의 상황에서 성전을 찾거나 야웨 하나님의 보호를 구한다는 뜻이다. 이 진술은 시편 11편 전체의 주제다. 시인은 하나님이 확실한 피난처이심을 확신하고 있다.

2) 충고자의 권고(1b-3절)

> **1b** 너희가 내 영혼에게 "새 같이
> 네 산으로 도망하라" 함은 어찌함인가?
> **2** 악인이 활을 당기고
> 화살을 시위에 먹임이여,
> 마음이 바른 자를 어두운 데서 쏘려 하는도다.
> **3** 터가 무너지면
> 의인이 무엇을 하랴?

시인은 1a절의 확신을 바탕으로 "새 같이 산으로 도망하라"는 인간적인 충고를 거절한다. 유다의 산들은 지형적으로 수많은 동굴과 가파른 절벽 및 접근하기 힘든 바위들로 이루어져 있어서 피신처로 사용하기에 매우 적격이다.

> 다윗이 **광야의 요새**에도 있었고 또 **십 광야 산골**에도 머물렀으므로 사울이 매일 찾되 하나님이 그를 그의 손에 넘기지 아니하시니라(삼상 23:14).

십 사람이 기브아에 와서 사울에게 말하여 이르되 "다윗이 **광야 앞 하길라 산**에 숨지 아니하였나이까" 하매(삼상 26:10).

그러나 하나님께 피한 시인에게는 이런 제안이 무의미하다. 1b-3절의 내용은 충고자의 권고를 인용한 것이다. 시인은 충고자의 말을 인용한 뒤 반박하고 거절한다. 우리말 새번역 성경을 보면 이 점이 더욱 분명히 드러난다.

> 1 내가 주님께 피하였거늘,
> 어찌하여 너희는 나에게 이렇게 말하느냐?
> "너는 새처럼 너의 산에서 피하여라.
> 2 악인이 활을 당기고, 시위에 화살을 메워서
> 마음이 바른 사람을 어두운 곳에서 쏘려 하지 않느냐?
> 3 기초가 바닥부터 흔들리는 이 마당에
> 의인인들 무엇을 할 수 있겠는가?"(시 11:1-3, 새번역)

2절의 충고에 따르면, 악인은 마치 새를 잡는 사냥꾼과 같이 완전 무장을 하고 새처럼 날아다니는 의인을 잡기 위해 몰래 숨어서 그를 정조준하고 있다. 의인에게 최대의 위기가 닥쳤다.

3절에서도 충고가 이어진다. "터"(שֵׁת, 쉐트)는 삶과 사회의 기초를 의미한다. 삶의 터전이 와르르 무너진 이런 환경 속에서 과연 의인인들 무엇을 할 수 있을까? 3절에서 "의인이 무엇을 하랴?"는 충고의 외침은 시인이 느끼는 절망과 무력감을 여실히 드러낸다.

3) 야웨 하나님이 의로운 분이라는 신뢰 고백(4-5절)

> 4 여호와께서는 그의 성전에 계시고
>
> 여호와의 보좌는 하늘에 있음이여,
>
> 그의 눈이 인생을 통촉하시고
>
> 그의 안목이 그들을 감찰하시도다.
>
> 5 여호와는 의인을 감찰하시고
>
> 악인과 폭력을 좋아하는 자를 마음에 미워하시도다.

4-5절에서 시인은 야웨 하나님이 의로운 분임을 고백한다. 이때 그의 두 눈은 성전에 계신 하나님과 하늘 보좌에 좌정하신 하나님을 향한다(4a절). 이 표상들은 야웨가 세상의 왕이심을 나타낸다. "여호와가 그의 성전에 계심"은 "하나님의 내재성" 즉 위기에 처한 시인과 함께하심을 상징하고, "여호와의 보좌는 하늘에 계심"이라는 묘사는 "하나님의 초월성" 즉 하나님께서 크신 권능으로 무질서한 상태에서 비롯된 위기를 적절히 통제하고 계심을 암시한다.

4b절에 따르면 하나님의 눈은 "인생들"(בְּנֵי אָדָם, 베네 아담)을 주의 깊게 "통촉하시고"(חזה, 하자) "감찰하신다"(בָּחַן, 바한). 베네 아담은 "비천한 자"를 가리키는 표현이다(시 49:2; 62:9). 이처럼 하나님의 눈은 모든 인간의 내면을 꿰뚫어 보신다.

> 9 만물보다 거짓되고
>
> 심히 부패한 것은 마음이라.

누가 능히 이를 알리요마는

10 나 여호와는 심장을 살피며

폐부를 **시험하고**(바한)

각각 그의 행위와 그의 행실대로 보응하나니(렘 17:9-10).

여기서 히브리어 동사 "감찰하다"(בָּחַן, 바한)는 본래 금속을 정제하는 과정에서 "검사하다/시험하다/분석하다"의 의미를 내포하고 있는 단어다.

그러므로 만군의 여호와께서 이와 같이 말씀하시되

"보라, 내가 내 딸 백성을 어떻게 처치할꼬?

그들을 녹이고 **연단하리라**(바한)"(렘 9:7).

순수한 금속을 구분하기 위해 쓸모없는 찌꺼기를 정제하여 불순물을 제거하듯이, 하나님도 이런 방식으로 의인과 악인을 구별하신다. 따라서 "의인을 감찰한다"는 것은 커다란 고통을 감내하고 불순물을 제거함으로써 결국 사람을 정화한다는 의미다. 즉 "감찰"은 "정화"의 기능을 한다(5a절). 그러나 악인과 폭력을 좋아하는 자는 하나님의 분노(증오)를 불러일으킬 뿐이다(5b절).

4) 악인에 대한 처벌 간구(6절)

6 악인에게 그물을 던지시리니

불과 유황과 태우는 바람이 그들의 잔의 소득이 되리로다.

시인은 의로우신 하나님에게 악인을 심판해달라고 간구한다(6절). 악
인에게는 소돔과 고모라를 심판할 때 하나님께서 도구로 사용하신 불
과 유황이 떨어진다(창 19:24). 또한 하나님은 동쪽과 남쪽에서 불어오
는 뜨거운 사막 바람 곧 초목을 메마르게 하는 "태우는 바람"으로 그들
을 징벌하신다. 여기서 "잔"은 악인들이 마셔야 하는 벌로서 "분노의
잔"을 의미한다.

> 여호와의 손에서 그의 **분노의 잔**을 마신 예루살렘이여,
> 깰지어다, 깰지어다.
> 일어설지어다.
> 네가 이미 비틀걸음 치게 하는 큰 잔을 마셔 다 비웠도다(사 51:17).

반면 의인에게는 "구원의 잔"이 주어진다.

> 내가 **구원의 잔**을 들고
> 여호와의 이름을 부르며(시 116:13).

야웨 하나님은 의인을 감찰하시며, 불과 유황과 태우는 바람을 도구로
사용하셔서 악인을 근절하신다. 이 시험은 심판의 기능을 담당한다.

5) 확신(7절)

> 7 여호와는 의로우사 의로운 일을 좋아하시나니
> 정직한 자는 그의 얼굴을 뵈오리로다.

시인은 확신으로 이 시를 맺는다(7절). "여호와는 의로우사 의로운 일을 좋아하시나니 정직한 자가 하나님의 얼굴을 뵈오리로다." 이 표현은 의인에 대한 보응과 구원을 뜻한다. 여기서 "의로운 일들"(צְדָקוֹת, 체다코트)은 어휘상 "자비의 행위"를 가리킨다.

> 그런즉 "왕이여, 내가 아뢰는 것을 받으시고 **공의**(체다카)를 행함으로 죄를 사하고 가난한 자를 긍휼히 여김으로 죄악을 사하소서. 그리하시면 왕의 평안함이 혹시 장구하리이다" 하니라(단 4:27).

따라서 이곳의 "정직한 자"는 의로운 일 곧 자비를 베푸는 자들을 말한다. 또한 7절의 "정직한 자"와 2절의 마음이 "바른 자"는 동일한 히브리어 단어(יָשָׁר, 야샤르)로서 자비를 행하는 자를 가리킨다. 이런 어휘의 뜻을 통해 우리 하나님은 자비를 베푸는 "정직한 자"와 "바른 자"의 편이심을 알 수 있다.

4. 메시지

생활에 대한 불안감이 커짐에 따라 우리의 실존적인 바탕이 무너지는 것 같을 때 우리는 어디로 피신할 것인가? 이럴 때일수록 우리는 현실로부터 도피할 생각을 하기보다는 하나님을 더욱 신뢰하며 그분을 의지하는 굳건한 믿음을 가져야 한다. 이런 믿음을 소유할 때 우리는 비로소 그 어떤 어려움 가운데서도 우리의 피난처가 되어주시는 하나님을 체험할 수 있다.

12편

아첨의 말 vs 순결한 말씀:

"비열함이 인생 중에 높임을 받는 때에"

1. 양식

시편 12편은 "개인 탄원시"(psalm of an individual lament)로 분류된다. 이 시는 악인들이 지배하는 사회에서 살던 중 곤경에 처한 시인이 하나님의 도움을 구하는 기도다.

2. 구조

    1) 1-4절: 야웨 하나님을 향한 부름과 탄원
    2) 5-7절: 신뢰 고백
    3) 8절: 마지막 탄원

3. 내용

1) 야웨 하나님을 향한 부름과 탄원(1-4절)

    1 여호와여,

    도우소서.

    경건한 자가 끊어지며

    충실한 자들이 인생 중에 없어지나이다.

    2 그들이 이웃에게 각기 거짓을 말함이여,

    아첨하는 입술과 두 마음으로 말하는도다.

3 여호와께서 모든 아첨하는 입술과

자랑하는 혀를 끊으시리니

4 그들이 말하기를

"우리의 혀가 이기리라.

우리 입술은 우리 것이니

우리를 주관할 자 누구리요?" 함이로다.

시인은 야웨 하나님을 직접 부르며 탄원을 시작한다. "여호와여, 도우소서"(1절). 이처럼 그가 야웨께 탄원하는 이유는 "경건한 자"와 "충실한 자들"이 세상에서 사라지기 때문이다.

의인이 득의하면 큰 영화가 있고

악인이 일어나면 사람이 숨느니라(잠 28:12).

악인이 일어나면 사람이 숨고

그가 멸망하면 의인이 많아지느니라(잠 28:28).

"경건한 자"(חָסִיד, 하시드)는 하나님과의 언약을 충실히 지키는 정직한 사람들을, "충실한 자들"(אֱמוּנִים, 에무님)은 이웃과의 관계에서 성실한 사람들을 뜻한다. 시인은 사랑의 이중 계명인 하나님 사랑(חָסִיד, 하시드, "경건함")과 이웃 사랑(אֱמוּנִים, 에무님, "충실함")에 기초한 신앙 공동체가 점점 붕괴되어가는 상황을 보며 가슴 아파하고 있다.

시인은 2-4절에서 탄원할 수밖에 없는 실상을 자세히 진술하면서 힘을 가진 악인들의 언행을 고발한다. 그의 눈에는 악한 사람들이 세상의 주도권을 잡은 것처럼 보인다. "곤경"의 근본 원인은 "혀"로 인한 것이다. 악인들의 말은 모두 "거짓"과 "아첨"이며, 그들은 두 마음으로 말한다(2절). 그들은 생각과 말이 다르며 늘 이중적이다. 또한 원하는 바를 얻기 위해서는 진실을 외면하고 거짓과 아첨도 마다하지 않는다. 시인은 하나님의 주권마저도 무시하는 이들의 숨겨진 오만함을 폭로한다(4절). 그들은 허황된 말을 통해 힘을 장악하려고 한다. 시인은 그들의 혀로 인한 악행이 근절되기만을 바랄 뿐이다(3절).

2) 신뢰 고백(5-7절)

> 5 여호와의 말씀에
> "가련한 자들의 눌림과 궁핍한 자들의 탄식으로 말미암아
> 내가 이제 일어나
> 그를 그가 원하는 안전한 지대에 두리라" 하시도다.
> 6 여호와의 말씀은 순결함이여,
> 흙 도가니에 일곱 번 단련한 은 같도다.
> 7 여호와여, 그들을 지키사
> 이 세대로부터 영원까지 보존하시리이다.

시인은 5-8절에서 하나님의 말씀에 대한 신뢰를 고백한다. 먼저 시인은 과거에 이미 선포된 하나님의 말씀인 "구원 신탁"(the oracle of salvation)을 기억에서 끄집어내어 인용한다(5절). 하나님은 악인의 거짓

말 때문에 고통당하는 가련한 자들과 궁핍한 자들을 구원하실 것이다. 여기서 하나님은 "경제적 약자" 곧 "가련한 자들"(עֲנִיִּים, 아니임)을 특별히 챙기는 "정의의 하나님"으로 묘사된다. 또한 땅이 없어 권력자나 부자에게 경제적으로 예속된, 일명 "무산자(無産者)들"로 지칭되는 "궁핍한 자들"(אֶבְיוֹנִים, 에브요님)을 책임지고 돌보시는 "긍휼의 하나님"으로도 그려진다. 이처럼 우리 하나님은 "가련한 자들의 눌림"과 "궁핍한 자들의 탄식"에 매우 민감한 분이시다(출 22:21-27; 레 25:35-38).

시인은 6절에서 하나님의 말씀을 "정제된 은"에 비유함으로써 거짓과 아첨으로 가득 찬 악인의 "불순한 말"(2-4절)과 대조시킨다. "은"은 고대에 가장 귀한 금속 가운데 하나였으며, 때로는 "금"보다 더 높은 가치를 지닌 것으로 여겨지기도 했다.

> 의인의 혀는 **순은**과 같거니와
> 악인의 마음은 가치가 적으니라(잠 10:20).

시인의 고백에 따르면 하나님의 말씀은 불순물이 제거된 순수한 말씀이기 때문에 신뢰할 수밖에 없다. 이 부분에서 악인들의 말의 허구성과 하나님의 말씀의 진정성이 두드러지게 대비된다. 시인은 하나님의 말씀을 "완전수"(完全數)에 해당되는 숫자 "7"과 연결하여 그 말씀이 "일곱 번 정제되었다"고 묘사한다. 즉 그 말씀은 흠결이 전혀 없는 순도 100%의 순결한 말씀이라는 뜻이다. 시인은 여기서 약자들을 반드시 구원하신다는 하나님의 구원 약속을 다시금 강조한다.

신뢰에 대한 시인의 고백은 계속된다. 그는 하나님의 말씀에 기초하여 그분께서 친히 가련하고 궁핍한 자들을 "이 세대로부터" 즉 "악인들로부터" 지켜주시고 영원까지 보존하실 것이라고 굳게 믿는다 (7절). 악인들을 제거하는 것보다 약자들을 보존하고 보호하려는 것이 하나님이 개입하시는 주된 목적이기 때문이다.

3) 마지막 탄원(8절)

> 8 비열함이 인생 중에 높임을 받는 때에
> 악인들이 곳곳에서 날뛰는도다.

그러나 악한 자들은 사람들 앞에서 여전히 고개를 빳빳이 들고 당당히 거리를 활보하며, 허황된 말을 내뱉고도 어리석은 대중의 존경을 받는다(8절). 이를 지켜보는 시인은 하나님이 보호하신다는 확신을 고백하면서도 부정적인 현실을 외면할 수 없다. 이처럼 현실에는 시인의 확신과 더불어 긴장의 요소가 공존한다.

4. 메시지

시인의 눈에 비친 세상은 의인들이 점점 사라져 가고 진실한 것이 인정받지 못하는 그런 곳이며 더 나아가 악인들이 판치는 곳이다. 그런 현실에도 불구하고 순간의 성공을 보장하는 악인들의 거짓과 아첨을 버리고 순결한 하나님의 말씀을 붙잡는 시인의 태도는 이 시대를 살아가는 그리스도인들에게 매우 시의적절(時宜適切)한 울림을 준다.

13편

현실을 앞서는 태도:
"여호와여, 어느 때까지니이까?"

1. 양식

시편 13편은 도움을 구하는 시편의 기도 중 가장 짧은 기도다. 또한 이 시는 "개인 탄원시"(psalm of an individual lament)의 전형적인 형식을 갖추고 있어서 "탄원시의 교과서"(a textbook example)로 꼽힌다. 시편 13편은 탄원시의 전형적인 다섯 가지 요소(야웨 하나님을 향한 부름, 불평/탄원, 간구, 신뢰의 확신, 찬양 맹세)를 차례대로 잘 보여주고 있다.

2. 구조

> 1) 1-2절: 야웨 하나님을 향한 부름과 불평/탄원
> 2) 3-4절: 간구
> 3) 5절: 신뢰의 확신
> 4) 6절: 찬양 맹세

3. 내용

1) 야웨 하나님을 향한 부름과 불평/탄원(1-2절)

1 여호와여,

어느 때까지니이까?

나를 영원히 잊으시나이까?

주의 얼굴을 나에게서

어느 때까지 숨기시겠나이까?

2 나의 영혼이 번민하고

종일토록 마음에 근심하기를

어느 때까지 하오며

내 원수가 나를 치며 자랑하기를

어느 때까지 하리이까?

시인은 불평/탄원을 시작하기에 앞서 먼저 하나님의 이름을 부른다. 1-2절에서는 "어느 때까지"가 네 번이나 반복된다. 이런 반복은 시인이 겪고 있는 장기간의 고통과 심각한 곤경의 상태를 강조하면서 사태의 심각성을 드러낸다. 시인의 고통은 세 가지 차원으로 이루어진다. 그는 자신의 고통을 1) "신학적인 차원"(하나님과의 관계: "여호와여, 어느 때까지니이까?", 1절), 2) "심리적인 차원"(내적인 문제: "나의 영혼이 번민하고", 2a절), 3) "사회적인 차원"(이웃과의 문제: "내 원수가 나를 치며", 2b절)으로 이해한다. 이 세 가지 고민은 믿음을 뒤흔드는 총체적 고난이다. 한마디로 고난은 신학적이고(Gott-Klage: 하나님에 대한 탄원), 개인적이며(Ich-Klage: 자신에 대한 탄원), 동시에 사회적이다(Feind-Klage: 원수에 관한 탄원).

시인은 이 모든 고난의 근본적인 원인을 하나님의 부재에서 찾는다("나를 영원히 잊으시나이까…주의 얼굴을 나에게서 숨기시겠나이까?"). 그는 오직 하나님이 자신을 기억해주시기를 바라며 그분의 얼굴에서 나오는 광채를 보길 원한다.

²⁵ **여호와는 그의 얼굴을 네게 비추사**

은혜 베푸시기를 원하며

²⁶ **여호와는 그 얼굴을 네게로 향하여 드사**

평강 주시기를 원하노라 할지니라 하라(민 6:25-26).

시인은 자신의 고통이 언제 사라질지 모른다. 이 고통은 어쩌면 영원히 지속될 수도 있다. 그렇다고 탄식만 하고 있을 수는 없다. 그래서 시인의 탄원은 자연스레 간구로 넘어간다.

2) 간구(3-4절)

³ 여호와 내 하나님이여,

나를 생각하사 응답하시고

나의 눈을 밝히소서.

두렵건대

내가 사망의 잠을 잘까 하오며

⁴ 두렵건대

나의 원수가 이르기를

"내가 그를 이겼다" 할까 하오며

내가 흔들릴 때에

나의 대적들이 기뻐할까 하나이다.

시인은 1-2절의 탄원(하나님-자신-원수)과 짝을 맞추어 순서상으로 먼저 "하나님"께("여호와 내 하나님이여", 3a절), 이어서 "자신"에 대해("나의 눈을 밝히소서", 3b절), 마지막으로 "원수"에 관해("두렵건대 나의 원수가 이르기를", 4절) 간구한다.

시인은 가장 먼저 하나님께 직접 간구한다(3절). 이제는 하나님의 "부재"가 "임재"로 바뀌어야 할 때다. "하나님의 부재"는 "죽음"을 의미한다(일명 "사망의 잠"). "잠"은 종종 "죽음"을 가리키는 메타포로 사용된다.

> 그렇지 아니하였던들
> 이제는 내가 평안히 누워서 **자고** 쉬었을 것이니(욥 3:13).

> "열정이 일어날 때에
> 내가 연회를 베풀고
> 그들이 취하여 기뻐하다가
> **영원히 잠들어** 깨지 못하게 하리라"
> 여호와의 말씀이니라(렘 51:39).

그런 후 시인은 자신에 대해 간구한다. 흐리고 어두워지고 노회(老獪)한 눈은 죽을병과 삶의 의욕 상실을 가리키는 은유다.

> 모세가 죽을 때 나이 백이십 세였으나 그의 **눈**이 흐리지 아니하였고 기력이 쇠하지 아니하였더라(신 34:7).

내 눈이 근심으로 말미암아 쇠하며

내 모든 대적으로 말미암아 어두워졌나이다(시 6:7; 참조. 시 38:10).

이 구절들을 참고하면 "나의 눈을 밝히소서"라는 말은 생명력의 소생
을 간구하는 것임을 알 수 있다.

마지막으로 시인은 원수와 관련된 간구를 한다. 그에게 죽음이
가까워지고 있다. 시인의 죽음과 흔들림은 그를 공격하고 있는 원수와
대적들의 승리를 의미한다(4절). 이는 시인을 지켜내지 못한 하나님 곧
"내" 하나님(3절)에게도 불명예스러운 일이 된다. 시인은 이 점을 언급
하며 하나님께 간구한다.

3) 신뢰의 확신(5절)

⁵ (그러나) 나는 오직 주의 사랑을 의지하였사오니

나의 마음은 주의 구원을 기뻐하리이다.

5절은 "그러나 나는"(וַאֲנִי, 바아니)이라는 단어로 시작된다. 여기서 고통
스러운 불평/탄원(1-2절)과 걱정스러운 간구(3-4절)에 이어 갑자기 신
뢰와 찬양(5-6절)으로 분위기 반전이 일어난다. 이런 분위기의 급변은
탄원 기도에서 종종 발생한다. 시인은 하나님의 변함없는 사랑(steadfast
love)을 의미하는 "주의 사랑"(חֶסֶד, 헤세드)을 신뢰의 기초로 삼는다
(5절). 여기에 나오는 "의지하였사오니"는 완료형이며 "기뻐하리이다"
는 미완료형이다. 이를 통해 알 수 있듯이 시인은 과거에 하나님을 의

지했던 기억(5a절)을 바탕으로 미래에 대한 구원을 기대(5b절)함으로써 현재의 고통에 대응하고 있다.

4) 찬양 맹세(6절)

> **6** 내가 여호와를 찬송하리니
> 이는 주께서 내게 은덕을 베푸심이로다.

시인은 탄원시의 네 번째 단계인 "신뢰의 확신" 과정에 도달하면서 자연스럽게 구원을 확신하게 되고, 마침내 주님을 찬양하게 된다(6절). 이렇게 시인의 탄원 기도는 찬양으로 끝난다.

4. 메시지

구원의 확신은 과거의 경험과 미래의 소망 사이에서 첨예한 갈등을 빚으며 표현된다. 확신은 과거의 경험을 근거로 삼아 현실을 변형시키고, 이를 통해 미래에 대한 희망을 갖게 해준다. 그래서 시인은 하나님의 구원이 아직 임하지 않았음에도 불구하고 그분의 구원을 미리 확신하고 기뻐할 수 있다. 확신은 현실보다 태도를 먼저 변화시킨다. 따라서 태도의 변화가 현실의 변화보다 우선 되어야 한다. 태도가 바뀌면 현실이 바뀌는 것 역시 시간 문제다. 이것이 바로 심리적 태도가 물리적 현실보다 중요한 이유다.

14편

경건한 가난한 자 vs 실천적 무신론자:

"어리석은 자는 '하나님이 없다' 하도다"

1. 양식

시편 14편은 53편과 거의 동일한 시로서 이 두 시편을 "쌍둥이 시편"(a twin of psalm, Zwillingspsalm)이라고 부른다. 이 시는 예언서의 맥락과 유사하기 때문에 "예언시"(prophetic psalm)로 간주된다(미 7:2; 렘 8:6; 사 59:4).

2. 구조

    1) 1-4절: 어리석은 자들에 대한 고발
    2) 5-6절: 어리석은 자들에게 임할 심판
    3) 7절: 이스라엘의 구원을 위한 간구

3. 내용

1) 어리석은 자들에 대한 고발(1-4절)

> [1] 어리석은 자는 그의 마음에 이르기를
> "하나님이 없다" 하는도다.
> 그들은 부패하고 그 행실이 가증하니
> 선을 행하는 자가 없도다.
> [2] 여호와께서 하늘에서 인생을 굽어 살피사

지각이 있어 하나님을 찾는 자가 있는가 보려 하신즉

3 다 치우쳐 함께 더러운 자가 되고

선을 행하는 자가 없으니 하나도 없도다.

4 죄악을 행하는 자는 다 무지 하냐.

그들이 떡 먹듯이 내 백성을 먹으면서

여호와를 부르지 아니하는도다.

1절의 "어리석은 자"(נָבָל, 나발)는 단순히 지적 능력이 모자라는 사람이 아니다. 그는 하나님의 말씀을 고의로 따르지 않는다. 또한 하나님의 존재는 인정하지만 하나님께서 이 세상에서 활동하고 계심을 부정한다. 왜냐하면 이 세상은 하나님과 무관하게 자체적으로 잘 돌아가고 있는 것처럼 보이기 때문이다. 이런 이신론(deism)적 사상을 가지고 있는 자들을 일컬어 "실천적/실제적 무신론자"(practical atheist)라고 부른다.

악인은 그의 교만한 얼굴로 말하기를

"여호와께서 이를 감찰하지 아니하신다" 하며

그의 모든 사상에 "하나님이 없다" 하나이다(시 10:4; 참조. 시 10:13).

말하기를 **"하나님이 어찌 알랴?**

지존자에게 지식이 있으랴?" 하는도다(시 73:11).

이들은 입술로는 하나님을 인정하지만 마음과 몸으로는 그분을 부정한다.

> 주께서 그들을 심으시므로
> 그들이 뿌리가 박히고
> 장성하여 열매를 맺었거늘
> 그들의 **입은 주께 가까우나**
> 그들의 **마음은 머니이다**(렘 12:2).

이들은 신앙 공동체에 속해 있지만 하나님이 계시지 않은 것처럼 인생을 산다. 더군다나 가증하고 부패한 행실을 하며 그 누구도 선을 행하지 않는다.

시인은 2절에서 야웨 하나님이 하늘의 왕이시며 재판관이라는 표상을 근거로 삼아 하나님이 역사 속에서 부재한다고 주장하는 실천적 무신론자들의 견해를 반박한다(참조. 시 33:13; 102:19). 하나님은 자신을 가시적으로 드러내시지 않은 채로 우리 인생들을 관찰하고 계신다. 그러면서 그분이 세우신 질서를 따라 살기 위해 애쓰는 자, 즉 "하나님을 찾는 자"가 있는지를 굽어살피신다.

3절은 하나님의 관찰 결과를 말한다. 한마디로 "다 치우치고 선을 행하는 자가 하나도 없다." 여기서 "다"는 모든 사람을 말하는 것이 아니라 1절의 "어리석은 자" 곧 실천적 무신론자들을 가리킨다. 실제적으로 하나님을 떠난 이 배교자들은 결국 악행을 저지르는 사람들이 된다. 신앙을 포기하는 자는 도덕도 포기한다. 시인은 실천적 무신론자들에게 억압받는 "하나님의 백성"("내 백성", 4절)과 "의인"("의인의 세대",

5절)과 "가난한 자"(6절)를 구분하고 있다.

4절은 어리석은 자의 잘못된 행실을 고발하는 내용이지만, 정확한 의미를 파악하기는 어렵다. 우리말 개역개정 성경에서 "그들이 떡 먹듯이 내 백성을 먹으면서"로 번역된 이 본문은 히브리어 원문에 맞춰 직역하면 "내 백성을 먹는 자들이 여호와의 떡을 먹으면서"이다. 죄악을 일삼는 자들은 하나님의 백성을 함부로 대한다("내 백성을 먹는 자들", 참조. 미 3:3; 시 27:2; 잠 30:14). 그들은 야웨가 주시는 떡 곧 "여호와의 떡"(לֶחֶם יְהוָה, 레헴 야웨)만 달랑 취하고는 그 떡을 주신 야웨를 찾지도 않고 그분께 감사하지도 않는다("여호와를 부르지 아니하는도다", 4b절). 또한 자기들에게 복지와 안녕을 수여하신 분이 야웨임을 알지 못한다. 하나님을 인식하지 못하거나 더 나아가 망각하게 되면 인간은 자신의 권리와 복지를 챙기는 데만 몰두하게 되고 약자들의 권리와 복지에는 무관심하게 된다. 이런 행태가 심해지면 도리어 약자들을 해치기도 한다.

2) 어리석은 자들에게 임할 심판(5-6절)

> 5 그러나 거기서 그들은 두려워하고 두려워하였으니
> 하나님이 의인의 세대에 계심이로다.
> 6 너희가 가난한 자의 계획을 부끄럽게 하나
> 오직 여호와는 그의 피난처가 되시도다.

시인은 실천적 무신론자들이 "거기서"(שָׁם, 샴) 두려워한다고 말한다 (5절). 여기 언급된 "거기서"는 그들이 가난한 의인들을 억압하는 바로

"그 순간과 그 장소"를 의미한다. 하나님은 가난한 자가 위협받고 억압받는 장소에 반드시 개입하신다.

> 23 여러 해 후에 애굽 왕은 죽었고 이스라엘 자손은 고된 노동으로 말미암아 탄식하며 부르짖으니 그 고된 노동으로 말미암아 부르짖는 소리가 하나님께 상달된지라. **24 하나님이 그들의 고통 소리를 들으시고** 하나님이 아브라함과 이삭과 야곱에게 세운 그의 언약을 기억하사 **25 하나님이 이스라엘 자손을 돌보셨고** 하나님이 그들을 기억하셨더라(출 2:23-25; 참조. 출 3:7-10).

하나님은 무고한 약자들의 편이시기 때문이다("하나님이 의인의 세대에 계심이로다", 5b절). 이때 억압자들은 하나님의 임재와 권능을 경험하고 두려움에 빠질 것이다.

가난한 자는 한동안 좌절을 맛볼 수는 있지만, 야웨께서 가난한 자들의 피난처가 되어주시기 때문에 그 억울함은 곧 신원(伸冤)될 것이다(6절).

3) 이스라엘의 구원을 위한 간구(7절)

> 7 이스라엘의 구원이 시온에서 나오기를 원하도다.
> 여호와께서 그의 백성을 포로 된 곳에서 돌이키실 때에
> 야곱이 즐거워하고 이스라엘이 기뻐하리로다.

시인은 7절에서 하나님이 임재하시는 시온으로부터 야웨의 구원이 임하여 이스라엘의 운명이 회복되기를 간구한다. "하나님이 그의 백성을 포로 된 곳에서 돌이키실 때"라는 말은 하나님이 개입하셔서 그분의 백성의 운명을 바꾸실 때라는 일반적인 의미로 이해될 수 있다.

4. 메시지

이 시는 창궐하는 악의 세력(실천적 무신론자)에 직면한 가난한 의인을 격려하고 있다. 하나님이 부재하신 것처럼 보이는 세상 속에서도 그분의 임재를 확신하고 사는 것이 지혜로운 삶이다. 하나님은 이 세상에서 강한 자들로부터 억압받는, 약하고 가난하지만 신실한 이들(경건한 가난한 자들/가난한 의인)과 함께하신다. 왜냐하면 하나님은 가난한 자의 피난처가 되어주시는 분이기 때문이다.

15편

이웃 없이는 예배도 없다!:

"주의 장막에 머무를 자 누구오며"

1. 양식

시편 15편은 그 내용과 형식이 갖는 특징으로 인해 교훈적인 의도를 지닌 "성소 입장 의식시"(entrance liturgy)로 분류된다. 이 시는 본래 성전 구역 입구에서 대화하듯이 부르던 노래로 보인다(시 24편).

2. 구조

1) 1절: 성소 앞에 선 예배자의 질문
2) 2-5a절: 제사장(혹은 성전 문지기)의 대답
3) 5b절: 의로운 삶에 대한 약속

3. 내용

1) 성소 앞에 선 예배자의 질문(1절)

1 여호와여,

주의 장막에 머무를 자 누구오며

주의 성산에 사는 자 누구오니이까?

일반적으로 예배자는 성소 앞에서 제사장이나 성전 문지기에게 성소 입장의 자격에 대해 질문한다.

또 **문지기를 여호와의 전 여러 문에 두어** 무슨 일에든지 부정한 모든 자는 들어오지 못하게 하고(대하 23:19).

그런데 1절의 예배자는 제사장이나 성전 문지기를 부르지 않고 바로 야웨 하나님을 부른다. 이를 통해 성소 입장의 결정권은 오직 야웨께 있음을 보여준다. 제사장이나 성전 문지기는 하나님의 뜻을 대신 전하는 심부름꾼에 지나지 않는다. 성소는 준비 없이 아무나 입장할 수 있는 장소가 아니다. 죄인과 불경건한 자들에게는 하나님의 성전이 화(禍)를 당하는 장소가 될 수도 있기 때문이다.

> 시온의 죄인들이 두려워하며
> 경건하지 아니한 자들이 떨며 이르기를
> "우리 중에 누가 **삼키는 불**과 함께 거하겠으며
> 우리 중에 누가 **영영히 타는 것**과 함께 거하리요?" 하도다(사 33:14).

2) 제사장(혹은 성전 문지기)의 대답(2-5a절)

> 2 정직하게 행하며
> 공의를 실천하며
> 그의 마음에 진실을 말하며
> 3 그의 혀로 남을 허물하지 아니하고
> 그의 이웃에게 악을 행하지 아니하며
> 그의 이웃을 비방하지 아니하며

4 그의 눈은 망령된 자를 멸시하며

여호와를 두려워하는 자들을 존대하며

그의 마음에 서원한 것은 해로울지라도 변하지 아니하며

5a 이자를 받으려고 돈을 꾸어 주지 아니하며

뇌물을 받고 무죄한 자를 해하지 아니하는 자이니

2절은 예배자의 질문에 대해 "포괄적인 답변"을 준다. 시인은 2절에서 성소 입장의 조건으로 1) 정직하게(תָּמִים, 타밈) 행함, 2) 공의(צֶדֶק, 체데크)를 실천함, 3) 마음에 진실(אֱמֶת, 에메트)을 말함이라는 세 가지를 제시한다. 우선 "정직하게 행함"은 노아와 아브라함이 보여준 바와 같이 책망할 점이 없는 온전한 삶을 사는 것을 의미한다.

> 이것이 노아의 족보니라. 노아는 의인이요 당대에 **완전한**(타밈) 자라. 그는 하나님과 동행하였으며(창 6:9).

> 아브람이 구십구 세 때에 여호와께서 아브람에게 나타나서 그에게 이르시되 "나는 전능한 하나님이라. 너는 내 앞에서 행하여 **완전하라**(타밈)"(창 17:1).

그리고 "공의를 실천함"은 하나님의 계명을 준수하는 삶을, "마음에 진실을 말함"은 마음의 중심이 진실된 삶을 뜻한다. 여기 사용된 히브리어 동사는 모두 동사의 파생어인 "분사 형태"를 취한다. 이런 형태가 사용된 이유는 세 가지 행동이 반복적이고 습관화된 현상임을 서술하기 위해서다.

3-5a절은 "구체적인 답변"을 제공한다. 시인은 "이웃과의 관계"(3절), "두 집단에 대한 태도와 서원 준수"(4절), "금전 관계"(5a절)를 언급하며 구체적인 성소 입장 조건을 제시한다. 3절은 2절의 마지막 구절인 "그의 마음에 진실을 말하며"라는 부분을 상세하게 서술한다. 3절의 세 가지 태도는 모두 "혀"와 관련이 있다. 야웨의 성소에 거주할 수 있는 자는 남을 험담하지 않으며, 말로써 남을 해치지 않고, 남에 대한 비방을 받아들이지 않는 그런 사람이다.

4절은 가치 기준이 하나님을 중심으로 정해짐을 보여준다. "망령된 자"(נִמְאָס, 님아스)는 하나님을 경멸하는 자를 뜻한다. 주님의 성소에 합당한 자는 "주님을 경멸하는 자"를 거부하고 "주님을 두려워하는 자"를 부모 대하듯 공경한다. 여기서 "존대하다"로 번역된 "카베드"(כָּבֵד)는 부모를 "존중하고/공경하다"라는 의미다.

네 부모를 **공경하라**(카베드). 그리하면 네 하나님 여호와가 네게 준 땅에서 네 생명이 길리라(출 20:12).

이처럼 사람을 세상의 권력과 지위에 따라서 판단하지 않고 하나님과의 관계를 근거로 판단한다. 즉 신학적 관점이 세상에 대한 판단 기준이 된다. 이런 자는 자신이 서원한 것을 수행할 때 손해를 보더라도 물러서지 않고 자신이 한 맹세를 끝까지 책임진다.

5a절은 고리대금과 뇌물이라는 금전 문제를 다룬다. 이스라엘 백성 간의 금전 거래는 어려움을 겪는 이웃을 돕는 경우에만 허용되었다.

³⁵ 네 형제가 가난하게 되어 빈손으로 네 곁에 있거든 너는 그를 도와 거류민이나 동거인처럼 너와 함께 생활하게 하되 ³⁶ 너는 그에게 이자를 받지 말고 네 하나님을 경외하여 네 형제로 너와 함께 생활하게 할 것인즉 ³⁷ 너는 그에게 **이자를 위하여 돈을 꾸어 주지 말고 이익을 위하여 네 양식을 꾸어 주지 말라**(레 25:35-37).

또한 가난한 자를 옥죄는 고리대금은 애초부터 허용되지 않았다.

> 네가 만일 너와 함께 한 내 백성 중에서 가난한 자에게 돈을 꾸어 주면 너는 그에게 채권자 같이 하지 말며 **이자를 받지 말 것이며**(출 22:25).

당시 중동지방에서는 고리대금이 성행하였다. 고대 바빌로니아에서는 33.3%의 이자를 요구하였으며, 아시리아에서는 50%에 육박한 이자율을 적용했다고 한다. "이자"(נֶשֶׁךְ, 네쉐크)라는 히브리어는 "물어 뜯다"(נָשַׁךְ, 나샤크)라는 동사에서 왔다. 이는 상대방을 물어뜯어서 강탈한 것이라는 의미다. 따라서 하나님의 성소에 입장할 수 있는 조건을 갖추기 위해서는 뇌물도 거부해야 한다.

> **너는 뇌물을 받지 말라.** 뇌물은 밝은 자의 눈을 어둡게 하고 의로운 자의 말을 굽게 하느니라(출 23:8).

3) 의로운 삶에 대한 약속(5b절)

> 5b 이런 일을 행하는 자는 영원히 흔들리지 아니하리이다.

5b절의 "이런 일"은 2-5a절의 모든 요구와 금지 사항을 말한다. 그것을 지키며 사는 사람은 "영원히 흔들리지 아니한다." 의롭게 사는 자는 어떤 상황을 겪어도 요동치 아니하고 영원한 반석이신 주님의 성소에서 안전하게 보호를 받을 것이다.

> 너희는 여호와를 영원히 신뢰하라.
> **주 여호와는 영원한 반석이심이로다**(사 26:4).

4. 메시지

시인은 성소에 입장할 수 있는 조건을 갖추기 위해서는 단순히 예배 규정을 준수하는 데서 더 나아가 세상 속에서 의로운 삶을 살아야 한다고 이야기한다. 자기밖에 모르는 철저한 이기주의적인 삶을 살다가 어느 날 교회에 와서 열심히 예배를 드리는 것만으로는 하나님을 기쁘게 해드릴 수 없다. 우리 하나님은 성소에만 거하시는 분이 아니다. 하나님은 우리의 전(全) 삶을 주목하고 계신다. 그분은 먼저 나를 감찰하시고, 가정 안에서의 내 모습을 감찰하시며, 내가 몸담은 공동체와 그 밖의 모든 곳에서의 나의 삶을 불꽃 같은 눈으로 감찰하고 계신다. 왜냐하면 종교적 경건의 삶보다 더 중요한 것은 그 사람의 일상이기 때문이다. 참 예배자란 일상에서 하나님을 늘 주목하고 자기의 이웃을 사랑하는 사람이다. 따라서 이웃이 배제된 예배는 있을 수 없다. 이웃 없이는 예배도 없다!

16편

죽음도 넘어서는 생명의 길:

"주의 거룩한 자를 멸망시키지 않으실 것임이니이다"

1. 양식

시편 16편은 본문 전반에 드러나는 신뢰의 분위기로 인해 "신뢰시"(psalm of trust)로 간주된다.

2. 구조

1) 1절: 보호를 요청하는 간구
2) 2-4절: 하나님을 향한 신뢰 고백
3) 5-8절: 하나님의 공급하심에 대한 찬양
4) 9-11절: 하나님의 견인(牽引)에 대한 확신

3. 내용

1) 보호를 요청하는 간구(1절)

1 하나님이여,

나를 지켜 주소서.

내가 주께 피하나이다.

시인은 하나님이 자신의 피신처라고 고백하면서 하나님을 향해 자신을 지켜달라고 간구한다(1절). 그는 현재 위기에 처해 있다.

2) 하나님을 향한 신뢰 고백(2-4절)

2 내가 여호와께 아뢰되

"주는 나의 주님이시오니

주밖에는 나의 복이 없다" 하였나이다.

3 땅에 있는 성도들은 존귀한 자들이니

나의 모든 즐거움이 그들에게 있도다.

4 다른 신에게 예물을 드리는 자는 괴로움이 더할 것이라.

나는 그들이 드리는 피의 전제를 드리지 아니하며

내 입술로 그 이름도 부르지 아니하리로다.

시인은 "주는 나의 주님(אֲדוֹן, 아돈)이시오니 주밖에는 나의 복(טוֹבָה, 토바)이 없다"(2절)고 고백한다. 즉 하나님은 "주인"(אֲדוֹן, 아돈)이시고 자신은 그분의 "종"(עֶבֶד, 에베드)이라는 것이다. 이처럼 시인은 자신을 주님께 속한 자로 인식한다. 2절의 "복"(טוֹבָה, 토바)은 모든 종류의 "인생의 즐거움"을 가리키는 지혜 문학적 개념이다.

그가 비록 천 년의 갑절을 산다 할지라도

행복(토바)을 보지 못하면

마침내 다 한 곳으로 돌아가는 것뿐이 아니냐(전 6:6; 참조. 전 4:8; 6:3).

시인은 주님이 자신의 가장 큰 행복이라고 고백한다.

하나님께 가까이 함이 내게 **복**(토브)이라.

내가 주 여호와를 나의 피난처로 삼아

주의 모든 행적을 전파하리이다(시 73:28).

시인은 "땅에 있는 성도들"(קָדוֹשׁ, 카도쉬)과 교제를 나누는 일을 가장 큰 즐거움으로 여긴다(3절). "땅에 있는 성도들"은 경건한 야웨 신앙인들(*communio sanctorum*)을 가리킨다(시 34:9). 시인은 야웨 하나님을 모시면서도 ("피의 전제"를 드리며) 우상 신을 함께 섬기는 종교 혼합주의를 민감하게 경계한다.

자식들은 나무를 줍고 아버지들은 불을 피우며 부녀들은 가루를 반죽하여 하늘의 여왕을 위하여 과자를 만들며 그들이 또 다른 신들에게 **전제를 부음**으로 나의 노를 일으키느니라(렘 7:18; 참조. 렘 44:17; 겔 20:28).

그는 우상 신들의 이름조차 자신의 입에 올리지 않는다(4절). 참된 주님을 예배하면 "행복"이 주어지지만(2절), 거짓 우상을 숭배하면 "고난"(괴로움)이 따르기 때문이다.

3) 하나님의 공급하심에 대한 찬양(5-8절)

5 여호와는 나의 산업과 나의 잔의 소득이시니

나의 분깃을 지키시나이다.

6 내게 줄로 재어 준 구역은 아름다운 곳에 있음이여,

나의 기업이 실로 아름답도다.

7 나를 훈계하신 여호와를 송축할지라.

밤마다 내 양심이 나를 교훈하도다.

8 내가 여호와를 항상 내 앞에 모심이여,

그가 나의 오른쪽에 계시므로

내가 흔들리지 아니하리로다.

시인의 고백은 자연스럽게 찬양으로 흘러간다(5-8절). 그는 야웨가 삶의 근본 토대(5-6절)이자 인생의 주관자(7-8절)이심을 찬양한다. 또한 야웨를 "나의 산업", "나의 잔", "나의 분깃[제비]을 지키시는 분", "나의 기업"(נַחֲלָה, 나할라)으로 간주한다(5-6절). 이 용어들은 여호수아가 약속의 땅을 분배하는 장면에서 이미 사용된 바 있다(수 18:6-7). 시인은 자신이 레위 사람들처럼 실제적인 땅 대신 야웨 하나님을 기업으로 할당받았음을 인식한다. 제비를 뽑아 공식적으로 측정되어 할당된 "땅"(נַחֲלָה, 나할라, "기업")은 타인에게 빼앗길 수 없는 매우 아름다운 토지와 농지로서, 야웨께서 우리 삶의 토대와 근본이 되심을 보여주는 역할을 한다.

시인은 자신의 인생을 친히 조정해주시는 야웨를 찬양한다(7-8절). 야웨는 지혜의 스승으로서 시인에게 훈계하시며 밤마다 양심을 매개로 교훈하신다(7절). 여기서 "양심"(כִּלְיָה, 킬야)은 문자적인 의미로 "콩팥/신장"을 가리킨다. 콩팥은 감정과 정서의 자리로서 민감성을 느끼는 기관으로 여겨진다.

내 마음(לֵבָב, 레바브)이 산란하며

내 **양심**(כְּלָיוֹת, 켈라요트)이 찔렸나이다(시 73:21).

야웨는 사람들의 예민한 양심을 통해 밤마다 자기 자녀들의 삶에 개입
하심으로써 그들의 인생을 조정하고 조절하신다. 따라서 시인은 야웨
를 항상 자신의 앞에 모신다(8a절). 야웨는 시인의 오른쪽에 자리하시
고 시인의 삶을 단단히 붙들어주신다(8b절). 오른쪽은 힘, 지지, 영예의
자리를 나타내는 관용구다. 이처럼 야웨는 시인의 방어자이자 수호자
이며 든든한 지원군이 되신다.

4) 하나님의 견인(牽引)에 대한 확신(9-11절)

9 이러므로 나의 마음(레브)이 기쁘고

나의 영(카보드)도 즐거워하며

내 육체(바사르)도 안전히 살리니

10 이는 주께서 내 영혼(네페쉬)을 스올에 버리지 아니하시며

주의 거룩한 자를 멸망시키지 않으실 것임이니이다.

11 주께서 생명의 길을 내게 보이시리니

주의 앞에는 충만한 기쁨이 있고

주의 오른쪽에는 영원한 즐거움이 있나이다.

시인은 야웨가 자신을 영원히 견인해주실 것이라는 확신에 이른다(9-
11절). 시인은 마음의 기쁨, 영/영광(כָּבוֹד, 카보드)의 즐거움, 육신의 편안

함을 느낀다(9절).

10절에서는 드디어 시인이 처한 위험이 드러난다. 시인은 죽음의 위협을 느끼는 상황 속에 있었지만 이제 야웨를 의지함으로써 죽음에 대한 두려움에서 완전히 벗어났다. 야웨는 "주의 거룩한 자"(חָסִיד, 하시드, "주님의 경건한 자")를 멸망시키실 리 없기 때문이다.

11절의 생명의 길은 살아 있는 자의 참된 경로로서 하나님과의 교제 안에서 기쁨과 즐거움을 누리는 사람이 걷는 길을 의미한다. 시인은 이런 길이 자신에게 주어졌다고 확신한다. 그는 하나님 앞에서 누릴 수 있는 충만한 삶을 지금 여기서 경험하고 있다.

4. 메시지

시인의 확신에 따르면 야웨 하나님을 자신의 앞에 모시고 사는 신앙인들은 온갖 위험한 현실 속에서도 생명의 길로 인도받을 수 있다. 인간의 몸은 죽음의 세력의 한가운데 놓여 있음에도 불구하고 이보다 더 강력하게 사방을 둘러싸고 계신 하나님에 의해 보호를 받는다.

주께서 나의 앞뒤를 둘러싸시고

내게 안수하셨나이다(시 139:5).

우리는 죽음 가운데 있지만, 이보다 더 강력한 생명이 우리를 에워싸고 있다. 여기서 한 걸음 더 나아간 기독교적 이해에 따르면, 하나님은 죽음과 무덤 너머의 영원한 삶에 이르기까지 당신의 자녀들을 보호하고 돌보신다.

> **38** 내가 확신하노니 사망이나 생명이나 천사들이나 권세자들이나 현재
> 일이나 장래 일이나 능력이나 **39** 높음이나 깊음이나 다른 어떤 피조물
> 이라도 우리를 우리 주 그리스도 예수 안에 있는 하나님의 사랑에서 끊을
> 수 없으리라(롬 8:38-39).

그렇기 때문에 신자는 죽음의 위험 속에 있을지라도 그 어떤 것도 두
려워하지 않는 믿음으로 살아갈 수 있다.

17편

관계가 필요보다 우선:

"주의 형상으로 만족하리이다"

1. 양식

시편 17편은 야웨를 믿으며 그 믿음대로 행하는 자가 악한 대적으로부터의 구원을 호소하는 "개인 탄원시"(psalm of an individual lament)로 분류된다.

2. 구조

> 1) 1-2절: 하나님을 향한 부름과 서론적 간구
> 2) 3-5절: 자신의 결백을 주장
> 3) 6-12절: 중심적 간구(적으로부터의 구원 간구)
> 4) 13-15절: 마지막 간구와 구원의 확신

3. 내용

1) 하나님을 향한 부름과 서론적 간구(1-2절)

> ¹ 여호와여,
> 의의 호소를 들으소서.
> 나의 울부짖음에 주의하소서.
> 거짓되지 아니한 입술에서 나오는 나의 기도에
> 귀를 기울이소서.

2 주께서 나를 판단하시며

주의 눈으로 공평함을 살피소서.

시인은 야웨 하나님을 향해 "들으소서", "주의하소서", "귀를 기울이소서"라고 연속적으로 요청함으로써 자신의 다급함을 표현한다(1절). 시인은 불의한 고발을 당한 상황임에도 불구하고 자신의 "의로움"(צֶדֶק, 체데크)과 "거짓 없는 입술"에 주목해달라고 주님께 간구한다.

　　시인은 억울하게 고소당한 자신을 하나님의 눈으로 공평하게 검토해달라고 간청한다(2절). 이는 하나님의 공정한 판결을 요구하는 행위다.

2) 자신의 결백을 주장(3-5절)

3 주께서 내 마음을 시험하시고

밤에 내게 오시어서

나를 감찰하셨으나

흠을 찾지 못하셨사오니

내가 결심하고

입으로 범죄하지 아니하리이다.

4 사람의 행사로 논하면

나는 주의 입술의 말씀을 따라 스스로 삼가서

포악한 자의 길을 가지 아니하였사오며

5 나의 걸음이 주의 길을 굳게 지키고

실족하지 아니하였나이다.

하나님은 그를 이미 "시험"하시고 "감찰"하셨다(3절). 여기에 쓰인 히브리어 동사 "시험하다"(בָּחַן, 바한)는 금속을 정련할 때도 사용된다.

하나님이여,

주께서 우리를 **시험하시되**(바한)

우리를 **단련하시기를**(차라프)

은을 **단련함**(차라프) 같이 하셨으며(시 66:10).

하나님은 밤중에도 시인을 찾아오셔서(פָּקַד, 파카드) 심문하고 조사하셨다. 철저한 조사가 있었지만 그에게서는 일체의 흠도 발견되지 않았다.

그는 하나님의 입술의 말씀을 따라 악인의 길을 삼가며 살아왔다(4절). 뿐만 아니라 그는 "주님의 길"(מַעְגַּל, 마아갈)에서 벗어나지 않고 그 길을 굳게 지키며 살아왔다(5절). 더욱이 시인은 "마음"과 "입"과 "행실"(행사)로도 흠 없이 살기 위해 무척 애를 써왔다. 시인은 이런 사실들을 언급하며 자신의 결백을 주장한다.

3) 중심적 간구(적으로부터의 구원 간구)(6-12절)

6 하나님이여,

내게 응답하시겠으므로

내가 불렀사오니

내게 귀를 기울여

내 말을 들으소서.

7 주께 피하는 자들을

그 일어나 치는 자들에게서

오른손으로 구원하시는 주여,

주의 기이한 사랑을 나타내소서.

8 나를 눈동자 같이 지키시고

주의 날개 그늘 아래에 감추사

9 내 앞에서 나를 압제하는 악인들과

나의 목숨을 노리는 원수들에게서 벗어나게 하소서.

10 그들의 마음은 기름에 잠겼으며

그들의 입은 교만하게 말하나이다.

11 이제 우리가 걸어가는 것을

그들이 에워싸서 노려보고

땅에 넘어뜨리려 하나이다.

12 그는 그 움킨 것을 찢으려 하는 사자 같으며

은밀한 곳에 엎드린 젊은 사자 같으니이다.

이제 모든 혐의에서 벗어난 시인의 중심적인 간구가 이어진다(6-12절). 시인은 하나님께서 자신의 기도에 응답해주실 것이라고 확신하며 기도한다(6절). 7절에 나오는 "오른손"(יָמִין, 야민), "기이한 (일)"(פֶּלֶא, 펠레), "사랑"(חֶסֶד, 헤세드)은 모세의 노래에도 등장한다.

11 여호와여,

신 중에 주와 같은 자가 누구니이까?

주와 같이 거룩함으로 영광스러우며

찬송할 만한 위엄이 있으며

기이한 일(펠레)을 행하는 자가 누구니이까?

12 주께서 **오른손**(야민)을 드신즉

땅이 그들을 삼켰나이다.

13 주의 **인자하심**(헤세드)으로 주께서 구속하신 백성을 인도하시되

주의 힘으로 그들을 주의 거룩한 처소에 들어가게 하시나이다(출 15:11-

13).

시인은 과거 출애굽 사건에 근거하여 자신도 그런 경험을 할 수 있게

해달라고 간청한다. 이와 더불어 하나님의 세심한 주의와 보호를 요청

한다(8절). "눈동자"는 세심한 주의가 필요한 신체 부분이다(신 32:10;

잠 7:2). 또한 "주의 날개 그늘"은 어미 새가 새끼를 보호하는 모습을 연

상시킴으로써 하나님의 보호 역시 그런 모습임을 드러내는 표현이다

(시 91:4; 마 23:37).

시인은 자신을 에워싸고 억압하는 거짓 고소자들로부터 벗어나기

를 간구한다(9절). "그들의 마음은 기름에 잠겼다"라는 10절의 표현은

불쌍히 여기는 마음이 조금도 없는 냉정한 상태를 가리킨다.

그들의 마음은 살쪄서 기름덩이 같으나

나는 주의 법을 즐거워하나이다(시 119:70).

교만한 악인들과 원수들은(10절) 무죄한 시인에게 폭력을 가하려고 한다(11절). 이들의 모습은 숨어서 호시탐탐 공격할 기회를 노리는 잔인하고 사나운 사자를 닮았다(12절).

4) 마지막 간구와 구원의 확신(13-15절)

> 13 여호와여,
>
> 일어나
>
> 그를 대항하여 넘어뜨리시고
>
> 주의 칼로 악인에게서 나의 영혼을 구원하소서.
>
> 14 여호와여,
>
> 이 세상에 살아 있는 동안
>
> 그들의 분깃을 받은 사람들에게서
>
> 주의 손으로 나를 구하소서.
>
> 그들은 주의 재물로 배를 채우고
>
> 자녀로 만족하고
>
> 그들의 남은 산업을
>
> 그들의 어린 아이들에게 물려주는 자니이다.
>
> 15 나는 의로운 중에 주의 얼굴을 뵈오리니
>
> 깰 때에 주의 형상으로 만족하리이다.

시인은 "여호와여 일어나십시오"(קוּמָה יְהוָה, 쿠마 야웨)라고 긴급하게 외친다(13절). 그는 무기를 들어 악인으로부터 자신의 생명을 구해달라고 야웨께 간구함으로써 그분의 개입을 재촉한다.

14절은 히브리어 본문 자체가 분명하지 않기 때문에 그 의미를 정확히 파악하기 어렵다. 아마도 14절은 악인의 현세주의적인 가치관을 고발하는 것으로 보인다. 그들의 관심은 이생의 것들에만 집중되어 있다. 그것들 역시 야웨가 주신 재물이지만 악인들은 수여자의 의도를 무시한 채 자신의 배를 채우는 일에만 집중한다. 남은 것은 자기 자녀에게만 남긴다. 시인은 이런 악인들의 가치관을 비판하고 있다.

15절은 "나는"(אֲנִי, 아니)이라는 인칭 대명사로 시작된다. 이는 시인 자신이 14절에 언급된 악인들과 전혀 다름을 강조하기 위한 강력한 어조의 표현이다. 시인은 자신의 결백이 입증될 것이라고 확신한다. 여기서 "주의 얼굴을 본다"는 말은 하나님의 현존을 경험한다는 뜻이다. "깰 때에"라는 표현은 아침 곧 "구원의 순간"을 의미한다.

> 그의 노염은 잠깐이요,
> 그의 은총은 평생이로다.
> 저녁에는 울음이 깃들일지라도
> **아침**에는 기쁨이 오리로다(시 30:5; 참조. 시 46:5).

악인은 "자녀"로 만족하지만(שָׂבַע, 사바), 시인은 "주의 형상"으로 만족한다(שָׂבַע, 사바). 당신은 현세적이고 일시적인 것에 만족할 것인가, 아니면 영적이고 영원한 것에 만족할 것인가?

4. 메시지

시인은 하나님의 의를 근거로 자신의 억울함을 풀어달라고 호소한 끝에 확신에 이른다. 그는 무엇보다 하나님과의 관계에 집중한다. 그렇기에 여기서 "의"는 관계적 개념이다. 하나님과의 관계가 올바르면 그분의 선물(divine benefits)은 자연스럽게 뒤따라오는 법이다. 하나님과 올바른 관계를 맺는 것이 인간적인 "간구"(요구, 필요)보다 우선이다. 하나님은 우리의 현세적 필요를 채워주는 수단이 아니다. 그분은 무엇보다도 당신의 백성과 친밀하게 교제하기를 원하시는 아버지시다. 그러니 이런 아버지와 바른 관계를 맺고 있는 사람에게는 그분께서 무엇이든 필요한 것을 마땅히 주시지 않겠는가!

> 너희가 악한 자라도 **좋은 것으로 자식에게 줄 줄 알거든** 하물며 하늘에 계신 너희 아버지께서 구하는 자에게 좋은 것으로 주시지 않겠느냐(마 7:11).

> 그런즉 너희는 **먼저 그의 나라와 그의 의를 구하라.** 그리하면 이 모든 것을 너희에게 더하시리라(마 6:33).

18편

신실한 자에게 신실하신 하나님:

"여호와께서 내 의를 따라 갚으시되"

1. 양식

시편 18편은 "왕의 감사시"(royal thanksgiving)로 분류할 수 있다. 상술하자면 이 시편은 왕의 경험에 초점을 맞춘 "제왕시"(royal psalm)이자 왕이 구출된 이후에 야웨께 드리는 "감사시"다. 이 시는 50절로 구성되어 있으며, 시편 119편(176절), 78편(72절), 89편(52절)에 이어 네 번째로 긴 시편이다. 또한 이 시는 사무엘하 22장과 동일한 "쌍둥이 시"이기도 하다.

2. 구조

    1) 1-3절: 야웨 하나님의 구원에 대한 서론적 찬양

    2) 4-19절: 죽음의 위험과 구출에 대한 진술

    3) 20-30절: 구원을 베푸신 야웨 하나님에 대한 찬양

    4) 31-45절: 승리의 노래

    5) 46-50절: 결론적 찬양

3. 내용

1) 야웨 하나님의 구원에 대한 서론적 찬양(1-3절)

    ¹ 나의 힘이신 여호와여,

내가 주를 사랑하나이다.

2 여호와는 나의 반석이시요,

나의 요새시요,

나를 건지시는 이시요,

나의 하나님이시요,

내가 그 안에 피할 나의 바위시요,

나의 방패시요,

나의 구원의 뿔이시요,

나의 산성이시로다.

3 내가 찬송 받으실 여호와께 아뢰리니

내 원수들에게서 구원을 얻으리로다.

1-2절에서 시인은 하나님을 "힘", "반석", "요새", "건지시는 이", "바위", "방패", "구원의 뿔", "산성"이라는 여덟 가지 은유로 표현함으로써 하나님의 능력과 권능을 고백한다. 또한 야웨를 사랑하고 있음을 고백하고(1절) 야웨께 기도한다(3절). 그는 자신의 사랑과 기도에 응답하실 야웨를 믿고 찬양한다.

2) 죽음의 위험과 구출에 대한 진술(4-19절)

4 사망의 줄이 나를 얽고

불의의 창수가 나를 두렵게 하였으며

5 스올의 줄이 나를 두르고

사망의 올무가 내게 이르렀도다.

6 내가 환난 중에서 여호와께 아뢰며

나의 하나님께 부르짖었더니

그가 그의 성전에서 내 소리를 들으심이여,

그의 앞에서 나의 부르짖음이 그의 귀에 들렸도다.

7 이에 땅이 진동하고

산들의 터도 요동하였으니

그의 진노로 말미암음이로다.

8 그의 코에서 연기가 오르고

입에서 불이 나와 사름이여,

그 불에 숯이 피었도다.

9 그가 또 하늘을 드리우시고 강림하시니

그의 발아래는 어두캄캄하도다.

10 그룹을 타고 다니심이여,

바람 날개를 타고 높이 솟아오르셨도다.

11 그가 흑암을 그의 숨는 곳으로 삼으사

장막같이 자기를 두르게 하심이여,

곧 물의 흑암과 공중의 빽빽한 구름으로 그리하시도다.

12 그 앞에 광채로 말미암아 빽빽한 구름이 지나며

우박과 숯불이 내리도다.

13 여호와께서 하늘에서 우렛소리를 내시고

지존하신 이가 음성을 내시며

우박과 숯불을 내리시도다.

14 그의 화살을 날려 그들을 흩으심이여,

많은 번개로 그들을 깨뜨리셨도다.

15 이럴 때에 여호와의 꾸지람과 콧김으로 말미암아

물 밑이 드러나고 세상의 터가 나타났도다.

16 그가 높은 곳에서 손을 펴사

나를 붙잡아주심이여,

많은 물에서 나를 건져내셨도다.

17 나를 강한 원수와 미워하는 자에게서 건지셨음이여,

그들은 나보다 힘이 세기 때문이로다.

18 그들이 나의 재앙의 날에 내게 이르렀으나

여호와께서 나의 의지가 되셨도다.

19 나를 넓은 곳으로 인도하시고

나를 기뻐하시므로

나를 구원하셨도다.

시인은 심각한 죽음의 위험에 빠져 있었다(4-5절). 그래서 야웨께 도움을 청한다. 야웨는 "천상의 궁전"(הֵיכָל, 헤칼, "성전")에서 시인의 기도에 귀를 기울여주신다(6절). 그는 이어서 "야웨 하나님의 나타나심" 곧 "신현현"(神顯現: 초자연적인 개입)을 묘사한다(7-15절). 야웨는 죽음에 처한 시인을 구하시기 위해 높은 곳에서 친히 이 땅에 강림하신다. 야웨가 강림하신 목적은 위기에 처한 시인을 구원하기 위함이다. 이어 구원에 관한 보고가 나온다(16-19절). 모세가 나일강에서 건져졌던 것처럼(출 2:10) 시인도 많은 물(죽음의 물)에서 건져진다(16절). 여기에 사용

된 "건져내셨도다"(מָשָׁה, 마샤)라는 동사는 성경 전체에 걸쳐 출애굽기 2:10, 사무엘하 22:17 및 이곳에만 등장한다.

> 그 아기가 자라매 바로의 딸에게로 데려가니 그가 그의 아들이 되니라. 그가 그의 이름을 모세라 하여 이르되 "이는 내가 그를 물에서 **건져내었음**(마샤)이라" 하였더라(출 2:10).

야웨께서는 시인의 구원을 기뻐하시기 때문에 그를 "넓은 곳"(מֶרְחָב, 메르하브, "안전과 자유의 장소")으로 인도하여 구원해주셨다(19절). 시인은 이 사실을 잘 알고 있다.

3) 구원을 베푸신 야웨 하나님에 대한 찬양(20-30절)

> 20 여호와께서 내 의를 따라 상주시며
>
> 내 손의 깨끗함을 따라 내게 갚으셨으니
>
> 21 이는 내가 여호와의 도를 지키고
>
> 악하게 내 하나님을 떠나지 아니하였으며
>
> 22 그의 모든 규례가 내 앞에 있고
>
> 내게서 그의 율례를 버리지 아니하였음이로다.
>
> 23 또한 나는 그의 앞에 완전하여
>
> 나의 죄악에서 스스로 자신을 지켰나니
>
> 24 그러므로 여호와께서 내 의를 따라 갚으시되
>
> 그의 목전에서 내 손이 깨끗한 만큼 내게 갚으셨도다.

25 자비로운 자에게는 주의 자비로우심을 나타내시며

완전한 자에게는 주의 완전하심을 보이시며

26 깨끗한 자에게는 주의 깨끗하심을 보이시며

사악한 자에게는 주의 거스르심을 보이시리니

27 주께서 곤고한 백성은 구원하시고

교만한 눈은 낮추시리이다.

28 주께서 나의 등불을 켜심이여,

여호와 내 하나님이 내 흑암을 밝히시리이다.

29 내가 주를 의뢰하고

적군을 향해 달리며

내 하나님을 의지하고

담을 뛰어넘나이다.

30 하나님의 도는 완전하고

여호와의 말씀은 순수하니

그는 자기에게 피하는 모든 자의 방패시로다.

시인은 야웨 하나님은 당신께 신실한 자들에게 더욱 신실하신 분이라는 사실을 일일이 증언하며 찬양한다(20-30절). 시인은 첫 번째 부분(20-24절)에서 야웨를 향한 자신의 신실함을 주장하며(무죄 선언), 두 번째 부분(25-30절)에서 신실한 이들을 향한 야웨의 신실하심을 선언한다. 즉 첫 번째는 개인의 고백이고, 두 번째는 일반적인 교훈이라고 할 수 있다.

시인은 하나님 앞에서 완전한(תָּמִים, 타밈) 삶 곧 죄와 무관한 삶을 살아왔다(24절). 그는 하나님이 자신의 "의"(צֶדֶק, 체데크)에 대해 보상하시는 분임을 믿고 있다(20절). 시인이 죽음의 위기에서 구원받은 것은 그의 신실한 삶에 대한 야웨의 보상이었다. 적어도 여기 언급된 구원은 순종에 대한 상급을 의미한다(시 19:11; 고전 3:8; 계 22:12). 이런 사실은 행위를 무시하고 믿음만 강조하는 행태에 경종을 울린다.

영혼 없는 몸이 죽은 것같이 **행함이 없는 믿음은 죽은 것이니라**(약 2:26).

실제 삶에서는 "주어진 신앙"과 "감당해야 할 행위" 사이의 본질적인 변증법(Dialektik)이 존재한다.

사실 하나님과의 관계에서는 상호적인 차원이 있다. 즉 "자비로운 자", "완전한 자", "깨끗한 자"에게는 하나님의 신실한 응답이 주어지지만, "사악한 자"에게는 그에 합당한 보응이 주어지는 법이다(25-27절, 존재의 유비[*analogia entis*]).

4) 승리의 노래(31-45절)

31 여호와 외에 누가 하나님이며
우리 하나님 외에 누가 반석이냐?
32 이 하나님이 힘으로 내게 띠 띠우시며
내 길을 완전하게 하시며
33 나의 발을 암사슴 발 같게 하시며
나를 나의 높은 곳에 세우시며

34 내 손을 가르쳐 싸우게 하시니

내 팔이 놋 활을 당기도다.

35 또 주께서 주의 구원하는 방패를 내게 주시며

주의 오른손이 나를 붙들고

주의 온유함이 나를 크게 하셨나이다.

36 내 걸음을 넓게 하셨고

나를 실족하지 않게 하셨나이다.

37 내가 내 원수를 뒤쫓아가리니

그들이 망하기 전에는 돌아서지 아니하리이다.

38 내가 그들을 쳐서 능히 일어나지 못하게 하리니

그들이 내 발 아래에 엎드러지리이다.

39 주께서 나를 전쟁하게 하려고

능력으로 내게 띠 띠우사

일어나 나를 치는 자들이

내게 굴복하게 하셨나이다.

40 또 주께서 내 원수들에게 등을 내게로 향하게 하시고

나를 미워하는 자들을 내가 끊어버리게 하셨나이다.

41 그들이 부르짖으나

구원할 자가 없었고

여호와께 부르짖어도

그들에게 대답하지 아니하셨나이다.

42 내가 그들을 바람 앞에 티끌 같이 부서뜨리고

거리의 진흙 같이 쏟아 버렸나이다.

43 주께서 나를 백성의 다툼에서 건지시고

여러 민족의 으뜸으로 삼으셨으니

내가 알지 못하는 백성이 나를 섬기리이다.

44 그들이 내 소문을 들은 즉시로 내게 청종함이여,

이방인들이 내게 복종하리로다.

45 이방 자손들이 쇠잔하여

그 견고한 곳에서 떨며 나오리로다.

시인은 이어서 승리의 노래를 부른다(31-45절). 이 승전가는 야웨가 다른 신들과 비교할 수 없는 구원의 하나님이심을 외치면서 시작된다(31절). 야웨는 시인에게 전투 능력을 주심으로써 적극적으로 지원해주신다(32-36절). 이를 통해 시인은 전쟁에서 원수를 압도적으로 제압할 수 있게 된다(37-42절). 열방들은 이 승리의 소식을 듣고 두려워 떨게 되고, 결국 그의 다스림에 복종하게 된다(43-45절).

5) 결론적 찬양(46-50절)

46 여호와는 살아 계시니

나의 반석을 찬송하며

내 구원의 하나님을 높일지로다.

47 이 하나님이 나를 위하여 보복해주시고

민족들이 내게 복종하게 해 주시도다.

48 주께서 나를 내 원수들에게서 구조하시니

주께서 나를 대적하는 자들의 위에 나를 높이 드시고

나를 포악한 자에게서 건지시나이다.

49 여호와여,

이러므로 내가 이방 나라들 중에서 주께 감사하며

주의 이름을 찬송하리이다.

50 여호와께서 그 왕에게 큰 구원을 주시며

기름 부음 받은 자에게 인자를 베푸심이여,

영원토록 다윗과 그 후손에게로다.

시인은 마지막 찬양으로 시를 마감한다(46-50절). 시인은 46-48절에서 승리를 주신 "살아 계시는 여호와"(חַי־יְהוָה, 하이 야웨)를 찬양한다. 이어서 야웨를 열방 중에서 높이겠다고 서원한다(49절). 시인의 승리는 야웨께서 기름 부음 받은 자 곧 "다윗과 그의 후손"에 대한 약속에 성실하셨기 때문에 가능했던 것이다(50절).

4. 메시지

"여호와는 살아 계시니!"라는 감사와 감격의 외침은 시편 18편의 신학적 절정을 이룬다(46절). 지극히 절박한 상황에서 야웨가 시인 자신과 하신 약속을 지키셨다고 고백하는 이 시는 "기름 부음 받은 자"의 간증이라고 할 수 있다. 시인은 먼저 자신이 감당해야 할 야웨와의 약속을 지켰다. 그런 후에야 야웨가 자신에게 약속하신 것을 기대했다. 신실하신 야웨 하나님은 그분과의 약속을 성실히 지키며 사는 자들과 맺으신 약속을 반드시 이행하신다.

19편

하나님의 용서와 보호하심이 있어야:

"그의 열기에서 피할 자가 없도다"

1. 양식

시편 19편은 "토라 찬양시"(psalm of torah-praise)로 분류할 수 있다. 이 시는 크게 두 부분으로 나뉘는데, 첫 번째 부분(시 19A편: 1-6절)은 자연을 통해 나타난 야웨에 대한 찬양을 다루고(창조 신앙), 두 번째 부분(시 19B편: 7-14절)은 토라의 영광을 노래한다(토라 신앙).

2. 구조

1) 1-6절: 하나님의 창조 사역을 찬양
2) 7-10절: 야웨의 토라를 찬양
3) 11-14절: 죄의 용서와 보호를 위한 기도

3. 내용

1) 하나님의 창조 사역을 찬양(1-6절)

1 하늘이 하나님의 영광을 선포하고
궁창이 그의 손으로 하신 일을 나타내는도다.
2 날은 날에게 말하고
밤은 밤에게 지식을 전하니
3 언어도 없고 말씀도 없으며

들리는 소리도 없으나

4 그의 소리가 온 땅에 통하고

그의 말씀이 세상 끝까지 이르도다.

하나님이 해를 위하여 하늘에 장막을 베푸셨도다.

5 해는 그의 신방에서 나오는 신랑과 같고

그의 길을 달리기 기뻐하는 장사 같아서

6 하늘 이 끝에서 나와서

하늘 저 끝까지 운행함이여,

그의 열기에서 피할 자가 없도다.

시인은 1-6절에서 자연 속에 나타난 주님의 계시, 즉 "자연 계시"와 "일반 계시"를 발견하고 찬양한다. 시인은 1-4a절에서 하늘과 땅에 가득한 피조물의 찬양 소리를 진술한다. 1-2절에 따르면 "하늘"은 창조주 하나님의 위엄을 선포하고 "궁창"(창공)은 하나님이 손수 만드신 솜씨를 알린다.

창세로부터 그의 보이지 아니하는 것들 곧 그의 영원하신 능력과 신성이 그가 만드신 만물에 분명히 보여 알려졌나니 그러므로 그들이 핑계하지 못할지니라(롬 1:20).

또한 "낮"은 낮에게 말을 건네고 "밤"은 밤에게 지식을 전한다. 여기에 나오는 "지식"(דַּעַת, 다아트)은 하나님을 아는 지식이다.

이스라엘 자손들아,

여호와의 말씀을 들으라.

여호와께서 이 땅 주민과 논쟁하시나니

이 땅에는 진실도 없고

인애도 없고

하나님을 아는 지식도 없고(호 4:1).

나는 인애를 원하고 제사를 원하지 아니하며

번제보다 **하나님을 아는 것**을 원하노라(호 6:6).

하늘의 존재들도 땅의 존재들(인간) 못지않게 창조주와 그분이 만드신 작품에 대한 지식을 가지고 있다.

그런데 이런 자연 곧 하늘의 존재들이 올리는 찬양은 인간의 귀에 "언어"나 "말씀" 또는 "소리"의 형태로 들리지 않는다(3절). 그럼에도 불구하고 그들의 음성은 온 땅과 세상에 퍼져나간다(4a절). 자연의 음성은 인간이 들을 수 없는 소리이자 언어임에도 불구하고 온 세상에 울려 퍼지고 있다. 인간의 주파수에 포착되지 않는다고 해서 그 소리와 말이 존재하지 않는 것은 아니다. 자연은 자신의 방식으로 하나님을 찬양하며 그분과 늘 소통하고 교제하고 있다.

4b-6절은 하늘과 땅을 비추는 태양을 묘사한다. 태양은 고대 근동에서 강력한 신적 존재로 숭배되었다. 그러나 이 시에 묘사된 태양은 하나님의 손에 의해 만들어진 피조물로서 하나님의 심부름꾼에 불과한 존재다(4b절). 시인은 태양이 밤을 보내는 거처(居處)가 화려한 "궁

전"(הֵיכָל, 헤칼)이 아닌 "장막"(אֹהֶל, 오헬)이라고 언급함으로써 태양의 신성이 박탈되고 격하되었음을 보여준다.

> 하나님이 두 큰 광명체를 만드사 **큰 광명체**(태양)로 낮을 주관하게 하시고 작은 광명체(달)로 밤을 주관하게 하시며 또 별들을 만드시고(창 1:16).

태양은 원기가 왕성한 신랑과 비슷하며 힘찬 장사(용사)와도 같다(5절). 태양은 낮 동안 하늘의 이 끝에서 저 끝을 향해 가면서 그 밑에 있는 모든 피조물들에게 강력한 열기를 발산한다(6a절). 시인은 이 모습을 보면서 "태양의 열기에서 피할 자 없도다"(6b절)라고 고백한다.

2) 야웨의 토라를 찬양(7-10절)

> 7 여호와의 율법은 완전하여
>
> 영혼을 소성시키며
>
> 여호와의 증거는 확실하여
>
> 우둔한 자를 지혜롭게 하며
>
> 8 여호와의 교훈은 정직하여
>
> 마음을 기쁘게 하고
>
> 여호와의 계명은 순결하여
>
> 눈을 밝게 하시도다.
>
> 9 여호와를 경외하는 도는 정결하여

영원까지 이르고

여호와의 법도 진실하여

다 의로우니

10 금 곧 많은 순금보다 더 사모할 것이며

꿀과 송이 꿀보다 더 달도다.

시인은 이어서 "토라" 곧 "특별 계시"에 대해 찬양한다(7-10절). 이 단락에서는 "율법", "증거", "교훈", "계명", "여호와를 경외하는 도", "법"과 같은 용어를 사용하여 토라를 찬양한다. 또한 토라의 특징과 영향이 다음과 같이 진술된다. "완전하여 영혼을 소성시키며, 확실하여 지혜롭게 하고, 정직하여 마음을 기쁘게 하며, 순결하여 눈을 밝게 하고, 정결하여 영원까지 이르게 하며, 진실하여 다 의롭게 한다." 시인은 토라를 최고로 인정한다(10절). 그에게 토라는 궁극적인 가치("금 곧 많은 순금보다 더 사모할 것이며")이자 최고의 즐거움("꿀과 송이 꿀보다 더 달도다")이다.

3) 죄의 용서와 보호를 위한 기도(11-14절)

11 또 주의 종이 이것으로 경고를 받고

이것을 지킴으로 상이 크니이다.

12 자기 허물을 능히 깨달을 자 누구리요?

나를 숨은 허물에서 벗어나게 하소서.

13 또 주의 종에게 고의로 죄를 짓지 말게 하사

그 죄가 나를 주장하지 못하게 하소서.

그리하면 내가 정직하여 큰 죄과에서 벗어나겠나이다.

14 나의 반석이시요 나의 구속자이신 여호와여,

내 입의 말과 마음의 묵상이

주님 앞에 열납되기를 원하나이다.

시인의 관심은 "하늘"(1-6절)에서 "토라"(7-10절)를 거쳐 "자신"에게로 향한다(11-14절). 그는 자연과 토라의 영광을 노래하다가 갑자기 자신의 부족함을 깨닫고 애통한다. 그리고 토라가 마음을 기쁘게 할 뿐 아니라 경고를 한다는 점을 깨닫는다. 동시에 토라를 지키면 상이 크다는 것도 인식하고 있다(11절).

이런 깨달음은 지금까지 유지되어 온 시인의 "찬양의 어조"를 "애가의 어조"로 바꾼다. 시인은 영광스러운 토라를 보며 자신의 무가치함과 무의미함을 절실히 깨닫는다. 그래서 기도할 수밖에 없다. 그는 "숨은 허물"(נִסְתָּרוֹת, 니스타로트, 12절)과 "고범 죄"(זֵדִים, 제딤, 13절)로부터 벗어나기를 기도한다. 토라만으로는 의롭게 될 수 없음을 깨닫고 있기 때문이다. 주님의 용서와 보호만이 인간을 모든 죄에서 자유롭게 할 수 있다. 이제 시인은 자신의 입의 말과 마음의 묵상이 하나님이 기뻐 받으시는 제물이 되기를 기도한다(14절).

4. 메시지

이 시는 자연 및 율법(토라)과 인간 간의 관계를 깊이 있게 다룬다. 태양이 없다면 지구상에 생명체가 존재할 수 없다. 마찬가지로 율법에 담긴 하나님의 계시의 말씀이 없으면 참된 인생도 존재할 수 없다. 모든 피조물이 태양의 열기 앞에 숨을 수 없듯이 율법 앞의 인간도 마찬가지다. 율법은 인간의 삶 전부를 꿰뚫는다. 그 앞에서 자신의 허물을 감추고 숨을 수 있는 사람은 아무도 없다. 그렇기 때문에 인간에게는 하나님의 용서와 보호가 절대적으로 필요하다. 자연계의 법칙에 따라 모든 만물이 살아가듯이, 사람도 하나님의 말씀대로 살아가야 한다.

20편

전쟁에 나가기 전에 드리는 기도:

"여호와여, 왕을 구원하소서"

1. 양식

시편 20편은 "제왕시"(royal psalm)로 분류된다. 엄밀히 말하면 이 시는 왕이 전쟁에 출전하기 직전 하나님께 드린 제의에서 비롯된 것으로 보인다(참조. 대하 20:1-19).

2. 구조

1) 1-5절: 왕을 위한 백성의 간구
2) 6-8절: 응답에 대한 왕의 확신
3) 9절: 백성의 마지막 간구

3. 내용

1) 왕을 위한 백성의 간구(1-5절)

1 환난 날에 여호와께서 네게 응답하시고
야곱의 하나님의 이름이 너를 높이 드시며
2 성소에서 너를 도와주시고
시온에서 너를 붙드시며
3 네 모든 소제를 기억하시며
네 번제를 받아주시기를 원하노라. (셀라)

4 네 마음의 소원대로 허락하시고

네 모든 계획을 이루어주시기를 원하노라.

5 우리가 너의 승리로 말미암아 개가를 부르며

우리 하나님의 이름으로 우리의 깃발을 세우리니

여호와께서 네 모든 기도를 이루어주시기를 원하노라.

이 시의 첫 번째 부분(1-5절)은 시온 성전에서 하나님께 제사를 드리는 왕과 밖에서 하나님께 간구하는 백성들의 모습을 묘사하고 있다. 이 시는 "환난 날"에 부르는 노래다. 환난 날은 위기와 시련의 때를 의미하는데, 여기서는 전쟁의 때를 가리키는 것으로 보인다. 시인은 "야곱의 하나님의 이름"에 호소한다(1절). 야곱의 하나님"은 "환난의 날에 응답하시며 당신의 백성과 동행하시는 하나님"(창 35:3)이며 구원과 인도의 주님이시다.

2절에서 시인은 하나님을 향해 성소와 시온에서 응답해달라고 간구한다. 성소는 시온산에 있으며, 하나님이 당신의 백성 가운데 거하심을 상징하는 장소다. 성소는 하늘과 땅이 만나는 장소이자 하나님의 이름이 거하는 곳이다. 이곳은 백성들이 주님의 도우심을 구하고 경험하는 은혜의 장소이기도 하다.

주께서 전에 말씀하시기를 "**내 이름**이 거기 있으리라" 하신 곳 **이 성전**을 향하여 주의 눈이 주야로 보시오며 주의 종이 이곳을 향하여 비는 기도를 들으시옵소서(왕상 8:29).

이제 이곳에서 하는 기도에 내가 눈을 들고 귀를 기울이리니 이는 내가 이미 **이 성전**을 택하고 거룩하게 하여 **내 이름**을 여기에 영원히 있게 하였음이라. 내 눈과 내 마음이 항상 여기에 있으리라(대하 7:15-16).

3절에서 시인은 하나님을 향해 왕이 올리는 소제와 번제를 받아달라고 기원한다. 사무엘도 전쟁을 앞두고 하나님께 제사를 드린 후 승리의 응답을 경험한 적이 있다.

이스라엘 자손이 사무엘에게 이르되 "당신은 우리를 위하여 우리 하나님 여호와께 쉬지 말고 부르짖어 우리를 블레셋 사람들의 손에서 구원하시게 하소서" 하니 사무엘이 젖 먹는 어린 양 하나를 가져다가 **온전한 번제를 여호와께 드리고** 이스라엘을 위하여 여호와께 부르짖으매 **여호와께서 응답하셨더라**(삼상 7:8-9).

4절에 나오는 "계획"(עֵצָה, 에차)은 전쟁을 승리로 이끌 전술과 전략을 말한다. 5절의 "승리"(יְשׁוּעָה, 예슈아)는 히브리어로 "구원"을 뜻한다. 승리가 원수로부터의 구원을 의미하는 점을 고려하면 이 구절은 결국 전쟁에서의 승리를 뜻함을 알 수 있다.

창을 빼사 나를 쫓는 자의 길을 막으시고
또 내 영혼에게 "나는 **네 구원**이라" 이르소서(시 35:3).

"우리의 깃발을 세운다"는 말은 승리의 표시를 가리킨다. 백성들은 승리의 귀환을 목격하면서 하나님의 이름으로 깃발을 흔들게 될 모습을 상상한다. 이어서 요약된 형태로 기도하며 이 단락을 마친다. "여호와 께서 네 모든 기도를 이루어주시기를 원하노라"(5b절).

2) 응답에 대한 왕의 확신(6-8절)

> 6 여호와께서 자기에게 기름 부음 받은 자를 구원하시는 줄
>
> 이제 내가 아노니
>
> 그의 오른손의 구원하는 힘으로
>
> 그의 거룩한 하늘에서 그에게 응답하시리로다.
>
> 7 어떤 사람은 병거,
>
> 어떤 사람은 말을 의지하나
>
> 우리는 여호와 우리 하나님의 이름을 자랑하리로다.
>
> 8 그들은 비틀거리며 엎드러지고
>
> 우리는 일어나 바로 서도다.

이 시의 두 번째 부분(6-8절)은 백성의 간구에 대해 하나님께서 응답하시리라는 왕의 확신을 담고 있다. 믿음의 기도는 확신을 낳는다. 백성의 중보기도(1-5절)로 인해 힘을 입은 왕은 승리의 확신으로 응답한다 (6-8절).

우리말 개역개정 성경에서는 6절의 "이제 내가 아노니"(יָדַעְתִּי הַתָּה, 아타 야다티)라는 말이 "여호와께서 자기에게 기름 부음 받은 자를 구원하시는 줄"보다 뒤에 나오지만, 히브리어 성경(BHS)은 6절을 "이

제 내가 아노니"로 시작한다. 이는 왕이 받은 응답을 확신에 찬 어조로 선포한다는 의미다. 이제 왕은 하나님의 오른손의 힘으로 승리할 것임을 확신한다. "주님의 오른손"은 출애굽 때 사용된 권능의 표시이자(출 15:6, 12), 가나안 땅을 차지할 때 발휘된 능력의 표현이다(시 44:3).

7절에 언급된 "병거와 군마"는 고대 근동의 전쟁에서 사용된 가장 강력한 군사 무기를 대표한다. 당시 병거와 군마는 야웨 신앙과 대치되는 잘못된 신뢰의 토대이자 상징으로서 이방 문화 유입의 통로가 되기도 했다.

> 그는 **병마**를 많이 두지 말 것이요, **병마**를 많이 얻으려고 그 백성을 **애굽**으로 돌아가게 하지 말 것이니 이는 여호와께서 너희에게 이르시기를 "너희가 이후에는 그 길로 다시 돌아가지 말 것이라" 하셨음이며(신 17:16).

> 솔로몬의 **말들**은 **애굽**에서 들여왔으니 왕의 상인들이 값 주고 산 것이며 (왕상 10:28).

야웨 신앙 공동체는 출애굽 사건을 기점으로 시작되었다. 이 출애굽 사건을 노래하는 최초의 찬양시(출 15:21)는 이스라엘의 원초적인 신앙 고백을 담고 있다.

> 미리암이 그들에게 화답하여 이르되
> "너희는 여호와를 찬송하라,

그는 높고 영화로우심이요,

말과 그 탄 자를 바다에 던지셨음이로다" 하였더라(출 15:21).

이 고백에 따르면 야웨는 군마와 기병을 바다에 던지시는 분이다. 야웨의 백성은 처음부터 군사력과 폭력에 의존하지 않고 오직 야웨의 권능만을 신뢰하는 믿음의 공동체였다. 확신에 찬 왕은 무력의 헛됨과 무력(武力)을 무력화(無力化)시키는 야웨의 권능을 고백한다(8절).

3) 백성의 마지막 간구(9절)

9 여호와여,

왕을 구원하소서.

우리가 부를 때에 우리에게 응답하소서.

9절은 백성의 마지막 간구다. 이 구절은 "여호와여, 왕을 구원하소서" 혹은 "왕이신 여호와여, 구원하소서"라는 두 가지 문장으로 번역이 가능하다. 전자는 인간 왕 역시 백성의 중보기도가 필요한 존재라는 뜻이다. 또한 후자는 진정한 왕이신 야웨만이 승리를 주실 수 있는 분이라는 고백이다. 어찌되었든 백성의 중보는 승리를 얻을 때까지 계속된다.

4. 메시지

이 시는 교회가 대통령과 고위 공직자들을 위해 기도해야 한다는 가르침을 준다. 우리는 그들이 군비 확장과 같은 세속적인 군사력 증강에만 주력하지 않고 전쟁의 성패를 쥐고 계시는 하나님을 절대 신뢰하도록 중보해야 한다.

> **16 많은 군대**로 구원 얻은 왕이 없으며
>
> **용사**가 힘이 세어도 스스로 구원하지 못하는도다.
>
> **17** 구원하는 데에 **군마**는 헛되며
>
> **군대**가 많다 하여도 능히 구하지 못하는도다.
>
> **18** 여호와는 그를 **경외하는 자**
>
> 곧 그의 **인자하심을 바라는 자**를 살피사
>
> **19** 그들의 영혼을 사망에서 **건지시며**
>
> 그들이 굶주릴 때에 그들을 **살리시는도다**(시 33:16-19; 참조. 시 44:3, 6-7; 147:10-11).

우리 하나님은 세상의 권력(세상의 방법)을 의지하지 않고 오직 "여호와" 즉 "주님의 방법"을 신뢰하는 자에게 진정한 승리를 안겨주신다. 이는 그리스도인만이 지도자나 공직자가 되어야 한다는 논리가 아니다. 하나님을 이용하는 껍데기 신앙인이 아니라 신앙의 유무를 떠나 하나님의 가치를 실현하는 사람이 되어야 한다는 의미다. 우리는 이를 기억하고 야웨 하나님의 가치를 따라 하나님 나라의 질서가 이 땅 가운데 실현되도록 힘써야 한다.

> **나라**가 임하시오며
> **뜻**이 하늘에서 이루어진 것 같이
> 땅에서도 이루어지이다(마 6:10).

21편

전쟁에서 승리한 이후 드리는 기도:

"왕이 여호와를 의지하오니"

1. 양식

시편 21편은 "제왕시"(royal psalm)로 분류된다. 시편 20편이 왕이 전쟁을 앞둔 상황에서 올리는 간구라면, 시편 21편은 왕이 전쟁에서 승리한 후 드리는 감사의 노래다.

2. 구조

1) 1-6절: 왕의 승리로 인한 감사
2) 7절: 왕의 신뢰에 대한 요약적 확신
3) 8-12절: 미래에 이루어질 승리에 대한 확신
4) 13절: 요약적 간구

3. 내용

1) 왕의 승리로 인한 감사(1-6절)

1 여호와여,

왕이 주의 힘으로 말미암아 기뻐하며

주의 구원으로 말미암아 크게 즐거워하리이다.

2 그의 마음의 소원을 들어 주셨으며

그의 입술의 요구를 거절하지 아니하셨나이다. (셀라)

3 주의 아름다운 복으로 그를 영접하시고

순금 관을 그의 머리에 씌우셨나이다.

4 그가 생명을 구하매

주께서 그에게 주셨으니

곧 영원한 장수로소이다.

5 주의 구원이 그의 영광을 크게 하시고

존귀와 위엄을 그에게 입히시나이다.

6 그가 영원토록 지극한 복을 받게 하시며

주 앞에서 기쁘고 즐겁게 하시나이다.

첫 번째 부분(1-6절)은 왕이 전쟁을 승리하도록 이끌어주신 하나님께 감사하는 내용이다. 이 부분은 야웨 하나님과 왕의 밀접한 관계를 진술한다. 1절에서 왕은 하나님의 힘과 구원을 기뻐하고 즐거워한다. 이 구절은 이 시편의 전체 분위기를 결정한다.

야웨 하나님은 왕의 소원과 간구를 들어주셨다(2절). 왕의 소원과 간구는 아마도 전쟁에서의 승리를 가리키는 것으로 보인다.

네 마음의 소원대로 허락하시고

네 모든 계획을 이루어주시기를 원하노라(시 20:4).

하나님이 주시는 "주의 아름다운 복"과 "순금 관"은 왕의 승리를 말해주는 상징이다(3절).

왕은 죽음의 전쟁터에서 살아 돌아왔다. 그리고 야웨로부터 생명과 장수를 선물로 받게 되었다(4절). 여기서 "영원한 장수로소이다"
는 왕의 영생을 비는 것이 아니라 궁중 예법(court style)에 따른 인사말
이다.

> 밧세바가 얼굴을 땅에 대고 절하며 "내 주 다윗 왕은 만세수를 하옵소서"
> 하니라(왕상 1:31; 참조. 느 2:3; 단 3:9; 5:10).

또한 이 표현은 왕의 장수와 왕손(王孫)의 번성을 기원하는 의미를 내
포하고 있다.

하나님의 구원으로 인해 왕에게 "영광"(כָּבוֹד, 카보드)과 "존귀"(הוֹד,
호드)와 "위엄"(הָדָר, 하다르)이 주어졌다(5절). 이 "존귀"와 "위엄"은 왕
에게 입혀주는 "왕의 예복"이다.

> 용사여, 칼을 허리에 차고
> 왕의 **영화**(호드)와 **위엄**(하다르)을 입으소서(시 45:3; 참조. 시 8:5).

하나님은 전쟁에서 승리한 그의 왕권을 재확인해주신다. 왕은 하나님
으로부터 영원한 복을 받고, 그분의 임재로 인해 기뻐하고 즐거워한다
(6절).

이 단락에서 왕에게 주어지는 하나님의 혜택은 "구원하심"(1절과
5절)과 "복"(3절과 6절)으로 요약된다. "구원"은 원수로부터 건져주시는
하나님의 도움을 말하며, "복"은 주님의 임재로 인해 주어지는 인생의
증진(增進)을 뜻한다. 이에 따르면 구원은 "주님의 힘"(עֹז, 오즈)에서 나

오고(1절), 복은 "주님의 임재"(פָּנִים, 파님)에서 비롯된다고 할 수 있다(6절).

2) 왕의 신뢰에 대한 요약적 확신(7절)

> 7 왕이 여호와를 의지하오니
> 지존하신 이의 인자함으로 흔들리지 아니하리이다.

7절은 구조적이고 신학적인 면에서 이 시 전체의 중심으로 기능함으로써, 지존자이신 야웨와 왕 사이의 근본적인 관계를 보여준다. "의지"(בָּטַח, 보테아흐)와 "인자함"(חֶסֶד, 헤세드)은 시편 전체의 신학을 요약해주는 핵심 용어다. 하나님과 백성 간의 관계에서 하나님의 근본적인 성품은 인자함이고 이에 대한 백성(왕)의 반응은 하나님께 대한 절대적인 의지/신뢰다. 전쟁의 승리는 "주님께 대한 왕(백성)의 의지"와 "지존자의 인자함"이 합작(合作)한 결과다.

3) 미래에 이루어질 승리에 대한 확신(8-12절)

> 8 왕의 손이 왕의 모든 원수들을 찾아냄이여,
> 왕의 오른손이 왕을 미워하는 자들을 찾아내리로다.
> 9 왕이 노하실 때에
> 그들을 풀무 불 같게 할 것이라.
> 여호와께서 진노하사

그들을 삼키시리니

불이 그들을 소멸하리로다.

10 왕이 그들의 후손을 땅에서 멸함이여,

그들의 자손을 사람 중에서 끊으리로다.

11 비록 그들이 왕을 해하려 하여

음모를 꾸몄으나 이루지 못하도다.

12 왕이 그들로 돌아서게 함이여,

그들의 얼굴을 향하여 활시위를 당기리로다.

1-6절은 왕이 이미 받았던 과거의 구원과 복에 대해 상술하고 있는 반면, 8-12절은 왕에 의해 집행될 미래의 심판, 즉 하나님의 백성을 압제한 대적들이 당하게 될 패배를 표현하고 있다. 과거에 대한 기억(1-6절)은 현재에 대한 신뢰를 낳으며(7절), 그것은 다시 미래의 승리와 성공의 근거가 된다(8-12절). 이 단락(8-12절)에서 우리말 성경의 "왕"이라는 표현은 히브리어 원문에 의하면 "당신"으로서, 직역하면 "왕의 손"은 본래 "당신의 손"이다. 여기서 "당신"은 문법적으로 "주님"과 "왕"이라는 두 가지 번역이 모두 가능하지만, 문맥상으로는 왕을 가리키는 것으로 보인다.

하나님께 재신임을 받은 왕은 앞으로 모든 원수들을 찾아낼 것이다(8절). "여호와께서 진노하사 그들을 삼키시며 불이 그들을 소멸하리로다"(9절)라는 표현은 원수들의 완전한 파멸을 의미한다.

또한 왕에 의해 원수나 불순종하는 자들의 후손들이 멸망하게 된다(10절). 10절에 나오는 "후손"(פְּרִי, 페리)은 히브리어로 "열매"(fruit),

"자손"(זֶרַע, 제라)은 "씨"(seed)를 뜻한다. 이 "열매"와 "씨"라는 관용구는 심판에서 제거될 원수들의 후손들을 말한다. 즉 악인들이 대대로 지속되는 일은 없을 것이다. 왜냐하면 악인의 후손은 결국 망하게 되어 있기 때문이다.

> 여호와께서 정의를 사랑하시고
> 그의 성도를 버리지 아니하심이로다.
> 그들은 영원히 보호를 받으나
> 악인의 **자손**(제라)은 끊어지리로다(시 37:28).

물론 이런 표현은 일종의 과장(hyperbolic)으로서 문자 그대로 이해하면 안 된다. 그런 점을 감안하더라도 이 시편에 따르면 왕은 하나님의 심판을 집행하는 인간 도구로서 이 땅에서 하나님의 정의를 실현하는 자다.

11절에서 원수들은 왕을 해치려고 흉계를 꾸민다. 그러나 그들의 계획은 그 뜻을 이루지 못한다.

> 어찌하여 이방 나라들이 분노하며
> 민족들이 **헛된 일을 꾸미는가**(시 2:1).

이어서 원수들이 왕을 이기지 못하는 이유가 언급된다. 12절에 의하면 왕이 도망가는 원수들을 잡아 돌아서게 한 후 그들의 얼굴을 향해 활시위를 겨눌 것이기 때문이다.

4) 요약적 간구(13절)

> 13 여호와여,
>
> 주의 능력으로 높임을 받으소서.
>
> 우리가 주의 권능을 노래하고 찬송하게 하소서.

13절은 이 시 전체에 대한 요약적인 간구다. 이 구절은 요약적 확신을 보여주는 7절과 상응한다. 7절이 왕의 신뢰를 강조했다면, 13절은 하나님의 능력과 권능을 부각시킨다. 왕의 승리는 하나님의 능력과 권능에서 비롯된다. 또한 13절의 "주의 능력(오즈)"은 1절의 "주의 힘(오즈)"과 같은 단어를 사용함으로써 마지막 절과 첫 절이 수미상관(inclusio)을 이룬다.

4. 메시지

시인은 전쟁의 승리를 통해 새로운 사실을 깨닫는다. 전쟁의 승리는 왕의 군사적 능력에서 비롯되는 것이 아니다. 승리는 하나님을 향한 왕의 신뢰(바타흐)에 하나님의 인자함(헤세드)이 반응한 결과다. 한마디로 전쟁은 하나님께 속한 것이다.

> 또 여호와의 구원하심이 칼과 창에 있지 아니함을 이 무리에게 알게 하리라. **전쟁은 여호와께 속한 것인즉** 그가 너희를 우리 손에 넘기시리라(삼상 17:47; 참조. 대하 20:15).

따라서 진정한 구원은 하나님의 힘에서 나오며 진정한 복은 하나님의
임재에서 출발한다. 전쟁의 주권을 쥐고 계시는 하나님께 대한 믿음만
이 온전한 승리를 가져다준다.

부재 속에 현존하시는,
숨어 계시는 하나님:

"그의 얼굴을 그에게서 숨기지 아니하시고"

1. 양식

시편 22편은 "개인 탄원시"(psalm of an individual lament)로 분류된다. 이 시는 특히 예수님께서 십자가 위에서 첫 구절("내 하나님이여, 내 하나님이여, 어찌 나를 버리셨나이까?")을 인용하셨다는 이유로 매우 유명한 시편이 되었다("제구 시쯤에 예수께서 크게 소리 질러 이르시되 '엘리 엘리 라마 사박다니' 하시니 이는 곧 나의 하나님, 나의 하나님, 어찌하여 나를 버리셨나이까 하는 뜻이라", 마 27:46; 참조. 막 15:34).

2. 구조

이 시는 크게 보면 도움을 요청하는 탄원시(1-21절)와 도움을 찬양하는 감사시(22-31절)로 구성되어 있다. 이를 세분하면 다음과 같이 나눠진다.

1) 1-11절: 탄원과 신뢰 고백 및 첫 번째 간구
2) 12-21절: 탄원과 마지막 간구
3) 22-26절: 가난한 자의 감사시
4) 27-31절: 종말론적 찬양

3. 내용

1) 탄원과 신뢰 고백 및 첫 번째 간구(1-11절)

1 내 하나님이여, 내 하나님이여,

어찌 나를 버리셨나이까?

어찌 나를 멀리하여 돕지 아니하시오며

내 신음 소리를 듣지 아니하시나이까?

2 내 하나님이여,

내가 낮에도 부르짖고

밤에도 잠잠하지 아니하오나

응답하지 아니하시나이다.

3 (그러나) 이스라엘의 찬송 중에 계시는 주여,

주는 거룩하시니이다.

4 우리 조상들이 주께 의뢰하고 의뢰하였으므로

그들을 건지셨나이다.

5 그들이 주께 부르짖어 구원을 얻고

주께 의뢰하여 수치를 당하지 아니하였나이다.

6 (그러나) 나는 벌레요,

사람이 아니라.

사람의 비방거리요,

백성의 조롱거리니이다.

7 나를 보는 자는

다 나를 비웃으며

입술을 비쭉거리고

머리를 흔들며 말하되

8 "그가 여호와께 의탁하니 구원하실 걸,

그를 기뻐하시니 건지실 걸" 하나이다.

9 오직 주께서 나를 모태에서 나오게 하시고

내 어머니의 젖을 먹을 때에 의지하게 하셨나이다.

10 내가 날 때부터 주께 맡긴 바 되었고

모태에서 나올 때부터 주는 나의 하나님이 되셨나이다.

11 나를 멀리하지 마옵소서.

환난이 가까우나 도울 자 없나이다.

시인은 하나님으로부터 버림받았다는 느낌을 숨김없이 표출하면서 탄원을 시작한다(1절). 이 절에서는 시인이 "나의 하나님"(אֵלִי, 엘리)이라고 부를 정도로 늘 "가까웠던 하나님"이 "나를 멀리하는" 하나님으로 묘사되고 있으며, 이를 통해 시인과 하나님 사이의 관계가 소원해졌음을 알 수 있다.

그가 밤낮으로 부르짖어도 하나님으로부터 아무 응답이 없다(2절). 이때 시인은 이스라엘을 향한 하나님의 구원하심을 회고하며 다음과 같이 고백한다. 하나님은 찬양자들의 예배공동체에 현존하시며(3절), 그분을 "의뢰하는"(בָּטַח, 바타흐) 자들을 건지셨다(4절). 그리고 그분께 "부르짖는"(זָעַק, 자아크) 자들을 구원해주셨다(5절).

하지만 대적자들의 경멸을 받은 시인의 마음은 다시금 무너진다

(6-8절). 그는 온갖 비방과 조롱 속에서 사람만도 못한 벌레 취급을 받는다(6절). 시편 8:5-8에 나타난 인간은 왕이었다("왕-인간학", King-Anthropology). 그런데 여기서는 인간이 벌레로 표현된다("벌레-인간학", Worm-Anthropology). 시인은 이웃의 따뜻한 공감과 돌봄을 경험하기는커녕 만나는 모든 사람으로부터 비웃음과 멸시를 당한다(7절). 그와 하나님의 관계조차도 비웃음거리가 된다(8절).

이때 시인은 자신의 삶에서 깨달은 사실을 끄집어낸다. 하나님은 시인이 태어날 때 직접 받아주시고 어머니의 젖을 먹도록 도와준 친아버지시다(9절). 시인은 태어난 그 순간부터 하나님의 자녀가 되었다(10절). 낙심에 빠져 있는 시인은 이를 깨닫고 새로운 용기를 얻는다. 그런 후 여기서 처음으로 주님께 "나를 멀리 하지 마옵소서"라고 간구한다(11절).

2) 탄원과 마지막 간구(12-21절)

> **12** 많은 황소가 나를 에워싸며
>
> 바산의 힘센 소들이 나를 둘러쌌으며
>
> **13** 내게 그 입을 벌림이 찢으며
>
> 부르짖는 사자 같으니이다.
>
> **14** 나는 물 같이 쏟아졌으며
>
> 내 모든 뼈는 어그러졌으며
>
> 내 마음은 밀랍 같아서 내 속에서 녹았으며
>
> **15** 내 힘이 말라 질그릇 조각 같고

내 혀가 입천장에 붙었나이다.

주께서 또 나를 죽음의 진토 속에 두셨나이다.

16 개들이 나를 에워쌌으며

악한 무리가 나를 둘러

내 수족을 찔렀나이다.

17 내가 내 모든 뼈를 셀 수 있나이다.

그들이 나를 주목하여 보고

18 내 겉옷을 나누며

속옷을 제비 뽑나이다.

19 여호와여,

멀리 하지 마옵소서.

나의 힘이시여,

속히 나를 도우소서.

20 내 생명을 칼에서 건지시며

내 유일한 것을 개의 세력에서 구하소서.

21 나를 사자의 입에서 구하소서.

주께서 내게 응답하시고

들소의 뿔에서 구원하셨나이다.

그런데 시인의 현실은 "신뢰의 고백과 간구"를 곧바로 "탄원"으로 바
꾸어 놓는다. 이 시에서는 유독 고난의 진술과 신뢰의 고백이 번갈
아 등장한다. 자세히 살펴보면 고난 진술(1-2절) → 신뢰 고백(3-5절)
→ 고난 진술(6-8절) → 신뢰 고백(9-10절)의 순서가 반복적으로 나타

난다. 이는 신앙과 현실의 괴리 속에서 "업-앤-다운"(up & down)을 반복하는 시인의 내면을 묘사한 것으로서 고뇌하는 그의 심정을 솔직하게 보여준다. 시인은 자신의 심리적으로 황폐한 상태(12-15절)와 사회적으로 파괴된 모습(16-18)을 자세히 서술한다.

그러나 시인은 여기서 포기하지 않는다. 그는 마지막으로 간절하게 구원을 간구한다(19-21a절). 21절을 히브리 성경의 순서를 따라 번역하면 "나를 사자의 입에서 구하소서"(21a절), "들소의 뿔에서 주께서 내게 응답하셨나이다"(21절)가 된다. 이 간구의 마지막 부분은 "주께서 내게 응답하셨나이다"(עֲנִיתָנִי, 아니타니)라는 완료형이다(우리말 개역개정은 "응답하시고"[현재형]라고 번역함). 이를 통해 자신의 간구가 이미 하나님께 응답되었음을 확신하는 시인의 마음을 알 수 있다. 또한 이 부분(21b절)은 지금까지 서술된 탄원시(1-21a절)와 다음 단락에 나오는 감사시(22-31절)를 이어주는 "다리 역할"을 한다.

3) 가난한 자의 감사시(22-26절)

22 내가 주의 이름을 형제에게 선포하고
회중 가운데에서 주를 찬송하리이다.
23 여호와를 두려워하는 너희여,
그를 찬송할지어다.
야곱의 모든 자손이여,
그에게 영광을 돌릴지어다.
너희 이스라엘 모든 자손이여,

그를 경외할지어다.

²⁴ 그는 곤고한 자의 곤고를 멸시하거나 싫어하지 아니하시며

그의 얼굴을 그에게서 숨기지 아니하시고

그가 울부짖을 때에 들으셨도다.

²⁵ 큰 회중 가운데에서 나의 찬송은 주께로부터 온 것이니

주를 경외하는 자 앞에서 나의 서원을 갚으리이다.

²⁶ 겸손한 자는 먹고 배부를 것이며

여호와를 찾는 자는 그를 찬송할 것이라.

너희 마음은 영원히 살지어다.

이어지는 22-26절에서 시인은 구원해주신 하나님께 감사를 표한다. 먼저 시인이 주님을 찬양한 후(22절) 회중 전체에게 찬양을 촉구한다 (23-26절). 하나님의 응답을 확신한 시인은 미리 그분을 찬송한다 (22절). 그리고 자신의 구원 체험을 신앙 공동체와 함께 나누며 기뻐한다. 시인은 우선 "여호와를 두려워하는 자", "야곱의 자손", "이스라엘 자손"으로 표현된 야웨 신앙인들에게 찬양을 촉구한다(23절). 지금까지 위협하는 적들에게 둘러싸여 있었던 시인은 예배 공동체에 에워싸인 상태로 바뀐다. 또한 시인은 여기서 자신을 "곤고한 자"(24절) 및 "겸손한 자"(26절)와 동일시한다. 그는 사람들에게 조롱받는 외톨이었지만(6절), 이제는 하나님과 교제하는 절기에 모든 이와 함께 당당히 참여한다(25-26절).

4) 종말론적 찬양(27-31절)

> 27 땅의 모든 끝이 여호와를 기억하고 돌아오며
>
> 모든 나라의 모든 족속이 주의 앞에 예배하리니
>
> 28 나라는 여호와의 것이요,
>
> 여호와는 모든 나라의 주재심이로다.
>
> 29 세상의 모든 풍성한 자가 먹고 경배할 것이요,
>
> 진토 속으로 내려가는 자
>
> 곧 자기 영혼을 살리지 못할 자도 다 그 앞에 절하리로다.
>
> 30 후손이 그를 섬길 것이요,
>
> 대대에 주를 전할 것이며
>
> 31 와서 그의 공의를 태어날 백성에게 전함이여,
>
> 주께서 이를 행하셨다 할 것이로다.

마지막 단락(27-31절)은 종말론적 찬양이다. 이 단락의 찬양은 지금까지 보여진 개인적 차원을 넘어서 우주적이고 종말론적인 차원으로 확대된다. 구원을 확신하는 시인은 자신이 감사를 드리는 일에 "회중" 곧 "신앙 공동체" 뿐만 아니라(22-26절), "땅의 모든 끝", "모든 나라의 모든 족속"(27-28절)으로 지칭되는 "온 누리", 건강하게 살고 있는 "풍성한 자"(29a절)와 "진토 속으로 내려가는 죽은 자들"(29b절), 또한 장래 세대들 곧 "후손"(30절)과 "태어날 백성"(31절)까지 모두 끌어들인다.

4. 메시지

시편 22편의 시인은 대적자들에게 둘러싸인 채 하나님의 부재를 느끼며 죽음의 공포를 경험하는 고난에 빠져 있다. 예수님 역시 고통당하는 의인으로서 이 시인과 매우 유사한 상황을 경험하셨고, 십자가 위에서 시편 22편을 읊조리시면서 자신을 이 시인과 동일시하셨다. 예수님은 이 시편을 묵상하시면서 가장 고통스러운 수난의 길을 묵묵히 감당하셨고 결국 부활의 승리를 얻었다.

> 그는 육체에 계실 때에 자기를 죽음에서 능히 구원하실 이에게 **심한 통곡과 눈물로 간구와 소원을 올렸고** 그의 경건하심으로 말미암아 들으심을 얻었느니라(히 5:7).

시인은 이 시를 통해 신앙이란 인생의 가장 힘든 순간이나 하나님으로부터 철저히 버림받은 것 같은 순간에도 부재(不在) 속에 현존(現存)하시는 하나님이 우리 앞에 계심을 믿는 것이라고 말한다. 우리는 이를 따라 "은폐 속에서 현존"(Deus absconditus)하시는 하나님을 신뢰해야 한다.

> 구원자 이스라엘의 하나님이여,
> 진실로 주는 **스스로 숨어 계시는 하나님**이시니이다(사 45:15).

22편 / 부재 속에 현존하시는, 숨어 계시는 하나님

23편

목자와 함께하는 양의 노래:

"여호와는 나의 목자시니"

1. 양식

시편 23편은 "신뢰시"(psalm of trust)로 분류되는 유명한 시다. 시인은 "사망의 음침한 골짜기"에서 "해"(害)(4절)와 "원수들"(5절)이 쫓아오는 위험한 상황을 겪으면서도 두려워하지 않고 자신과 함께하시는 야웨 하나님을 깊이 신뢰한다. 이 시는 오랜 세월 동안 그리스도인들에게 가장 많은 사랑을 받아 온 시편으로서 "시편의 진주"(Charles H. Spurgeon)라고도 불린다.

2. 구조

    1) 1-4절: 좋은 목자이신 야웨
    2) 5-6절: 자비로운 주인이신 야웨

3. 내용

1) 좋은 목자이신 야웨(1-4절)

    1 여호와는 나의 목자시니
    내게 부족함이 없으리로다.
    2 그가 나를 푸른 풀밭에 누이시며
    쉴 만한 물 가로 인도하시는도다.

3 내 영혼을 소생시키시고

자기 이름을 위하여

의의 길로 인도하시는도다.

4 내가 사망의 음침한 골짜기로 다닐지라도

해를 두려워하지 않을 것은

주께서 나와 함께 하심이라.

주의 지팡이와 막대기가 나를 안위하시나이다.

시인은 "여호와는 나의 목자"라는 고백으로 이 시의 포문을 연다(1a절). 시인은 자신을 "양"으로, 야웨를 "목자"로 표현한다. 목자는 양을 인도하고 보호하는 일을 한다. 성경에서 "목자" 이미지는 대부분 집단적으로 나타나며(시 80:1: "이스라엘의 목자"), 개인적인 관계에 사용되는 경우는 거의 없다. 이처럼 "나"의 목자라는 말은 아주 드문 표현이지만, 시인은 이를 통해 주님과의 친밀한 관계를 강조한다.

또한 "부족함이 없으리로다"(לֹא חָסֵר, 로 하세르)의 히브리어 동사 시제는 미완료형이다(1b절). 이 시제는 한 번의 행위로 그치는 것이 아니라 "지속성"을 표현한다. 즉 이 구절에서 시인은 목자이신 주님 덕분에 "그동안 부족함이 없었으며"(과거에 대한 감사), "지금도 부족함이 없고"(현재에 대한 만족), "앞으로도 부족함이 없을 것이다"(미래에 대한 확신)라고 한없는 신뢰를 고백하는 것이다.

그는 2-4절에서 1절의 신뢰 확신에 대한 상세한 이유를 제시한다. 그것은 바로 하나님이 목자로서 자신을 "인도"해주시고(2-3절) "보호"해주시기(4절) 때문이다. 하나님은 시인을("나를") "푸른 풀밭"과

시인의 영성 1

"쉴만한 물가"로 인도하신다(2절). 여기서 "나를"이라는 표현은 하나님과의 개인적이고 친밀한 관계를 다시금 강조하기 위해 쓰였다. 싱싱한 목초지와 신선한 물로 인도하시는 하나님의 모습은 양을 위한 목자의 특별한 보살핌을 나타낸다.

이때 시인의 영혼이 소생하게 된다(3a절). "영혼"(נֶפֶשׁ, 네페쉬) 곧 생명이 자리하는 곳에서 시인의 생명력이 북돋아진다. 하나님은 우리의 사사로운 이익이 아닌 당신의 명예(이름)를 위해 우리를 "의의 길"로 인도하신다(3b절). 이 "길"(מַעְגַּל, 마아갈)은 "수레바퀴 자국"을 가리킨다.

> 주의 은택으로 한 해를 관 씌우시니
> 주의 **길**(마아갈)에는 기름방울이 떨어지며(시 65:11; 참조. 사 26:7).

이 길은 사람들이 들어서지 않는 좁은 길이다. 하나님이 인도하시는 "의의 길"(의로움의 좁은 길)은 "올바른 길"이지만 다수가 피하는 외로운 "좁은 길"이다.

이어서 4절에서는 하나님의 보호하심을 노래한다. "사망의 음침한"(צַלְמָוֶת, 찰마베트) 골짜기는 죽음의 위험이 도사리고 있는 곳이다.

> 그들이 "우리를 애굽 땅에서 인도하여 내시고
> 광야 곧 사막과 구덩이 땅,
> 건조하고 **사망의 그늘진**(찰마베트) 땅,
> 사람이 그곳으로 다니지 아니하고

그곳에 사람이 거주하지 아니하는 땅을

우리가 통과하게 하시던 여호와께서 어디 계시냐?"

하고 말하지 아니하였도다(렘 2:6).

21 내가 돌아오지 못할 땅

곧 **어둡고 죽음의 그늘진**(찰마베트) 땅으로

가기 전에 그리하옵소서.

22 땅은 어두워서 흑암 같고

죽음의 그늘(찰마베트)이 져서

아무 구별이 없고

광명도 흑암 같으니이다(욥 10:21-22).

사망의 문이 네게 나타났느냐?

사망의 그늘진(찰마베트) 문을 네가 보았느냐?(욥 38:17)

시인은 죽음의 위협 앞에서도 언제 닥칠지 모르는 재앙을 두려워하지 않는다. 그 이유는 "주께서 나와 함께 하시기" 때문이다. 이 구절은 이 시의 중심이다. 하나님이 함께하신다는 확신은 신뢰의 확고한 기초가 된다. 목자이신 하나님의 손에는 "막대기"(שֵׁבֶט, 쉐베트)와 "지팡이"(מִשְׁעֶנֶת, 미쉬에네트)가 있다. "막대기"는 야수나 도둑으로부터 양 떼를 보호하기 위한 도구로서 끝에 금속이나 못이 박혀 있다.

블레셋 사람이 다윗에게 이르되 "네가 나를 개로 여기고 **막대기**(מַקֵּל, 마켈)를 가지고 내게 나아왔느냐" 하고 그의 신들의 이름으로 다윗을 저주하고(삼상 17:43).

여기서 "마켈"과 "쉐베트"는 목동이 갖고 다니며 무기로 사용하는 "보호용 막대기"를 가리킨다.

이에 비해 "지팡이"는 막대기보다 길고 맨 윗부분이 활처럼 구부러진 나무로서 양 떼를 인도하고 통제하기 위한 수단으로 사용된다.

> 만군의 여호와가 이같이 말하노라.
> "예루살렘 길거리에
> 늙은 남자들과 늙은 여자들이 다시 앉을 것이라.
> 다 나이가 많으므로 저마다 손에 **지팡이**(미쉬에네트)를 잡을 것이요"(슥 8:4).

이처럼 목자는 "보호용 막대기"(쉐베트)와 "인도용 지팡이"(미쉬에네트)를 들고 양 떼를 철저히 보살핀다.

2) 자비로운 주인이신 야웨(5-6절)

> 5 주께서 내 원수의 목전에서
> 내게 상을 차려 주시고
> 기름을 내 머리에 부으셨으니
> 내 잔이 넘치나이다.

6 내 평생에 선하심과 인자하심이

반드시 나를 따르리니

내가 여호와의 집에 영원히 살리로다.

5절에 이르면 하나님이 "목자 이미지"에서 "주인 이미지"로 바뀐다. 하나님은 시인의 원수들 앞에서 귀한 손님 맞듯이 시인을 대접해주시며, 더 나아가 머리에 기름 부음을 받는 특별한 손님으로 격상시켜주신다.

> **44** 그 여자를 돌아보시며 시몬에게 이르시되 "이 여자를 보느냐? 내가 네 집에 들어올 때 너는 내게 발 씻을 물도 주지 아니하였으되 이 여자는 눈물로 내 발을 적시고 그 머리털로 닦았으며, **45** 너는 내게 입맞추지 아니하였으되 그는 내가 들어올 때로부터 내 발에 입맞추기를 그치지 아니하였으며, **46** 너는 **내 머리에 감람유도 붓지 아니하였으되** 그는 향유를 내 발에 부었느니라"(눅 7:44-46; 마 26:7).

시인은 잔이 넘치도록 융숭한 대접을 받으면서, 하나님이 자신을 원수들로부터 특별히 보호해주신다는 사실을 깨닫는다.

시인의 노래는 6절에서 절정에 이른다. 원수들의 추격이 그치고, 시인은 하나님께서 선하심과 인자하심으로 그를 따라오셨음을 알게 된다. 하나님의 보호와 호위를 받는다는 사실을 깨달은 것이다. 이제 시인은 하나님의 집에 영원히 상주(常住)하기를 서원함으로써, 더 이상 하나님의 집에 초대받은 "일시적인 손님"이 아닌 그 집에 "영원히 거주하는 가족"이 된다.

그러므로 이제부터 너희는 외인도 아니요, 나그네도 아니요, 오직 성도들과 동일한 시민이요, 하나님의 **권속**이라(엡 2:19).

4. 메시지

인생을 살다 보면 위험이나 도전이 닥쳐오기도 하고 어려움이나 아픔을 겪기도 한다. 우리는 살면 살수록 고통과 아쉬움이 쌓여가는 복잡하고도 고단한 삶을 산다. 때로는 사망의 음침한 골짜기 한복판에 홀로 고립되기도 한다. 하나님은 그럴 때마다 우리 인생의 외로운 나그넷길에 찾아오셔서 친히 목자가 되어주시고 부족한 우리를 환대해주시며 따뜻한 가족으로 맞이해주시는 분이다. "주께서 나와 함께하신다"는 그 믿음이 있기에, 퍽퍽한 인생이라 할지라도 살맛이 난다. 우리 삶에는 우리를 위해 목숨을 버리신 "선한 목자"(요 10:11)요, "목자 장"(벧전 5:4)이요, "큰 목자"(히 13:20)이신 예수 그리스도가 함께하신다.

24편

깨끗함과 진실함이 승리의 무기:

"곧 손이 깨끗하며 마음이 청결하며"

1. 양식

시편 24편은 15편과 같이 "성소 입장 의식시"(entrance liturgy)로 분류된다. 이 시편은 "여호와의 집에 영원히 살리로다"(6절)라는 서원으로 끝나는 23편 뒤에 배치되어 있으며, 실제로 성전에 들어가는 행위를 상세히 묘사하고 있다.

2. 구조

> 1) 1-2절: 야웨 하나님이 만물의 주인이자 창조주이심을 선언
> 2) 3-6절: 성소에 입장하는 인간
> 3) 7-10절: 성소에 입장하시는 야웨 하나님

3. 내용

1) 야웨 하나님이 만물의 주인이자 창조주이심을 선언(1-2절)

> ¹ 땅과 거기에 충만한 것과
> 세계와 그 가운데에 사는 자들은 다 여호와의 것이로다.
> ² 여호와께서 그 터를 바다 위에 세우심이여,
> 강들 위에 건설하셨도다.

시인은 1-2절에서 이 세상의 주인이 누구인지를 진술한다. 이 시는 소유를 나타내는 전치사 "레"(לְ) + "야웨"(יְהוָה)가 결합된 "라야웨"(לַיהוָה, 야웨의 것)가 첫 단어로 등장하는데, 이를 참고하여 풀이하면 "여호와의 것이로다"라는 고백으로 시작하는 셈이다. 또한 여기서 시인은 땅과 땅을 채우고 있는 인간뿐만 아니라 모든 동물과 식물 및 세계와 세계에 거주하는 모든 인간이 다 야웨 하나님의 소유임을 선언한다.

시인은 2절에서 땅과 세상 곧 만물이 모두 야웨의 소유인 이유를 제시한다. 바로 야웨께서 이 모든 만물을 손수 지으셨기 때문에 이 세상은 모두 그분의 것이다. 야웨는 바다와 강들 위에 세상의 터를 세우셨다. 그런데 바다와 강은 불안정한 혼돈의 세력을 상징한다. 이를 토대로 생각해보면 세상은 혼돈 위에 세워졌기 때문에 창조질서가 지속적으로 위협받을 수밖에 없다. 하지만 이런 혼돈으로 인해 끊임없이 흔들림에도 불구하고 세상이 계속 유지되는 까닭은, 모든 만물의 주인이신 야웨가 그분의 권능으로 이 세상을 지켜주시기 때문이다.

2) 성소에 입장하는 인간(3-6절)

3 여호와의 산에 오를 자가 누구며
그의 거룩한 곳에 설 자가 누구인가?
4 곧 손이 깨끗하며
마음이 청결하며
뜻을 허탄한 데에 두지 아니하며
거짓 맹세하지 아니하는 자로다.

5 그는 여호와께 복을 받고

구원의 하나님께 의를 얻으리니

6 이는 여호와를 찾는 족속이요,

야곱의 하나님의 얼굴을 구하는 자로다. (셀라)

3-6절은 야웨가 계시는 거룩한 성소로 입장하는 인간에 관한 내용이다. 3절은 예배자가 성소에 들어갈 수 있는지에 대한 질문이고, 4-6절은 예배자의 질문에 대해 성전에 소속되어 있는 제사장 또는 성전 문지기가 응답한 것이다. 더 상세히 살펴보면 4절은 예배자의 질문에 대한 대답이고, 5절은 예배자에게 주어진 약속이며, 6절은 약속에 대한 재확인이다.

3절의 히브리어 동사 "오르다"(עָלָה, 알라)는 특히 시온으로의 순례를 가리키는 전문 용어다.

27 "만일 이 백성이 예루살렘에 있는 여호와의 성전에 제사를 드리고자 하여 **올라가면**(알라) 이 백성의 마음이 유다 왕 된 그들의 주 르호보암에게로 돌아가서 나를 죽이고 유다의 왕 르호보암에게로 돌아가리로다" 하고 28 이에 계획하고 두 금송아지를 만들고 무리에게 말하기를 "너희가 다시는 예루살렘에 **올라갈**(알라) 것이 없도다. 이스라엘아, 이는 너희를 애굽 땅에서 인도하여 올린 너희의 신들이라" 하고(왕상 12:27-28).

또한 "서다"(קוּם, 쿰)라는 단어는 제의적인 행위를 나타낸다. 시인은 어떤 자격을 지녀야 "여호와의 산" 곧 거룩한 시온산에 입장할 수 있는지를 묻는다.

이에 4절은 "손이 깨끗하며 마음이 청결하며"라는 성소 입장의 두 가지 자격 조건을 제시하는데, "손"은 외적인 면을, "마음"은 내적인 면을 가리킨다. 여기서 "깨끗한"(נָקִי, 나키)과 "청결한"(בַּר, 바르)은 성결 의식을 표현하는 종교적 용어가 아니라, 일상과 관련된 윤리적 용어다. 이를 종합해보면 성소 입장의 첫 번째 조건은 외적인 면("손": 행동)과 내적인 면("마음": 생각)을 모두 포함한 "깨끗함"(Reinheit)이라는 윤리적 요소를 갖추는 것이다. 두 번째 조건은 거짓말과 거짓 맹세를 하지 않는(말) 신실함 혹은 "진실함"(Wahrheit)을 내면화하는 것이다. 거룩한 곳에 거하기 위해서는 깨끗하고 진실한 일상의 삶을 살아냄으로써 자신의 "거룩함"(Heiligkeit)을 입증할 수 있어야 한다. 즉 "마음"과 "말"과 "행동"을 통해 거룩함을 드러낼 수 있는 사람이 되어야 한다는 뜻이다.

5절은 이런 삶을 사는 자에게 주어지는 야웨의 약속이다. 이들은 야웨로부터 복을 받고 의롭게 될 것이다. 여기서 "복"(בְּרָכָה, 베라카)은 물질적·영적 풍성함을 받는 것을 뜻하고 "의"(צְדָקָה, 체다카)는 정당성을 입증(vindication)받는 것을 의미한다. 이들은 야웨 앞에서 풍성함을 선물로 받고 정당함을 인정받는다.

6절은 이런 자들이 바로 야웨를 찾고 그분의 얼굴을 구하는 진정한 이스라엘임을 재확인해준다.

3) 성소에 입장하시는 야웨 하나님(7-10절)

7 문들아,

너희 머리를 들지어다.

영원한 문들아,

들지어다.

영광의 왕이 들어가시리로다.

8 영광의 왕이 누구시냐?

강하고 능한 여호와시오,

전쟁에 능한 여호와시로다.

9 문들아,

너희 머리를 들지어다.

영원한 문들아,

들지어다.

영광의 왕이 들어가시리로다.

10 영광의 왕이 누구시냐?

만군의 여호와께서 곧 영광의 왕이시로다. (셀라)

7-10절은 야웨 하나님이 성소로 입장하시는 모습을 묘사함으로써 성소에 들어가시는 분에 관해 자세히 상술한다. 아마도 이 단락은 전쟁에서 승리한 이후 언약궤가 돌아와 성소로 행진하는 장면을 묘사한 것으로 보인다. 또한 여기서 시인은 성문을 가리키는 "문들"(שְׁעָרִים, 셰아림)을 의인화하여 내용을 서술하고 있다.

성문이여,

슬피 울지어다.

성읍이여,

부르짖을지어다.

너 블레셋이여,

다 소멸되리로다.

대저 연기가 북방에서 오는데

그 대열에서 벗어난 자가 없느니라(사 14:31).

7절에서 시인은 성전의 문들을 향해 "문을 열라"고 명령한다. 그런데 문은 누군가에 의해 열리는 것이지, 문이 스스로를 열 수는 없다. 이 구절은 "영광의 왕"이 대승을 거두고 금의환향하자 문들까지 그들을 환영한다는 표현으로 이해해야 한다. 문으로 들어가는 "영광의 왕"(הַכָּבוֹד מֶלֶךְ, 멜레크 하카보드)의 이미지는 전쟁에서 돌아오는 언약궤의 표상을 담고 있다. "영광의 왕"이라는 표현은 성경을 통틀어 오직 이곳에서만 발견된다. 언약궤가 예루살렘으로 들어온다는 것은 전쟁에서의 승리를 상징한다.

또 이르기를 **"하나님의 궤를 빼앗겼으므로 영광이 이스라엘에서 떠났다"** 하였더라(삼상 4:22).

8절은 "영광의 왕"이 누구인지를 밝힌다. 그는 전쟁의 신이며 힘이 세고 용맹하신 분이다.

여호와는 용사시니

여호와는 그의 이름이시로다(출 15:3).

9절에서는 성전의 문들을 향해 "문을 열라"는 명령이 한 번 더 반복된다. 그리고 10절은 영광의 왕의 또 다른 칭호를 소개한다. 그는 "만군의 여호와"다(시 89:8; 삼상 17:45; 삼하 5:10; 사 6:3).

4. 메시지

우리 야웨 하나님은 세상의 주권자시고(1절), 창조주시며(2절), 전능하신 영광의 왕이시다(7-10절). 이런 야웨가 의인들(3-5절) 곧 진정한 이스라엘(6절)과 함께 동행하시며 그들의 둘레를 감싸 보호해주신다. 야웨께서는 그분의 자녀들이 인생의 온갖 어려움을 뚫고 마침내 승리하도록 그들을 위해 끝까지 싸워주신다. 따라서 그분의 자녀들은 자신이 과연 "여호와의 산"에 오르고 "그의 거룩한 곳"에 설 수 있는 조건을 갖췄는지 늘 점검하며 살아야 한다. 그러기 위해서는 늘 야웨와 동행하면서 깨끗한 생각을 품고 진실한 말과 행동을 해야 한다. 깨끗함과 진실함은 승리한 인생을 살기 위한 무기다.

25편

주 바라기의 삶:

"내가 주를 바라오니"

1. 양식

시편 25편은 "개인 탄원시"(psalm of an individual lament)로 분류된다. 이 시에는 하나님을 향한 부름, 불평 섞인 간구, 신뢰의 고백 등 탄원시의 전형적인 요소가 포함되어 있다.

2. 구조

1) 1-7절: 하나님을 향한 부름과 구원을 위한 간구
2) 8-15절: 신뢰의 고백
3) 16-22절: 결론적 간구

3. 내용

1) 하나님을 향한 부름과 구원을 위한 간구(1-7절)

1 여호와여,
나의 영혼이 주를 우러러보나이다.
2 나의 하나님이여,
내가 주께 의지하였사오니
나를 부끄럽지 않게 하시고
나의 원수들이 나를 이겨 개가를 부르지 못하게 하소서.

3 주를 바라는 자들은 수치를 당하지 아니하려니와

까닭 없이 속이는 자들은 수치를 당하리이다.

4 여호와여,

주의 도를 내게 보이시고

주의 길을 내게 가르치소서.

5 주의 진리로 나를 지도하시고 교훈하소서.

주는 내 구원의 하나님이시니

내가 종일 주를 기다리나이다.

6 여호와여,

주의 긍휼하심과 인자하심이 영원부터 있었사오니

주여, 이것들을 기억하옵소서.

7 여호와여,

내 젊은 시절의 죄와 허물을 기억하지 마시고

주의 인자하심을 따라 주께서 나를 기억하시되

주의 선하심으로 하옵소서.

시인은 야웨 하나님의 이름을 부른 후 "나의 영혼이 주를 우러러보나이다"(1절)라고 말한다. 이 표현은 문자적으로 "내 영혼을 주께 들어 올립니다"라는 뜻이다. 여기서 "영혼"(נֶפֶשׁ, 네페쉬)은 "생명/자신/존재"를 의미한다. 시인의 온몸은 하나님을 향한다. 시인은 그분을 향한 자신의 확고한 믿음을 고백하면서 원수들이 기뻐하지 못하도록 자신을 지켜 달라고 간구한다(2절).

3절의 "주를 바라는 자들"에서 "바라다"(קוה, 카바)는 "바라다/

기다리다"라는 뜻이다(동일한 단어가 5절에서는 "기다리다", 21절에서는 "바라다"로 번역됨). 이 "바람"(תִּקְוָה, 티크바, "소원")은 막연한 기다림이 아니라 마음을 단단히 붙들고 때를 기다리는 것이다.

> 18 우리가 이 땅에 들어올 때에 우리를 달아 내린 창문에 이 붉은 **줄** (תִּקְוָה, 티크바)을 매고 네 부모와 형제와 네 아버지의 가족을 다 네 집에 모으라.… 21 라합이 이르되 "너희의 말대로 할 것이라" 하고 그들을 보내어 가게하고 붉은 **줄**(תִּקְוָה, 티크바)을 창문에 매니라(수 2:18, 21).

"붉은 줄"에서 "줄"(תִּקְוָה, 티크바)은 소망이라는 의미를 지닌 "티크바"(תִּקְוָה)와 같은 단어로서, 여기서는 라합과 가족의 희망을 가리키는 언어유희로 쓰였다. 이 단어는 "늘이다", "단단해지다"라는 동사적 의미에서 유래하여 "기대될 만하다"라는 뜻으로 확장되었다. 하나님의 때를 믿고 기다리는 자는 결코 수치를 당하지 않을 것이라고 믿는 시인은 야웨를 향해 자신의 스승이 되어 진리의 길을 걷는 법을 가르쳐 달라고 재차 간구한다(4-5절).

시인은 주의 "긍휼하심"(רַחֲמִים, 라하밈)과 "인자하심"(חֶסֶד, 헤세드)이 영원부터 있었으므로(6절), 자신의 죄와 허물은 기억하지 말고(7a절), 오직 하나님의 "인자하심"(חֶסֶד, 헤세드)과 "선하심"(טוּב, 투브)으로 자신을 기억해달라고 간구한다(7b절). 그는 죄와 죄인을 구분함으로써 자신의 죄는 덮고 죄인인 자신은 굽어살펴달라고 간청하는 것이다.

2) 신뢰의 고백(8-15절)

8 여호와는 선하시고 정직하시니

그러므로 그의 도로 죄인들을 교훈하시리로다.

9 온유한 자를 정의로 지도하심이여,

온유한 자에게 그의 도를 가르치시리로다.

10 여호와의 모든 길은

그의 언약과 증거를 지키는 자에게 인자와 진리로다.

11 여호와여,

나의 죄악이 크오니

주의 이름으로 말미암아 사하소서.

12 여호와를 경외하는 자 누구냐?

그가 택할 길을 그에게 가르치시리로다.

13 그의 영혼은 평안히 살고

그의 자손은 땅을 상속하리로다.

14 여호와의 친밀하심이 그를 경외하는 자들에게 있음이여,

그의 언약을 그들에게 보이시리로다.

15 내 눈이 항상 여호와를 바라봄은

내 발을 그물에서 벗어나게 하실 것임이로다.

시인은 8-15절에서 야웨에 대한 신뢰를 표현한다. 8-10절은 가르치는 교사의 행위에 빗대어 야웨의 위대한 행위를 묘사한다. 선하고 정직하신 야웨는 죄인들에게 바른길을 보여주시며(8절), "온유한 자"(עֲנָוִים,

아나빔, "가난한 자")에게도 그의 길을 가르치신다(9절). 야웨의 모든 길
은 그분의 언약과 증거들을 지키는 자들에게 "인자"(חֶסֶד, 헤세드)와 "진
리"(אֱמֶת, 에메트)가 된다(10절). 시인은 젊은 시절의 죄와 허물을 덮어
달라고 간구한 후(7절) 지금도 여전히 자신의 죄가 크다고 고백하며
용서를 구한다(11절).

시인의 확신은 계속 이어진다. 야웨는 자신을 존중하며 두려워하
는 자들에게 가장 좋은 길을 가르쳐주신다(12절). 이처럼 야웨를 경외
하는 자들은 형통하게 된다(13절). 또한 야웨는 그들에게 언약에 대한
비밀(סוֹד, 소드)을 보여주심으로써 "여호와의 친밀함"(סוֹד יְהוָה, 소드 야
웨)을 허락하신다(14절). 즉 야웨를 경외하는 자들에게는 "여호와와 나
누는 깊은 사귐"의 복이 임한다.

> 여호와께서 이르시되 "내가 하려는 것을 아브라함에게 **숨기겠느냐?**"(창
> 18:17)

> 주 여호와께서는 자기의 **비밀**(소드)을 그 종 선지자들에게 보이지 아니
> 하시고는 결코 행하심이 없으시리라(암 3:7).

> 대저 패역한 자는 여호와께서 미워하시나
> 정직한 자에게는 **그의 교통하심**이 있으며(잠 3:32).

종의 눈이 늘 주인을 주시하듯이("상전의 손을 바라보는 종들의 눈같이, 여주
인의 손을 바라보는 여종의 눈같이 우리의 눈이 여호와 우리 하나님을 바라보며 우

리에게 은혜 베풀어주시기를 기다리나이다", 시 123:2), 시인의 눈도 항상 야웨를 바라본다(15a절). 야웨만이 시인을 "그물"(רֶשֶׁת, 레쉐트, "위험")에서 벗어나도록 도우실 수 있기 때문이다(15b절).

3) 결론적 간구(16-22절)

16 주여,

나는 외롭고 괴로우니

내게 돌이키사

나에게 은혜를 베푸소서.

17 내 마음의 근심이 많사오니

나를 고난에서 끌어내소서.

18 나의 곤고와 환난을 보시고

내 모든 죄를 사하소서.

19 내 원수를 보소서.

그들의 수가 많고

나를 심히 미워하나이다.

20 내 영혼을 지켜

나를 구원하소서.

내가 주께 피하오니

수치를 당하지 않게 하소서.

21 내가 주를 바라오니

성실과 정직으로 나를 보호하소서.

22 하나님이여,

이스라엘을 그 모든 환난에서 속량하소서.

마지막 단락인 16-22절은 결론적인 간구를 보여준다. 8-15절에 걸쳐 시인이 노래했던 신뢰의 확신은 오래가지 못한다. 또 다른 형태의 고통이 시인에게 닥쳤다. 시인의 간구는 전반부(1-7절)에 비해 더욱 절박해졌다. 그는 철저히 고립되어 이전보다 더 큰 고통을 받고 있다.

나는 외롭고 괴로우니,

내게 돌이키사

은혜를 베푸소서(16절).

17-20절에서도 구원해달라는 기도가 계속된다. 내 마음의 고통이 크니 괴로움에서 빠져나오게 하옵소서(17절). 나의 곤고와 환난을 보시고 내 모든 죄를 용서하옵소서(18절). 내 원수들을 보소서. 그들이 너무 많고, 나를 폭력적으로 혐오합니다(19절). "내 생명"(נַפְשִׁי, 나프쉬, "나의 영혼")을 지키시고 구원하셔서 수치를 당하지 않게 하소서. 내가 주님 안에 피합니다(20절).

그러나 시인은 21절에서 다시금 마음의 평정을 되찾는다. 그는 선하시고 정직하신 야웨(8절)로부터 배운 성실과 정직이 결국은 자신을 보호할 것이라고 믿고 구원을 확신하면서 야웨를 다시 바라본다. 시인은 자신의 문제에 고정되었던 시선에서 벗어나 여유를 되찾게 되고, 이제는 이스라엘 공동체의 구원을 위해 중보한다(22절).

4. 메시지

우리는 살면서 하나님께서 어려움으로부터 우리를 건져주시는 현세적 구원을 경험하지만, 그럼에도 불구하고 삶의 문제가 한 번에 완전히(once and for all) 해결되는 것은 아니다. 우리는 "오르막과 내리막"(ups and downs)을 반복하면서 인생을 산다. 그리고 하나님은 우리 삶의 "업 앤 다운"(up & down)에 친히 동행하시면서 우리를 적절히 보살피시고 지속적으로 구원해주신다.

> **15** 우리에게 있는 대제사장은 우리의 연약함을 **동정하지 못하실 이**가 아니요, 모든 일에 우리와 똑같이 시험을 받으신 이로되 죄는 없으시니라. **16** 그러므로 우리는 긍휼하심을 받고 때를 따라 돕는 은혜를 얻기 위하여 은혜의 보좌 앞에 담대히 나아갈 것이니라(히 4:15-16).

하나님은 우리 삶의 시작부터 끝까지 함께하시면서 우리의 생명을 회복시키시고 우리에게 새로운 생명을 주신다. 우리는 늘 그런 하나님을 바라보며 기다리는 주 바라기의 삶을 산다. 막연한 기다림이 아닌 확신 속에서.

26편

흔들어도 흔들리지 않는 삶:

"흔들리지 아니하고"

1. 양식

시편 26편은 "개인 탄원시"(psalm of an individual lament)로 분류된다. 이 시는 "판단하소서", "살피시고", "시험하사", "무죄하므로" 등의 법정 용어가 많이 등장하는 것으로 보아 억울하게 고발당한 피고인이 자신의 결백을 천명(闡明)하며 구원을 간구하는 상황에서 부른 시로 여겨진다.

2. 구조

1) 1-3절: 서론적 간구
2) 4-7절: 무죄 고백
3) 8-10절: 핵심적 간구
4) 11-12절: 결론적 간구와 찬양의 서원

3. 내용

1) 서론적 간구(1-3절)

> 1 내가 나의 완전함에 행하였사오며
>
> 흔들리지 아니하고 여호와를 의지하였사오니
>
> 여호와여,

나를 판단하소서.

2 여호와여,

나를 살피시고 시험하사

내 뜻과 내 양심을 단련하소서.

3 주의 인자하심이 내 목전에 있나이다.

내가 주의 진리 중에 행하여

시인은 1절에서 자신을 올바르게 조사해달라고 야웨께 간구한다. 그는 자신이 나름대로 "완전함"으로 살아왔다고 고백한다. "완전함"(חם, 톰) 은 야웨의 언약에 충실하게 살아가는 의인의 순결한 태도나 행동을 말한다.

> 여호와께서 만민에게 심판을 행하시오니
>
> 여호와여,
>
> 나의 의와 나의 **성실함**(חם, 톰)을 따라 나를 심판하소서(시 7:8; 참조. 시 25:21; 41:12).

시인은 자신이 야웨를 의지하므로 흔들리지 않는다고 말한다. 2절에서 그는 야웨께 자신의 "뜻"과 "양심"을 단련시켜달라고 간청한다. 여기서 "뜻"(כִּלְיָה, 킬야)은 "콩팥"(신장)을, "양심"(לֵב, 레브)은 "심장"을 가리키며, 각 기관은 구약에서 감정과 정서, 이성과 의지를 관장하는 기관으로 여겨진다. 이를 통해 알 수 있듯이 시인은 주께서 자신의 감정과 의지, 즉 내적 동기를 살펴주시기를 바라고 있다.

악인의 악을 끊고 의인을 세우소서.

의로우신 하나님이 사람의 **마음**(레브)과 **양심**(킬야)을 감찰하시나이다

(시 7:9).

시인은 3절에서 간구의 이유를 제시한다. 그는 하나님의 "인자하심"(חֶסֶד, 헤세드)과 "진리"(אֱמֶת, 에메트) 안에서 살아가고 있다는 확신을 갖고 있기 때문에 이렇게 간구할 수 있다. 또한 하나님께 정당한 판단을 내려달라고 요청하면서 자신의 무죄함이 드러나기를 기대한다.

2) 무죄 고백(4-7절)

4 허망한 사람과 같이 앉지 아니하였사오니

간사한 자와 동행하지도 아니하리이다.

5 내가 행악자의 집회를 미워하오니

악한 자와 같이 앉지 아니하리이다.

6 여호와여,

내가 무죄하므로 손을 씻고

주의 제단에 두루 다니며

7 감사의 소리를 들려주고

주의 기이한 모든 일을 말하리이다.

시인은 4-7절에서 자신의 무죄함을 고백한다. 그는 우선 자신이 "허망한 사람"이나 "간사한 자"와는 무관하다고 말한다(4절). 이들은 경

제적/사회적/법적인 이익을 취하기 위해서라면 거리낌 없이 거짓말을 하고 음모를 꾸미며 위증도 마다하지 않는다. 또한 시인은 의식적으로 "행악자의 집회"(קָהָל, 카할)를 피하고, 시편 1:1에 언급된 것처럼 "악한 자들"과 자리를 함께하지 않는다(5절). "행악자의 집회"는 12절의 "(예배자의) 모임"(무리 가운데)과 대조를 이룬다.

이어서 시인은 손을 씻는다(6절). 여기서 "물"은 정결과 정화의 상징으로서, 물로 손을 씻는 행위는 시인의 무죄함 곧 정결함을 드러 낸다.

> 곧 **손이 깨끗하며** 마음이 청결하며
> 뜻을 허탄한 데에 두지 아니하며
> 거짓 맹세하지 아니하는 자로다(시 24:4).

이를 통해 시인은 자신이 지금 문제가 되는 범죄와 아무런 관계가 없음을 보인다.

> 내가 내 마음을 깨끗하게 하며
> **내 손을 씻어 무죄하다** 한 것이 실로 헛되도다(시 73:13; 참조. 신 21:6-8; 마 27:24).

"주의 제단을 두루 다니는 것"은 감사와 찬양을 드리면서 제단의 주변을 맴도는 행위를 가리킨다.

²⁴ 하나님이여,

그들이 주께서 행차하심을 보았으니

곧 나의 하나님, 나의 왕이 **성소로 행차하시는 것이라.**

²⁵ 소고 치는 처녀들 중에서 **노래 부르는 자들은 앞서고**

악기를 연주하는 자들은 뒤따르나이다(시 68:24-25; 참조. 시 149:3).

시인이 성소를 방문하는 목적은 하나님이 행하신 기이한 모든 일에 대해 감사와 찬양을 드리기 위함이다(7절).

3) 핵심적 간구(8-10절)

⁸ 여호와여,

내가 주께서 계신 집과

주의 영광이 머무는 곳을 사랑하오니

⁹ 내 영혼을 죄인과 함께,

내 생명을 살인자와 함께 거두지 마소서.

¹⁰ 그들의 손에 사악함이 있고

그들의 오른손에 뇌물이 가득하오나

8-10절은 시인의 핵심적인 간구를 담고 있다. 시인은 모든 악한 것을 멀리하고, 야웨께서 임재하시는 성전을 가까이하며, 하나님과 교제하는 것을 무엇보다도 귀하게 여긴다(8절). 그런데도 의식적으로 멀리한 죄인이나 살인자와 같은 운명에 처할 위기에 놓였다. 시인은 그들의 손

에는 사악함과 뇌물이 가득하지만(10절) 자신의 손은 깨끗하다고(6절) 강조하면서 이들과 동일하게 취급당하는 일만은 제발 막아달라고 야웨께 간구한다(9절).

4) 결론적 간구와 찬양의 서원(11-12절)

> **11** 나는 나의 완전함에 행하오리니
> 나를 속량하시고
> 내게 은혜를 베푸소서.
> **12** 내 발이 평탄한 데에 섰사오니
> 무리 가운데에서 여호와를 송축하리이다.

11절의 첫 단어는 "그러나 나는"(וַאֲנִי, 바아니, 우리말 개역개정 성경에는 "그러나"[베, וְ]가 생략됨)이다. 시인은 다시 한번 자신이 죄인이나 살인자와는 전혀 다른 사람임을 강조한다. 그는 1절에서 진술한 바와 같이 앞으로도 완전함으로 살아가겠다는 결심을 밝히며 자신을 속량하고 은혜를 베풀어달라고 야웨께 마지막으로 간구한다. 시인은 5절에 언급된 "행악자의 집회"(קָהָל, 카할)가 아닌 성소를 사랑하는 "(예배자의) 무리"(קָהָל, 카할) 가운데 살면서 야웨께서 행하신 기이한 일을 평생 찬송하며 살겠다고 서원한다(12b절). 예배의 자리는 시인의 발을 평탄한 곳에 서게 함으로써 그의 인생이 흔들리지 않도록 해준다(12a절). 그는 자신의 간구가 응답되었음을 확신한다.

4. 메시지

시인은 억울하게 고소를 당하고 죄인이나 살인자와 같은 취급을 당하며 인생의 큰 풍파를 맞는다. 그러나 주변 환경이 자신을 아무리 흔들어 댈지라도 야웨를 의지하면서(1절), 그분의 인자하심과 진리 중에 거하고(3절), 예배의 자리를 귀하게 여기며 그 자리를 지키면(12절), 절대로 흔들리지 않을 것이라고 믿는다. 시인은 "내 발이 평탄한 데에 섰사오니!"라고 확신한다. 이런 확신은 자연스럽게 "무리 가운데에서 여호와를 송축하리이다"라는 찬양으로 이어진다. 이처럼 예배의 자리를 지키는 사람은 어떤 풍파 가운데서도 흔들리지 않는다.

27편

바라보며, 기대하며, 기다리는 믿음:

"여호와를 기다릴지어다"

1. 양식

시편 27편은 "개인 탄원시"(psalm of an individual lament)로 분류된다. 이 시에는 신뢰 요소(1-6절, 13-14절)와 탄원 요소(7-12절)가 함께 나타나고 있으며, 그중 신뢰 요소가 특별히 강조되었다. 또한 이 시는 환난과 위기 속에서 야웨 하나님에 대한 신뢰를 바탕으로 구원을 간구하고 확신하는 내용을 담고 있다.

2. 구조

  1) 1-6절: 신뢰 고백
  2) 7-12절: 간구
  3) 13-14절: 구원의 확신과 자기 권면

3. 내용

1) 신뢰 고백(1-6절)

  ¹ 여호와는 나의 빛이요,

  나의 구원이시니

  내가 누구를 두려워하리요.

  여호와는 내 생명의 능력이시니

내가 누구를 무서워하리요.

2 악인들이 내 살을 먹으려고

내게로 왔으나

나의 대적들,

나의 원수들인 그들은 실족하여 넘어졌도다.

3 군대가 나를 대적하여 진 칠지라도

내 마음이 두렵지 아니하며

전쟁이 일어나 나를 치려할지라도

나는 여전히 태연하리로다.

4 내가 여호와께 바라는 한 가지 일 그것을 구하리니

곧 내가 내 평생에 여호와의 집에 살면서

여호와의 아름다움을 바라보며

그의 성전에서 사모하는 그것이라.

5 여호와께서 환난 날에

나를 그의 초막 속에 비밀히 지키시고

그의 장막 은밀한 곳에 나를 숨기시며

높은 바위 위에 두시리로다.

6 이제 내 머리가 나를 둘러싼 내 원수 위에 들리리니

내가 그의 장막에서 즐거운 제사를 드리겠고

노래하며 여호와를 찬송하리로다.

시인은 1-6절에서 야웨 하나님께 대한 신뢰를 고백한다. 그는 1절
에서 야웨를 "나의 빛"(אוֹרִי, 오리), "나의 구원"(יִשְׁעִי, 이쉬이), "내 생명의

능력"(מָעוֹז־חַיַּי, 마오즈-하야이)이라고 부른다. 이런 야웨를 의지하는 시인은 사람을 두려워하거나 무서워하지 않는다.

> 그런즉 이 일에 대하여 우리가 무슨 말하리요? 만일 하나님이 우리를 위하시면 **누가 우리를 대적하리요?**(롬 8:31)

시인은 2절에서 과거의 승리를 회상한다. 악인들이 시인의 살을 먹으려고 살기등등하게 위협했지만, 대적들과 원수들은 스스로 파놓은 덫에 넘어졌다. 그걸 본 시인은 자신의 미래를 확신하며 담대해진다. 군대가 시인을 대적하여 진을 친다 해도 두려워하지 않을 것이며, 실제로 전쟁이 일어난다 하더라도 요동하지 않을 것이다(3절). 시인은 1-3절에서 자신이 처한 고난을 전쟁의 상황에 비유하여 표현한다.

4-6절은 야웨의 도움을 받아 적들로부터 구원받게 될 것이라는 시인의 확신을 보여준다. 그는 야웨께 간절히 요청하는 단 하나의 소원 곧 그의 인생 목표를 말한다(4절). 또한 그는 평생을 야웨의 집에서 살고자 한다. 이는 야웨의 성전과 그분의 면전에서 영원히 살고 싶다는 의미다. 시인은 그곳에서 야웨의 아름다움을 바라보면서 그분을 사모하게 되기를 간절히 바란다. 시인은 자신이 환난 날에 야웨의 전에서 보호받고 은밀히 숨겨지게 될 것이라고 확신한다. 여기서 "여호와의 전"은 "초막", "장막", "높은 바위"로 표현된다(5절). 또한 시인은 곧 승리를 거두고 자신을 둘러싼 원수들 위에서 머리를 들게 될 것이라고 굳게 믿는다(6a절).

여호와여,

주는 나의 방패시오

나의 영광이시오

나의 머리를 드시는 자이시니이다(시 3:3; 참조. 시 110:7).

시인은 결국 야웨의 전에서 "즐거운 제사"를 드리며 그분을 찬양하게
될 것이다(6b절).

2) 간구(7-12절)

7 여호와여,

내가 소리 내어 부르짖을 때에 들으시고

또한 나를 긍휼히 여기사 응답하소서.

8 너희는 내 얼굴을 찾으라 하실 때에

내가 마음으로 주께 말하되

"여호와여,

내가 주의 얼굴을 찾으리이다" 하였나이다.

9 주의 얼굴을 내게서 숨기지 마시고

주의 종을 노하여 버리지 마소서.

주는 나의 도움이 되셨나이다.

나의 구원의 하나님이시여,

나를 버리지 마시고 떠나지 마소서.

10 내 부모는 나를 버렸으나

여호와는 나를 영접하시리이다.

11 여호와여,

주의 도를 내게 가르치시고

내 원수를 생각하셔서

평탄한 길로 나를 인도하소서.

12 내 생명을 내 대적에게 맡기지 마소서.

위증자와 악을 토하는 자가 일어나

나를 치려 함이니이다.

7-12절은 시인의 간절한 간구를 보여준다. 이 간구는 1-6절의 신뢰 고백을 토대로 나온 것으로 보인다. 그는 "들으소서! 여호와여"(שְׁמַע־יְהוָה, 쉐마-야웨)라는 말로 간구를 시작한다(7절). 여기서 "들으소서"(שְׁמַע, 쉐마)는 단순히 귀로만 듣는 것이 아니라 마음으로 수용하고 이에 적합한 행동을 취하는 총체적 행위를 의미한다. 시인은 야웨의 긍휼과 응답을 간절히 구하면서 하나님의 얼굴 곧 하나님의 현존을 찾는다(8절). 이어지는 9절에서 시인은 "~하지 마소서"라는 부정 명령형을 네 번씩 반복 사용하면서 야웨께 요청한다. 그의 요청은 1) "얼굴을 숨기지 마시고", 2) "노하여 버리지 마소서", 3) "버리지 마시고", 4) "떠나지 마소서"와 같은 형태로 표현되고 있다. 우리는 이를 통해 시인이 하나님의 부재와 분노하심을 두려워하고 있으며 그분으로부터 외면당하고 버림받는 상황을 염려하고 있음을 알 수 있다.

시인은 극단적인 상황에서 부모가 자식인 자신을 버릴지라도 야웨만큼은 자기를 버리지 않고 받아주실 것이라고 확신한다(10절). 여기에 쓰인 히브리어 동사 "받아주다"(אסף, 아사프)는 자식으로 삼아 가족으로 받아들인다는 의미다.

> 그 장례를 마치매 다윗이 사람을 보내 그를 왕궁으로 **데려오니**(아사프) 그가 그의 아내가 되어 그에게 아들을 낳으니라. 다윗이 행한 그 일이 여호와 보시기에 악하였더라(삼하 11:27; 참조. 수 2:18).

야웨는 가족에게 버림받은 자도 그분의 가족으로 품어주시는 분이다. 또한 시인은 야웨의 가르침과 인도하심을 구한다(11절). "가르치심"(ירה, 야라)과 "인도하심"(נחה, 나하)은 가족의 역할을 의미한다.

> 3 나도 내 아버지에게 아들이었으며
> 내 어머니 보기에 유약한 외아들이었노라.
> 4 아버지가 내게 **가르쳐**(야라) 이르기를
> "내 말을 네 마음에 두라.
> 내 명령을 지키라" 그리하면 살리라(잠 4:3-4).

> 그것이 네가 다닐 때에 너를 **인도하며**(나하)
> 네가 잘 때에 너를 보호하며
> 네가 깰 때에 너와 더불어 말하리니(잠 6:22).

12절에서는 대적들의 정체가 폭로된다. 그들은 거짓 증언을 하는 "위증자와 악을 토하는 자들"이다.

3) 구원의 확신과 자기 권면(13-14절)

> **13** 내가 산 자들의 땅에서
> 여호와의 선하심을 보게 될 줄 확실히 믿었도다.
> **14** 너는 여호와를 기다릴지어다.
> 강하고 담대하며 여호와를 기다릴지어다.

13-14절은 구원의 확신과 자기 권면을 진술한다. 시인은 야웨의 은혜와 도움을 얻게 될 것이라고 확신한다(13절). 또한 생명의 위협으로부터 벗어나 "산 자들의 땅에서" 야웨의 선하심을 보게 될 것이라고 확고히 믿는다(אמן, 아만). 14절의 "강하고 담대하며 여호와를 기다릴지어다"(קוה, 카바)라는 표현은 스스로를 향한 격려 곧 "자기 권면"(self exhortation)의 말이다.

> **내 영혼아,**
> 네가 어찌하여 낙심하며
> 어찌하여 내 속에서 불안해 하는가?
> 너는 하나님께 소망을 두라.
> 그가 나타나 도우심으로 말미암아
> 내가 여전히 찬송하리로다(시 42:5).

> **1 내 영혼아,**
> 여호와를 송축하라.

내 속에 있는 것들아,

다 그의 거룩한 이름을 송축하라.

2 내 영혼아,

여호와를 송축하며

그의 모든 은택을 잊지 말지어다(시 103:1-2).

이처럼 야웨의 구원하심을 기다리기 위해서는 강하고 담대한 마음을 지녀야 한다.

> **"너희는 강하고 담대하라. 두려워하지 말라. 그들 앞에서 떨지 말라.** 이는 네 하나님 여호와 그가 너와 함께 가시며 결코 너를 떠나지 아니하시며 버리지 아니하실 것임이라" 하고(신 31:6; 참조. 수 1:6-7; 고전 16:13).

4. 메시지

시인은 두려움과 공포와 싸우고 있다(1절). 그는 수많은 원수들의 공격을 받아 위험한 상황에 빠져 있다(2-3절). 또한 육신의 부모마저도 자신을 버릴지 모른다는 불안감을 느끼고 있다(10절). 이런 순간에 시인은 선하시며 생명의 근원 되시는 야웨 하나님께서 자신에게 "믿음"과 "용기"를 주시기를 절실히 바라고 있다(13-14절). 하나님을 믿는다는 것은 그분의 선하심을 "바라보는 것"이고, 그분이 주실 좋은 것을 "기대하는 것"이며, 그분의 구원을 "기다리는 것"이다. 한마디로 믿음은 바라보고(look), 기대하며(hope), 기다리는(wait) 것이다.

28편

기도하는 손 vs 악을 행하는 손:

"내게 귀를 막지 마소서!"

1. 양식

시편 28편은 "개인 탄원시"(psalm of an individual lament)로 분류된다. 이 시는 1) 야웨를 긴급하게 부르고, 2) 자신의 위급한 상황을 솔직하게 아뢰며, 3) 도움을 간구하고, 4) 응답을 확신하며, 5) 찬양으로 끝나는 탄원시의 전형적인 요소들을 모두 포함하고 있다.

2. 구조

> 1) 1절: 부름과 불평
> 2) 2-5절: 간구
> 3) 6절: 신뢰의 확신
> 4) 7-8절: 찬양
> 5) 9절: 축복의 기원

3. 내용

1) 부름과 불평(1절)

> 1 여호와여,
> 내가 주께 부르짖으오니
> 나의 반석이여,

내게 귀를 막지 마소서.

주께서 내게 잠잠하시면

내가 무덤에 내려가는 자와 같을까 하나이다.

시인은 먼저 위기 속에서 긴급하게 야웨 하나님을 부른다("여호와여", 1절). "주께"(אֵלֶיךָ, 엘레카)는 "당신에게"라는 뜻으로서 간구의 대상이 야웨임을 강조하는 표현이다. 시인은 지속적인 간구에도 불구하고 아무런 답을 하지 않으시는 야웨 앞에서 답답함을 토로한다. 그는 하나님의 침묵에 괴로워하며 자신의 억울한 죽음이 임박했음을 느낀다. 여기서 "무덤에 내려가는 자"(יוֹרְדֵי בוֹר, 요르데 보르)라는 표현은 갑작스럽게 조기 사망하는 사람을 뜻한다.

여호와여, 속히 내게 응답하소서.

내 영이 피곤하니이다.

주의 얼굴을 내게서 숨기지 마소서.

내가 **무덤에 내려가는 자** 같을까 두려워하나이다(시 143:7; 참조. 시 30:3; 88:4).

더 기다릴 수 없는 시인은 "내게 귀를 막지 마소서!"라고 탄원한다.

2) 간구(2-5절)

² 내가 주의 지성소를 향하여

나의 손을 들고

주께 부르짖을 때에

나의 간구하는 소리를 들으소서.

3 악인과 악을 행하는 자들과 함께

나를 끌어내지 마옵소서.

그들은 그 이웃에게 화평을 말하나

그들의 마음에는 악독이 있나이다.

4 그들이 하는 일과

그들의 행위가

악한 대로 갚으시며

그들의 손이 지은 대로 그들에게 갚아

그 마땅히 받을 것으로 그들에게 갚으소서.

5 그들은 여호와께서 행하신 일과

손으로 지으신 것을 생각하지 아니하므로

여호와께서 그들을 파괴하고

건설하지 아니하시리로다.

2-5절은 탄원시의 핵심 부분인 간구다. 시인은 하나님이 계시는 하늘의 지성소를 향하여 기도의 손을 편다(2절). "하늘을 향하여 기도하는 손"은 땅과 하늘을 이어주는 사다리 역할을 한다.

솔로몬이 여호와의 제단 앞에서 이스라엘의 온 회중과 마주서서 **하늘을 향하여 손을 펴고**(왕상 8:22).

시인은 자신이 악인 및 악을 행하는 자들과 동급으로 간주되어 그들과 함께 심판을 당하는 일만은 막아달라고 간청한다(3절). 시인은 악인들과 다르다. 그들은 이웃에게 입으로 "화평"(שָׁלוֹם, 샬롬)을 말하면서도 마음속에 "악독"(רָעָה, 라아)을 품고 있다.

> 그들의 입에 신실함이 없고
> 그들의 심중이 심히 악하며
> 그들의 목구멍은 열린 무덤 같고
> **그들의 혀로는 아첨하나이다**(시 5:9).

> 그들의 혀는 죽이는 화살이라.
> 거짓을 말하며
> 입으로는 그 이웃에게 평화를 말하나
> **마음으로는 해를 꾸미는도다**(렘 9:8).

한마디로 악인들은 겉과 속이 전혀 다른 위선자다.

시인은 4절에서 악한 일을 행하는 자들이 그들의 행위대로 돌려받기를 간구한다. 이는 개인적인 복수나 사적인 저주가 아니라 "하나님의 공의"와 "공공의 정의"를 구하는 것이다. 불경한 자들의 행동은 하나님이 보시기에도 악하기 때문에 그들은 하나님의 심판을 받아 마땅하다. 악인들의 행동은 결국 파멸의 씨앗을 뿌리는 일이다.

> 내가 보건대 악을 밭 갈고

독을 뿌리는 자는 그대로 거두나니(욥 4:8).

5절은 악인이 심판을 받아야 하는 이유를 제시한다. 그들은 야웨가 역사 속에서 직접 행하신 구원 행동("행하신 일": 직접 계시)과 자연에 나타나는 그분의 창조 행위("손으로 지으신 것": 간접 계시)를 전혀 인정하지 않고 무시했다.

3) 신뢰의 확신(6절)

6 여호와를 찬송함이여,

내 간구하는 소리를 들으심이로다.

그런데 6절에서 시의 분위기가 급변한다. 시인은 갑자기 야웨를 찬양한다. 2절에서 그는 자신의 간구를 들어달라고 야웨께 간곡히 기도했으나, 이제는 야웨가 자신의 간구를 들어주셨다고 고백한다. 여기에 사용된 히브리어 동사 "들으심이로다"(שָׁמַע, 샤마)의 시제는 완료형으로서, 이는 곧 "신뢰의 완료형"(perfect of trust)이다. 시인은 아직 일어나지 않았지만 앞으로 일어날 미래의 사건을 이미 일어난 사건으로 확신하면서 "완료형"을 사용하였다.

4) 찬양(7-8절)

7 여호와는 나의 힘과 나의 방패이시니

내 마음이 그를 의지하여 도움을 얻었도다.

그러므로 내 마음이 크게 기뻐하며

내 노래로 그를 찬송하리로다.

8 여호와는 그들의 힘이시요,

그의 기름 부음 받은 자의 구원의 요새이시로다.

시인은 7-8절에서 구체적으로 야웨를 찬양한다. 그는 야웨께서 자신의 힘과 방패가 되셨다고 고백하며 이에 대한 확고한 믿음을 표출한다. 이 믿음은 시인을 위기로부터 구원하는 근원이 된다. 야웨의 도움은 그를 힘과 방패로 삼는 자의 믿음 안에서 발생한다. 또한 시인은 "내 노래로 그를 찬송하리로다"라고 말하며, 8절에서 노래의 내용을 밝힌다. 야웨는 백성의 힘이시며 왕 곧 "기름 부음 받은 자"의 구원의 요새가 되신다(8절). 그는 야웨께서 그분을 믿는 모든 자의 힘이자 그들을 보호하는 견고한 요새와 같은 분이라고 찬양한다.

5) 축복의 기원(9절)

9 주의 백성을 구원하시며

주의 산업에 복을 주시고

또 그들의 목자가 되시어

영원토록 그들을 인도하소서. (나사)

9절에서 시인은 축복을 기원한다. 이 절에서는 개인적 관심이 공동체적 관심으로 전환된다. 시인은 자신의 문제가 하나님의 도움으로 인해 해결되었다고 확신하고, 이제 공동체의 문제로 눈을 돌린다. 그는 하나님께 친히 이 백성의 목자가 되어 그들을 먹이시고 인도해달라고 기원한다.

> 그는 **목자같이 양 떼를 먹이시며**
> **어린 양을 그 팔로 모아 품에 안으시며** (나사)
> 젖먹이는 암컷들을 온순히 인도하시리로다(사 40:11; 참조. 시 23:1).

"인도하소서"(נָשָׂא, 나사)는 문자적으로는 "들어 나른다"는 뜻이다. 이는 길 잃은 양이나 상처받은 양을 목자가 직접 손으로 들어서 보금자리인 우리로 옮겨주는 모습을 떠올리면 된다.

4. 메시지

이 시에는 "손"(יָד, 야드)이 세 번 언급된다. 첫째는 시인의 "기도하는 손"(2절)이며, 둘째는 악인들의 "악을 행하는 손"(4절)이고, 셋째는 세상을 지으신 "창조주의 손"(5절)이다. 악을 행하는 손은 창조주의 손을 분별하지 못한다. 창조주의 손은 이 세상에 실재하는 힘이자 방패이며 요새다. 기도하는 손은 야훼 하나님의 손을 믿는다. 다시 말해 기도하는 자는 하나님의 구원과 창조의 손길을 기억함으로써 창조주의 손에 자신의 인생을 전적으로 맡긴다. "기도하는 손"과 "악을 행하는 손"이 부딪칠 때는 탄식이 흘러나온다. 그러나 "기도하는 손"과 "창조주의 손"이 만나면 갑자기 찬양이 샘솟기 시작한다. 내면 깊숙한 곳에서 응답의 확신이 스며드는 것이다. 이처럼 기도하는 손은 악을 행하는 손을 버리고 창조주의 손을 맞잡아야 한다. 그래야 비로소 탄식이 잦아들고 찬양이 고개를 들기 시작한다.

29편

하나님께 영광, 평강의 복:

"여호와의 소리가 힘 있음이여"

1. 양식

시편 29편은 "찬양시"(psalm of praise)로 분류된다. 이 시는 뇌우(雷雨) 속에서 분명히 드러나는 야웨 하나님의 엄청난 권능을 찬양한다.

2. 구조

　　1) 1-2절: "권능 있는 자들"을 향해 야웨께 대한 찬양을 요청

　　2) 3-9절: "여호와의 소리"에 대한 찬양

　　3) 10-11절: 종결 찬양

3. 내용

1) "권능 있는 자들"을 향해 야웨께 대한 찬양을 요청(1-2절)

　　1 너희 권능 있는 자들아,

　　영광과 능력을 여호와께 돌리고 돌릴지어다.

　　2 여호와께 그의 이름에 합당한 영광을 돌리며

　　거룩한 옷을 입고 여호와께 예배할지어다.

시인은 "권능 있는 자들"(בְּנֵי אֵלִים, 베네 엘림, "하나님의 아들들")을 향해 야웨 하나님을 찬양하라고 요청한다. 이들은 천상의 존재들로서 야웨

의 영광과 능력을 찬양하도록 부름을 받고 있다(1절). "여호와께 그의 이름에 합당한 영광을 돌리다"라는 2절의 표현은 야웨 하나님께서 권능 있는 모든 자들 중에서도 최고의 존재이심을 인정하라는 의미다. 영광은 오직 야웨만이 지닐 수 있는 특성이다. 천상의 존재들은 거룩한 옷과 준비된 예복을 입고 야웨를 경배한다. 시인은 천상의 존재에게 야웨를 찬양하도록 함으로써 그분의 위대하심을 강조하고 있다. 천상의 존재들마저도 "여호와를 찬양"한다는 사실은 지상에 사는 우리가 어떤 자세로 야웨 하나님께 반응해야 하는지를 가르쳐준다.

2) "여호와의 소리"에 대한 찬양(3-9절)

3 **여호와의 소리**가 물 위에 있도다.

영광의 하나님이 우렛소리를 내시니

여호와는 많은 물 위에 계시도다.

4 **여호와의 소리**가 힘 있음이여,

여호와의 소리가 위엄차도다.

5 **여호와의 소리**가 백향목을 꺾으심이여,

여호와께서 레바논 백향목을 꺾어 부수시도다.

6 그 나무를 송아지 같이 뛰게 하심이여,

레바논과 시룐으로 들 송아지 같이 뛰게 하시도다.

7 **여호와의 소리**가 화염을 가르시도다.

8 **여호와의 소리**가 광야를 진동하심이여,

여호와께서 가데스 광야를 진동시키시도다.

9 **여호와의 소리**가 암사슴을 낙태하게 하시고

삼림을 말갛게 벗기시니

그의 성전에서 그의 모든 것들이 말하기를 영광이라 하도다.

3-9절은 "여호와의 소리"(קוֹל יְהוָה, 콜 야웨)에 대한 구체적인 찬양이다. 이 부분에서는 "여호와의 소리"라는 관용구를 일곱 번 반복하면서 그 소리의 특징을 상세히 묘사한다. 또한 3절의 "영광"과 9절 마지막에 나오는 "영광"이 수미상관(inclusio)을 이루고 있으며, 그 사이에는 야웨의 소리가 천둥소리로 나타나고 이를 통해 그분의 영광이 만천하에 드러나는 모습이 상술된다.

3절의 뇌우 현상 곧 우렛소리는 하나님의 나타나심(신의 현현)을 상징한다. 영광의 하나님이 천둥소리를 내신다. 3절의 "물"(מַיִם, 마임)과 "많은 물"(מַיִם רַבִּים, 마임 라빔)은 10절의 "홍수"(מַבּוּל, 마불)와 더불어 "홍수의 바다/하늘의 바다"(מֵי הַמַּבּוּל, 메 하마불, 창 7:10; 9:11)와 평행을 이룬다. 야웨는 하늘의 물 위에 좌정하고 계신다. 이 구절은 크나큰 물을 제압하신 야웨의 능력을 찬양한다. 4절의 뇌우 현상은 야웨의 "힘"과 "위엄"을 뜻한다. 아마도 "힘"은 뇌우의 천둥소리를 뜻하며 "위엄"은 번개를 말하는 것 같다.

큰물을 정복한 야웨는 이제 육지로 이동하신다. 5절에 언급된 레바논의 백향목은 강력한 나무의 상징이다. 이 나무는 강하고 오래 견디는 특성을 갖고 있어서, 힘과 교만(사 2:13) 및 번영과 안정(시 92:12; 104:16)의 상징으로 많이 쓰인다.

¹² 대저 만군의 여호와의 날이

모든 교만한 자와 거만한 자와 자고한 자에게 임하리니

그들이 낮아지리라.

¹³ 또 레바논의 높고 높은 모든 백향목과

바산의 모든 상수리나무와

¹⁴ 모든 높은 산과

모든 솟아 오른 작은 언덕과

¹⁵ 모든 높은 망대와

모든 견고한 성벽과

¹⁶ 다시스의 모든 배와

모든 아름다운 조각물에 임하리니

¹⁷ 그날에 자고한 자는 굴복되며

교만한 자는 낮아지고

여호와께서 홀로 높임을 받으실 것이요(사 2:12-17).

의인은 종려나무 같이 번성하며

레바논의 백향목 같이 성장하리로다(시 92:12).

하지만 가장 높고 강하며 아름다운 레바논의 백향목도 야웨의 힘과 비교할 수 없다.

6절은 지진 현상을 말한다. 이제 땅도 흔들린다. "레바논"은 "레바논의 백향목"보다 더 크고 강하다. 또한 "시룐"(שִׁרְיֹן)은 헤르몬산의 가나안식 이름이다.

헤르몬산을 시돈 사람은 **시룐**이라 부르고, 아모리 족속은 스닐이라 불렀느니라(신 3:9).

이 산은 만년설로 뒤덮여 있으며 매우 오래되고 견고하여 그 기초가 흔들리지 않는 것으로 유명하다. 하지만 아무리 장대하고 강력한 레바논이나 흔들림 없이 굳건한 헤르몬산이라 할지라도 야웨의 임재 앞에서는 아무것도 아니다. 그저 지진으로 인해 날뛰는 송아지에 불과할 뿐이다. 7절은 천둥소리, 번개, 지진 등의 위험한 자연 현상으로 발생한 화염을 묘사한다.

야웨는 광야와 가데스 광야를 지진으로 진동시키며(8절) 암사슴을 충격으로 낙태시키는 등 자연 세계의 여러 양태들을 압도하심으로써 당신의 위엄과 영광을 드러내신다(9절). 이 구절에서는 자연 세계의 다양한 측면인 광야, 들짐승, 삼림 등을 배경으로 "여호와의 소리"가 지닌 능력이 한층 더 강화된다. 그리고 지상의 성소에 모인 모든 이들이 한목소리로 "영광"이라 외치며 야웨를 찬양한다.

3) 종결 찬양(10-11절)

10 여호와께서 홍수 때에 좌정하셨음이여,
여호와께서 영원하도록 왕으로 좌정하시도다.
11 여호와께서 자기 백성에게 힘을 주심이여,
여호와께서 자기 백성에게 평강의 복을 주시리로다.

10-11절은 천상의 요인들을 다스리시는 야웨의 권능과 지상의 백성에게 힘과 복을 내려주시는 그분의 능력을 찬양하는 내용이다. 야웨는 천상뿐만 아니라 지상도 통치하시는 분이다. 이 시는 천상의 존재들에게 야웨의 영광을 인정하라고 요구한 후(1절), 모든 사람들이 "영광"이라고 말하며 찬양을 올리고 있는 지상의 "성전"으로 시선을 이동한다(9절). 야웨는 왕으로 통치하시며, 그분의 왕적 통치는 "천상의 영역"에서 "지상의 영역"으로 확장된다. "홍수 때에" 야웨는 "홍수 위에"(above the flood)에 앉아 계신다(10절). 여기서 "홍수"(מַבּוּל, 마불)가 "하늘의 바다"라는 뜻을 감안하면 이 구절은 천상의 하늘 바다 위에 좌정하시는 야웨께서 홍수를 다스리신다는 의미로 해석할 수 있다. 또한 야웨는 천상의 영역에만 머물러 계시지 않고 "지상의 영역"으로 내려오셔서 자기 백성에게 힘과 평강의 복을 주신다(11절). 참 평화는 야웨로부터 온다. 이처럼 야웨의 왕권 통치는 천상과 지상에서 영원무궁하다.

4. 메시지

시인은 야웨의 왕 되심이 천상(1-2절)은 물론이고 지상(3-9절)에서도 영원무궁함을 노래한다. 시인은 천상의 (성)전과 지상의 성전에서 야웨께 영광을 돌리자고 말한다. 특히 이 시는 야웨의 영광이 자연 현상을 통해 집중적·직접적으로 드러난다고 말하는 유일한 본문이다. 시인은 천둥소리(3절), 번개(4절), 지진(6절), 화염(7절)을 통해 "여호와의 소리"를 듣는다. 광야(8절), 들짐승(9a절), 삼림(9b절)으로 상징되는 자연 세계에서도 "여호와의 소리"가 작동하고 있다. 이 시는 우리로 하여금 온 세상이 야웨의 피조물임을 인식시킴으로써 천지 만물을 지으신 그분께 "영광"을 돌리는 것이 피조물이 해야 할 최선의 일이자 최고의 본분임을 가르쳐준다. 시인의 가르침에 따르면 야웨께 영광을 돌리는 자에게 평강의 복이 임한다.

"지극히 높은 곳에서는 하나님께 영광이요,

땅에서는 하나님이 기뻐하신 사람들 중에 평화로다" 하니라(눅 2:14).

30편

하나님의 본심:
"노염은 잠깐이요, 은총은 평생이로다"

1. 양식

시편 30편은 "개인 감사시"(psalm of an individual thanksgiving)로 분류된다. 이 시는 죽음의 병으로부터 고침 받은 자가 야웨 하나님께 드리는 감사의 노래다(시 30:2-3).

2. 구조

1) 1-5절: 야웨 하나님을 향한 찬양
2) 6-7절: 과거의 행복과 갑작스러운 불행의 회고
3) 8-10절: 구원을 위한 기도
4) 11-12절: 하나님의 응답과 시인의 맹세

3. 내용

1) 야웨 하나님을 향한 찬양(1-5절)

1 여호와여,

내가 주를 높일 것은 주께서 나를 끌어내사

내 원수로 하여금 나로 말미암아 기뻐하지 못하게 하심이니이다.

2 여호와 내 하나님이여,

내가 주께 부르짖으매

나를 고치셨나이다.

3 여호와여,

주께서 내 영혼을 스올에서 끌어내어

나를 살리사

무덤으로 내려가지 아니하게 하셨나이다.

4 주의 성도들아,

여호와를 찬송하며

그의 거룩함을 기억하며 감사하라.

5 그의 노염은 잠깐이요,

그의 은총은 평생이로다.

저녁에는 울음이 깃들일지라도

아침에는 기쁨이 오리로다.

첫 번째 단락인 1-5절의 전반부(1-3절)에서는 시인 자신이 야웨 하나님을 찬양하고 있으며, 후반부(4-5절)에서는 성도들을 향해 그분을 찬양하라고 요청하고 있다. 시인은 1절에서 야웨께서 자신에게 행하신 일을 기억하며 찬양한다. 야웨는 죽음의 심연에 있던 시인을 우물에서 두레박으로 물을 퍼 올리듯이 살리셨으며, 그의 죽음을 당연시하고 반기던 대적들이 옳지 않음을 입증해주셨다. 또한 그는 하나님의 은혜를 받아 불치병(不治病)을 치유받았다(2절). 그 병은 죽음에 이르는 병이었다(3절).

죽음에서 생명의 자리로 옮겨진 시인은 신앙 공동체의 "성도들"(חֲסִידִים, 하시딤)을 향해 야웨께 감사를 드리고 찬양을 올리라고 말한다(4절). 시인의 구원은 개인적인 차원으로 제한된 것이 아니라 온 신앙 공동체의 유산이기 때문이다. 한 개인의 구원은 그 공동체의 구원을 미리 보여주는 역할을 한다. 그렇기 때문에 한 개인의 경험은 공동체 모두의 체험이기도 하다. 시인은 죽음의 문턱까지 가본 경험을 통해 하나님의 본심을 깨닫는다. 그분은 사람들이 당하는 고통의 시간을 되도록 짧게 제한하시고 그들의 평생을 은혜로운 삶으로 채워주신다.

> 그의 노염은 잠깐이요,
> 그의 은총은 평생이로다(시 30:5).

드디어 저녁의 울음은 그치고 아침의 기쁨이 찾아온다(5절). 따라서 모든 울음은 기쁨의 전주곡이라고 할 수 있다.

2) 과거의 행복과 갑작스러운 불행의 회고(6-7절)

> 6 내가 형통할 때에 말하기를
> "영원히 흔들리지 아니하리라" 하였도다.
> 7 여호와여,
> 주의 은혜로 나를 산 같이 굳게 세우셨더니
> 주의 얼굴을 가리시매 내가 근심하였나이다.

시인은 자신의 삶을 되돌아본다. 행복했던 시절에는 그런 현실이 자신의 능력에서 비롯된 것이라고 여기면서 자만하고 교만했다(6절). "영원히 흔들리지 아니하리로다"는 당시 악인들이 즐겨 사용한 어구다.

> 그(악인)의 마음에 이르기를
> **"나는 흔들리지 아니하며**
> 대대로 환난을 당하지 아니하리라" 하나이다(시 10:6).

의인의 말은 악인의 말과 완전히 다르다. 경건한 자는 형통함 속에서도 야웨의 은혜를 잊지 않고 그분께 감사를 고백한다.

> 내가 여호와를 항상 **내 앞에 모심이여,**
> 그가 **나의 오른쪽에 계시므로**
> **내가 흔들리지 아니하리로다**(시 16:8).

시인의 교만은 야웨의 외면을 불러왔다. 그 순간 모든 행복이 와르르 무너지고 불행이 찾아왔다(7절). 행복은 주어지는 은혜지 자신이 만들어내는 업적이 아니다. 즉 행복은 위로부터 오는 것이지 아래에서 오는 것이 아니다.

3) 구원을 위한 기도(8-10절)

> 8 여호와여,
> 내가 주께 부르짖고
> 여호와께 간구하기를

⁹ "내가 무덤에 내려갈 때에

나의 피가 무슨 유익이 있으리요.

진토가 어떻게 주를 찬송하며

주의 진리를 선포하리이까.

¹⁰ 여호와여,

들으시고

내게 은혜를 베푸소서.

여호와여,

나를 돕는 자가 되소서" 하였나이다.

시인은 이제 야웨 앞에 엎드린다. 그리고 부르짖으며 간구한다(8절). 히브리어 동사 "부르짖다"(קָרָא, 카라)와 "간구하다"(חָנַן, 하난)는 각각 미완료형 시제로서 기도의 "반복성"과 "지속성"을 강조한다. 시인은 일시적인 기도가 아닌 지속적인 기도를 통해 자신이 죽지 않고 살아야 할 이유를 깨우친다(9절). 자신의 죽음이 하나님께 아무런 유익이 없으며("나의 피가 무슨 유익이 있으리요"), 자신의 죽음은 하나님께도 손해라는 사실("진토가 어떻게 주를 찬송하며 주의 진리를 선포하리이까")을 깨달은 것이다. 그는 죽음 앞에서야 비로소 인간이 사는 진정한 이유를 알게 된다. 우리가 사는 이유는 바로 하나님을 찬양하며 그분의 진리를 전하기 위함이다.

10절에서 시인은 "은혜를 베푸소서", "나를 돕는 자가 되소서"라고 말하며 자신을 불쌍히 여겨달라고 야웨께 간청한다. 그는 기도를 통해 "오만한 자존자"(自存者)에서 "겸손한 의존자"(依存者)로 변화된다.

시인은 죽음의 병이라는 비싼 수업료를 치르고 나서야 하나님의 "은혜"와 "도움"만이 인생의 진정한 토대가 됨을 깨닫게 되었다.

4) 하나님의 응답과 시인의 맹세(11-12절)

> 11 주께서 나의 슬픔이 변하여
>
> 내게 춤이 되게 하시며
>
> 나의 베옷을 벗기고
>
> 기쁨으로 띠 띠우셨나이다.
>
> 12 이는 잠잠하지 아니하고
>
> 내 영광으로 주를 찬송하게 하심이니
>
> 여호와 나의 하나님이여,
>
> 내가 주께 영원히 감사하리이다.

시인은 하나님의 응답을 받았다(11절). 이제 그의 슬픔은 춤으로 바뀌었다. 이런 전환은 전적으로 하나님이 개입하셔서 이루어진 것이다. "주께서 나의 슬픔이 변하여 내게 춤이 되게 하시고"(11a절). 여기서 "변하여"라는 히브리어 동사 "하파크"(הָפַךְ)는 "현존하는 모든 상태의 근본적이며 완전한 전환"을 뜻한다. 하나님은 시인의 슬픔과 애통을 기쁨의 춤으로 완전히 바꾸셨다. 또한 그가 참회와 슬픔의 베옷을 벗어버리고 즐거운 축제에 참여할 수 있도록 축제의 의복으로 갈아입혀 주셨다. 이와 같은 의복의 변화는 시인이 애곡과 참회로부터 완전히 벗어나 감사와 기쁨의 주인공이 되었음을 보여준다.

시인은 "주께 영원히 감사하리이다"라고 맹세한다(12절). 여기서 "영원히"(עוֹלָם, 올람)라는 단어는 감사의 지속성을 강조한다. 시편 30편은 "주님을 찬양하는 것"("여호와여 내가 주를 높일 것은")으로 시작하여 감사("내가 영원히 감사하리이다")로 끝을 맺는다. 하나님의 은혜에 대한 응답으로서 올리는 감사는 한 번에 그치지 않고 영원히 계속되어야 한다. 은혜가 계속 부어지는 것처럼 감사도 지속되어야 한다.

4. 메시지

이 시는 야웨를 떠난 사람에게 찾아드는 자만심이 언제든 시련을 불러올 수 있다는 가르침을 준다. 특히 자신이 잘나간다고 자만하는 순간일수록 조심해야 한다.

> 그런즉 선 줄로 생각하는 자는 넘어질까 조심하라(고전 10:12).

그러나 하나님의 노여움은 잠깐뿐인 반면 그분의 은총은 한평생을 간다. 왜냐하면 하나님의 사랑은 언제나 진노보다 훨씬 더 크기 때문이다.

> 여호와께서 그의 앞으로 지나시며 선포하시되 "여호와라, 여호와라. 자비롭고 은혜롭고 노하기를 더디하고 인자와 진실이 많은 하나님이라"(출 34:6).

주께서 인생으로 고생하게 하시며

근심하게 하심은 본심이 아니시로다(애 3:33).

"내가 넘치는 진노로 내 얼굴을 네게서 잠시 가렸으나

영원한 자비로 너를 긍휼히 여기리라"

네 구속자 여호와께서 말씀하셨느니라(사 54:8).

이것이 하나님의 본심이다. 그분은 노여움을 오래 품지 않고 우리에게 한없는 은총을 베풀어주시기를 원하신다. 그렇기에 우리의 모든 슬픔이 곧 변하여 춤이 될 것이다.

31편

믿음이 힘이다:
"나의 앞날이 주의 손에 있사오니"

1. 양식

시편 31편은 "개인 탄원시"(psalm of an individual lament)로 분류된다. 이 시는 육체적인 고통과 사회적인 비방을 감내하는 상황에서 야웨 하나님에 대한 신뢰를 기반으로 그분께 탄원하고 간구하는 내용을 담고 있다.

2. 구조

1) 1-5절: 야웨 하나님을 향한 부름과 간구
2) 6-8절: 신뢰 확신
3) 9-13절: 탄원
4) 14-18절: 신뢰 확신과 간구
5) 19-22절: 찬양
6) 23-24: 권면

3. 내용

1) 야웨 하나님을 향한 부름과 간구(1-5절)

¹ 여호와여,

내가 주께 피하오니

나를 영원히 부끄럽게 하지 마시고

주의 공의로 나를 건지소서.

2 내게 귀를 기울여

속히 건지시고

내게 견고한 바위와

구원하는 산성이 되소서.

3 주는 나의 반석과 산성이시니

그러므로 주의 이름을 생각하셔서

나를 인도하시고 지도하소서.

4 그들이 나를 위하여 비밀히 친 그물에서 빼내소서.

주는 나의 산성이시니이다.

5 내가 나의 영을 주의 손에 부탁하나이다.

진리의 하나님 여호와여,

나를 속량하셨나이다.

1-5절은 시인의 간구다. 시인은 야웨께로 몸을 피한다(1절). 이는 하나
님의 성소를 도피처로 삼았다는 암시이기도 하고(출 21:12-14), 하나님
을 찾는 행위를 비유적으로 나타낸 표현이기도 하다. 그는 단순히 부끄
러움을 피하는 것에 그치지 않고 자신의 진실과 의로움이 공적으로 입
증되기를 원한다. 시인은 하나님께 "견고한 바위"(צוּר מָעוֹז, 추르 마오즈)
와 "구원하는 산성"(מְצוּדָה, 메추다)이 되어달라고 간구한다(2절). 바위
와 산성은 하나님의 보호와 안전함을 상징한다.

　시인의 간구는 하나님의 명예 곧 "이름"(שֵׁם, 쉠)과도 관련이 있다

(3절). 시인은 적들이 계획적인 음모를 꾸며 무고한 자신을 잡으려고 혈안이 되어 있는 상황을 "비밀히 친 그물"에 비유하면서 자신을 구원해 달라고 기도한다(4절). 5절의 "나의 영을 주의 손에 부탁하나이다"에서 "부탁하다"(פָּקַד, 파카드)는 "맡기다"라는 의미다. 이 단어는 상업에서 가져온 은유다. 우리는 돌려받을 수 있다는 확신이 있어야 타인에게 무언가를 맡길 수 있다. 이처럼 맡기는 행위는 완전한 신뢰를 기반으로 한다. 이런 점을 생각해보면 5절의 고백은 "단념"이 아니라 자신을 온전히 야웨께 맡기는 "절대적인 신뢰"의 표현임을 알 수 있다.

> 예수께서 큰 소리로 불러 이르시되 **"아버지, 내 영혼을 아버지 손에 부탁하나이다"**하고 이 말씀을 하신 후 숨지시니라(눅 23:46).

> 그들이 돌로 스데반을 치니 스데반이 부르짖어 이르되 **"주 예수여, 내 영혼을 받으시옵소서"** 하고(행 7:59).

이제 야웨는 기도자의 "생명 지킴이"가 되신다. 5절 말미의 "나를 속량하셨나이다"라는 말은 "확신의 완료형"(perfect of confidence)으로서 지금 이루어진 사건을 일컫는 것이 아니라 야웨께서 응답하시리라는 확신을 미리 앞당겨 고백하는 것이다.

2) 신뢰 확신(6-8절)

> **6** 내가 허탄한 거짓을 숭상하는 자들을 미워하고

여호와를 의지하나이다.

7 내가 주의 인자하심을 기뻐하며 즐거워할 것은

주께서 나의 고난을 보시고

환난 중에 있는 내 영혼을 아셨으며

8 나를 원수의 수중에 가두지 아니하셨고

내 발을 넓은 곳에 세우셨음이니이다.

앞 단락에서 야웨께 간구했던 시인은 6-8절에 이르러 그분을 향한 신뢰를 드러낸다. 시인은 덧없는 우상들 곧 "허탄한 거짓"(הַבְלֵי־שָׁוְא, 하블레-샤베)을 섬기는 자들을 미워하고 오직 야웨 한 분만을 의지하겠다고 고백한다(6절). 하나님은 시인이 괴로움을 겪는 모습을 보시고(רָאָה, 라아) 그가 처한 상황을 알고(יָדַע, 야다) 계셨다(7절). 그리고 지금까지 시인을 "원수의 수중(手中)" 곧 "원수의 권세"로부터 건지셔서 자유롭게 거닐 수 있는 "구원의 장소"("넓은 곳", 시 18:19)에 우뚝 세워주셨다(8절). 시인의 확신은 이런 과거의 구원 체험에서 비롯된 것이다.

3) 탄원(9-13절)

9 여호와여,

내가 고통 중에 있사오니

내게 은혜를 베푸소서.

내가 근심 때문에 눈과 영혼과 몸이 쇠하였나이다.

10 내 일생을 슬픔으로 보내며

나의 연수를 탄식으로 보냄이여,

내 기력이 나의 죄악 때문에 약하여지며

나의 뼈가 쇠하도소이다.

11 내가 모든 대적들 때문에 욕을 당하고

내 이웃에게서는 심히 당하니

내 친구가 놀라고

길에서 보는 자가 나를 피하였나이다.

12 내가 잊어버린 바 됨이

죽은 자를 마음에 두지 아니함 같고

깨진 그릇과 같으니이다.

13 내가 무리의 비방을 들었으므로

사방이 두려움으로 감싸였나이다.

그들이 나를 치려고 함께 의논할 때에

내 생명을 빼앗기로 꾀하였나이다.

9-13절에 이르면 "신뢰의 분위기"가 갑자기 "탄원"으로 바뀐다. 이 단락에서는 시인의 고통이 구체적으로 표출된다. 9-10절은 시인이 겪은 육체적인 고통을 묘사하며, 11-13절은 사회로부터 당한 배척을 진술한다. 당시 사람들은 질병과 불행을 겪는 자들을 보면서 그들이 하나님께 죄를 저지른 결과로 벌을 받는 것이라고 여기고 그들을 의도적으로 회피하곤 했다. 이런 인식은 욥의 탄식에도 잘 드러난다.

13 나의 형제들이 나를 멀리 떠나게 하시니

나를 아는 모든 사람이 내게 낯선 사람이 되었구나.

14 내 친척은 나를 버렸으며

가까운 친지들은 나를 잊었구나.

15 내 집에 머물러 사는 자와

내 여종들은 나를 낯선 사람으로 여기니

내가 그들 앞에서 타국 사람이 되었구나.

16 내가 내 종을 불러도 대답하지 아니하니

내 입으로 그에게 간청하여야 하겠구나.

17 내 아내도 내 숨결을 싫어하며

내 허리의 자식들도 나를 가련하게 여기는구나.

18 어린 아이들까지도 나를 업신여기고

내가 일어나면 나를 조롱하는구나.

19 나의 가까운 친구들이 나를 미워하며

내가 사랑하는 사람들이 돌이켜

나의 원수가 되었구나(욥 19:13-19).

시인은 육체적이나 사회적으로 이미 죽은 사람과 다를 바 없다(12절).
그는 자신이 "눈"과 "영혼"(숨구멍)과 "몸"(배, 내장)의 쇠약함(9절), "기
력"(힘)과 "뼈"의 쇠약함(10절), 원수들의 경멸, 이웃의 조롱과 친구들의
냉대, 사람들의 외면(11절), 사회적 무시와 소외(12절), 살인 모의(13절)
등을 겪고 있다고 말하면서 자신을 공격하는 이런 현실을 하나님께 매
우 상세히 아뢰고 또 탄원한다.

4) 신뢰 확신과 간구(14-18절)

14 여호와여,

그러하여도 나는 주께 의지하고 말하기를

"주는 내 하나님이시라" 하였나이다.

15 나의 앞날이 주의 손에 있사오니

내 원수들과 나를 핍박하는 자들의 손에서 나를 건져주소서.

16 주의 얼굴을 주의 종에게 비추시고

주의 사랑하심으로 나를 구원하소서.

17 여호와여,

내가 주를 불렀사오니

나를 부끄럽게 하지 마시고

악인들을 부끄럽게 하사

스올에서 잠잠하게 하소서.

18 교만하고 완악한 말로 무례히 의인을 치는 거짓 입술이

말 못하는 자 되게 하소서.

14-18절은 다시 시인의 "신뢰 고백"(14-15a절)과 "간구"(15b-18절)로 전환된다. "주는 내 하나님이시라"는 고백은 "너는 내 백성이라"는 야웨의 진술을 달리 표현한 것이다(14절). 이는 신뢰와 확신의 표현이다. 우리말 개역개정 성경에서 "나의 앞날이 주의 손에 있사오니"라고 번역된 본문을 히브리어 원문 그대로 직역하면 "나의 때들이 당신의 손에 있다"(בְּיָדְךָ עִתֹּתָי, 베야드카 이토타이)가 된다(15a절). 이처럼 시인은 하

나님에 대한 자신의 신뢰를 강조하면서 간구를 이어나간다. 그는 하나님께 원수로부터 자신을 구원해주시고(15b절) 하나님의 얼굴와 인애(חֶסֶד, 헤세드)를 보여달라고 요청한다(16절). 또한 악인들의 죽음을 기원하면서(17절) 그들의 입을 봉해달라고 간구하기도 한다(18절).

5) 찬양(19-22절)

> **19** 주를 두려워하는 자를 위하여
> 쌓아 두신 은혜
> 곧 주께 피하는 자를 위하여
> 인생 앞에 베푸신 은혜가 어찌 그리 큰지요.
> **20** 주께서 그들을 주의 은밀한 곳에 숨기사
> 사람의 꾀에서 벗어나게 하시고
> 비밀히 장막에 감추사
> 말다툼에서 면하게 하시리이다.
> **21** 여호와를 찬송할지어다.
> 견고한 성에서
> 그의 놀라운 사랑을 내게 보이셨음이로다.
> **22** 내가 놀라서 말하기를
> "주의 목전에서 끊어졌다" 하였사오나
> 내가 주께 부르짖을 때에
> 주께서 나의 간구하는 소리를 들으셨나이다.

19-22절은 찬양의 형식을 통해 시인이 야웨께 받은 구원의 응답을 선포한다. 하나님은 "주를 경외하는 자들" 곧 "주를 두려워하는 자들"과 "주께 피하는 자들"에게 주실 엄청난 은혜를 쌓아두고 계신다(19절). 하나님은 경건한 자들을 그분의 은밀한 곳에 "숨기시고" 장막에 "감추시어" 사람들의 "음모"(꾀)와 "말다툼"에서 벗어나게 하신다(20절). 시인은 놀라운 "인애"(חֶסֶד, 헤세드, "사랑")를 보여주심으로써 기도에 응답해주시는 그분을 찬양한다(21-22절).

6) 권면(23-24절)

> **23** 너희 모든 성도들아,
> 여호와를 사랑하라.
> 여호와께서 진실한 자를 보호하시고
> 교만하게 행하는 자에게 엄중히 갚으시느니라.
> **24** 여호와를 바라는 너희들아,
> 강하고 담대하라.

23-24절은 신앙 공동체를 향한 시인의 마지막 권면이다. 시인은 "모든 성도들"(חֲסִידִים, 하시딤)에게 선포한다. 이 시는 "신실한 자"(אֱמוּנִים, 에무님, "진실한 자")를 반드시 지키시며 "오만한 자"("교만하게 행하는 자")를 "가차 없이"("엄중히") 벌주시는 "주님의 이중 역사"를 상기시킨다(23절). 또한 이 시는 야웨께 희망을 두는 모든 이들 곧 "여호와를 바라는 자"에게 이런 사실을 믿고 마음을 강하고 담대히 하라고 당부하

며 막을 내린다(24절).

4. 메시지

이 시는 물 위로 떠올랐다가도 다시 물속에 잠기는 인생의 부침(浮沈) 속에 살아가야 하는 우리의 삶을 응시하게 한다. 우리와 야웨 하나님 사이의 관계 역시 이런 인생의 높낮이와 연동하여 "업 앤 다운"(up & down)을 반복하게 된다. 하지만 시편 31편의 시인은 상황과 관계없이 하나님의 응답이 반드시 이루어진다는 확신을 품고 기도해야 한다는 "기도의 본보기"를 보여준다. 우리의 인생 시간표는 하나님의 손안에 있다. 그분 안에서 진실된 모습으로 겸손하게 나아가다 보면, 그분이 우리를 강하고 담대하게 만들어주신다. 하나님은 우리의 "생명 지킴이"가 되어주신다. 그분이 바로 우리의 하나님이시다. 하나님에 대한 이런 믿음이 진정한 삶의 힘이다.

32편

드러내야 가려진다!:

"죄가 가려진 자는 복이 있도다"

1. 양식

시편 32편은 지혜 요소가 담겨 있는 "개인 감사시"(psalm of an individual thanksgiving)로 분류된다. 이 시는 죄 사함을 받은 것에 대해 감사하는 노래다. 또한 이 시는 고대 교회 때부터 "참회시"(penitential psalm)로 분류된 일곱 개의 시편(시 6, 32, 38, 51, 102, 130, 143편) 가운데 두 번째에 해당된다. 참회시는 탄원시에 속하는 하위 장르다. 전해지는 바에 따르면 성(聖) 아우구스티누스(354-430)는 직접 벽에 이 시를 새겨 놓고 평생 보면서 위로를 받을 정도로 이 시를 좋아하고 즐겨 읽었다고 한다.

2. 구조

> 1) 1-2절: 행복 선언
> 2) 3-7절: 체험 보고
> 3) 8-10절: 권면
> 4) 11절: 호소

3. 내용

1) 행복 선언(1-2절)

> 1 허물의 사함을 받고

자신의 죄가 가려진 자는 복이 있도다.

2 마음에 간사함이 없고

여호와께 정죄를 당하지 아니하는 자는 복이 있도다.

히브리어 성경(BHS)은 1-2절 모두 "복이 있도다"(אַשְׁרֵי, 아쉬레)라는 "행복 선언"으로 시작한다. 이 기쁨의 탄성은 남들의 부러움을 받는 사람에게 사용된다.

> **복 있는**(אַשְׁרֵי, 아쉬레) 사람은
>
> 악인들의 꾀를 따르지 아니하며
>
> 죄인들의 길에 서지 아니하며
>
> 오만한 자들의 자리에 앉지 아니하고(시 1:1).

이 사람은 죄가 전혀 없는 사람이 아니라 죄를 용서받은 사람이다. 시편의 인간 이해에 따르면, 모든 인간은 다 죄인이다.

> 내가 죄악 중에서 출생하였음이여,
>
> 어머니가 죄 중에서 나를 잉태하였나이다(시 51:5).

복 있는 사람은 1) 허물을 사함 받아, 2) 죄가 가려지고, 3) 정죄를 당하지 아니하는 자다. 2절의 "마음에 간사함이 없고"는 "진실하게 고백하는/위선을 벗어던진"이라는 뜻이다. 솔직하게 자신의 잘못을 인정하고 그것을 감추지 않는 사람만이 야웨의 용서와 복을 받을 자격이 있다.

여기에는 죄에 대한 세 가지 중요한 개념이 총동원된다. 이들은 바로 "허물"(פֶּשַׁע, 페샤), "죄"(חֲטָאָה, 하타아), "정죄"(עָוֹן, 아본)다. 이 개념들은 모두 동의어로 쓰였으며 총체적 죄를 의미한다. 자신이 범한 모든 죄로부터 사함을 받은 자는 "행복한 자"다. 이 부분에서 "복 있는 자"라는 단어는 두 번 등장하며, "죄 사함 받은 자"는 세 가지 모습으로 묘사된다. 시인은 "죄 사함 받은 것"이 "행복"보다 더 중요함을 가르친다. 참 행복은 야웨께서 베푸시는 용서의 은총에서 비롯된다.

2) 체험 보고(3-7절)

> 3 내가 입을 열지 아니할 때에
>
> 종일 신음하므로
>
> 내 뼈가 쇠하였도다.
>
> 4 주의 손이 주야로 나를 누르시오니
>
> 내 진액이 빠져서
>
> 여름 가뭄에 마름같이 되었나이다. (셀라)
>
> 5 내가 이르기를
>
> "내 허물을 여호와께 자복하리라" 하고
>
> 주께 내 죄를 아뢰고
>
> 내 죄악을 숨기지 아니하였더니
>
> 곧 주께서 내 죄악을 사하셨나이다. (셀라)
>
> 6 이로 말미암아

모든 경건한 자는 주를 만날 기회를 얻어서

주께 기도할지라.

진실로 홍수가 범람할지라도

그에게 미치지 못하리이다.

7 주는 나의 은신처이오니

환난에서 나를 보호하시고

구원의 노래로 나를 두르시리이다. (셀라)

두 번째 단락인 3-7절은 시인의 개인적 체험을 보고한다. 전반부(3-4절)에서는 "회개"(죄 고백)를 거부할 때의 고통스러운 상태를 묘사하고, 후반부(5-7절)에서는 회개한 이후의 구원받은 상태를 대조적으로 진술한다. 3절의 "내가 입을 열지 아니할 때"는 자신의 죄를 말하지 않고 감추고 있는 상태를 말한다. 그 결과 시인은 내적 불안과 신체적 고통을 겪는다. 그는 밤낮을 가리지 않고 죄책감과 양심의 가책에 시달린 끝에 결국 기력이 쇠하게 되었다(4절).

3절의 "내가 입을 열지 아니할 때"(침묵/회개 거부)와 5절의 "내가 이르기를"(토설/회개 실행)이라는 두 구절은 서로 대조를 이룬다. 시인이 온갖 죄를 다 고백하자, 하나님은 기다렸다는 듯이 그를 바로 용서하셨다(5절). 이 구절의 핵심은 시인이 감추어 둔 자신의 "은밀한 죄"를 하나님 앞에 "고백하는 순간 즉시", 다시 말해 "곧 주께서"(וְאַתָּה, 베아타, "그러나 당신께서") 그 모든 죄악을 즉각적으로 용서해주셨다는 것이다. "죄를 사하셨다"의 히브리어 동사는 "나사"(נָשָׂא)인데, 이를 직역하면 "들어 올려 내어던지다"가 된다. 정리하면, 우리가 그분 앞에 우리의 모든 죄를 숨기지 않고 고백하면 하나님은 그것을 들어 올려 내던져버리심으로써 우리가 죄 사함을 받는다는 것이다.

> 자기의 죄를 숨기는 자는 형통하지 못하나
> 죄를 자복하고 버리는 자는 불쌍히 여김을 받으리라(잠 28:13).

하나님 안에 용서가 있다.

> 그러나 사유하심이 주께 있음은
> 주를 경외하게 하심이니이다(시 130:4).

밤낮의 괴로움(3-4절)은 한순간의 용서(5절)로 사라진다. "괴로움"을 겪을 것인지, 아니면 "용서"를 받을 것인지의 여부는 하나님께 고백하느냐 그렇지 않으냐에 달려 있다. 죄의 고백은 치유의 효과가 있다.

시인은 자신의 체험을 신앙 공동체와 나눈다(6절). "모든 경건한 자들" 곧 "자신의 죄를 고백하는 자들"에게는 이 "곤경의 때"가 바로 하나님을 만나는 시간이다. 이때 하나님께 기도하면 인간이 감당할 수 없는 파괴적이고 무서운 재난 곧 "홍수" 속에서도 안전할 것이다(6절). 하나님은 "홍수" 속에서도 그들의 "은신처가 되셔서" 그들을 "보호하시고" "둘러싸실 것"이다(6-7절).

3) 권면(8-10절)

> 8 내가 네 갈 길을 가르쳐 보이고
>
> 너를 주목하여 훈계하리로다.
>
> 9 너희는 무지한 말이나
>
> 노새 같이 되지 말지어다.
>
> 그것들은 재갈과 굴레로 단속하지 아니하면
>
> 너희에게 가까이 가지 아니하리로다.
>
> 10 악인에게는 많은 슬픔이 있으나
>
> 여호와를 신뢰하는 자에게는 인자하심이 두르리로다.

8-10절은 시인의 권면이다. 시인은 고난 중에 기도하면서 하나님으로
부터 받았던 말씀을 전한다. 그는 8절에서 사람이 마땅히 가야 할 길을
훈계한다. 또한 9절에서는 "말"이나 "노새"와 같이 지각이 없어 물리
적인 수단으로만 제압될 수 있는 미련한 사람이 되지 말라고 권면한다.

> 말에게는 채찍이요,
>
> 나귀에게는 재갈이요,
>
> 미련한 자의 등에는 막대기니라(잠 26:3).

죄를 고백하지 않는 악인들은 온갖 고통을 겪게 될 것이나, 죄를 고백
하며 하나님을 의지하는 자들은 그분의 인자하심(חֶסֶד, 헤세드)을 경험
할 것이다(10절).

4) 호소(11절)

> 11 너희 의인들아,
>
> 여호와를 기뻐하며 즐거워할지어다.
>
> 마음이 정직한 너희들아,
>
> 다 즐거이 외칠지어다.

11절은 야웨를 향해 찬양을 올리라는 호소다. 초대받은 대상은 "의인들"(צַדִּיקִים, 차디큄)과 "마음이 정직한 자들"(כָּל־יִשְׁרֵי־לֵב, 콜-이슈레-레브)이다. 1-2절의 "복이 있는 자들" 및 6절의 "모든 경건한 자들"(חָסִיד כָּל, 콜-하시드)이 바로 이런 사람들이다. 이들의 공통점은 예외 없이 하나님께 자신의 죄를 자백했다는 것이다. 그로 인해 그들은 기뻐하고 즐거워하며 즐거이 외칠 것이다. 오직 죄의 용서를 받은 사람들만이 이런 혜택을 누릴 수 있다.

> 7 우슬초로 나를 정결하게 하소서.
>
> 내가 정하리이다.
>
> 나의 죄를 씻어 주소서.
>
> 내가 눈보다 희리이다.
>
> 8 내게 즐겁고 기쁜 소리를 들려 주시사
>
> 주께서 꺾으신 뼈들도 즐거워하게 하소서(시 51:8).

4. 메시지

시인은 죄를 숨겼을 때 고난을 겪었으나, 하나님께 죄를 고백했을 때 죄 사함을 받아 기뻤다고 말한다. 여기서는 회개하지 않은 채 "용서받지 못한 죄인"과 회개하여 "용서받은 죄인"을 대조시키고 있다. 죄를 용서받으려면 하나님께 자신의 모든 허물을 다 털어놓아야 한다. 감추고 있는 허물을 드러내야 "가려짐"을 받을 수 있다. 감추면 "가려짐"을 받지 못한다. 오히려 "진정한 드러냄"이 있어야 "완벽한 가려짐"을 받아 자유로워질 수 있다. 이처럼 우리는 자신의 잘못을 고백해야 용서와 허물의 사함을 받을 수 있다. 아우구스티누스의 고백에 따르면 "지식의 시작은 자신이 죄인임을 아는 것이다." 하나님은 어떤 죄라도 용서하실 준비를 늘 하고 계신다.

> 자기의 죄를 숨기는 자는 형통하지 못하나
> 죄를 자복하고 버리는 자는 불쌍히 여김을 받으리라(잠 28:13).

> **8** 만일 우리가 죄가 없다고 말하면 스스로 속이고 또 진리가 우리 속에 있지 아니할 것이요, **9** 만일 우리가 우리 죄를 자백하면 그는 미쁘시고 의로우사 우리 죄를 사하시며 우리를 모든 불의에서 깨끗하게 하실 것이요(요일 1:8-9).

33편

하나님의 눈!:
"여호와는 그의 인자하심을 바라는 자를 살피사"

1. 양식

시편 33편은 "찬양시"(psalm of praise)로 분류된다. 이 시는 "창조주"(창조 신앙)이자 "역사의 주"(구속 신앙)이신 야웨 하나님을 찬양한다. 또한 이 시는 찬양시의 기본 요소인 찬양 촉구(1-3절), 찬양의 이유 및 내용 제시(4-19절), 종결 찬양(20-22절)으로 구성되어 있다.

2. 구조

   1) 1-3절: 찬양 촉구
   2) 4-19절: 찬양의 이유 및 내용 제시
       (1) 4-9절: 창조주이신 야웨
       (2) 10-12절: 역사의 주이신 야웨
       (3) 13-15절: 세계의 재판장이신 야웨
       (4) 16-19절: 유일한 보호자이신 야웨
   3) 20-22절: 종결 찬양

3. 내용

1) 찬양 촉구(1-3절)

   1 너희 의인들아,

여호와를 즐거워하라.

찬송은 정직한 자들이 마땅히 할 바로다.

2 수금으로 여호와께 감사하고

열 줄 비파로 찬송할지어다.

3 새 노래로 그를 노래하며

즐거운 소리로 아름답게 연주할지어다.

1-3절은 찬양을 촉구하는 단락이다. 시인은 "의인들과 정직한 자들"을 향해 야웨를 찬양하라고 말한다(1절). 그들은 "수금과 비파"라는 악기를 동원하여 찬송해야 한다(2절). 시편에서 악기의 이름이 등장하는 곳은 여기가 처음이다. 인류의 역사를 살펴보면 음악은 본래 종교적 배경에서 시작되었다. 또한 그들은 "새 노래"(שִׁיר חָדָשׁ, 쉬르 하다쉬)로 즐겁게 찬양해야 한다(3절). "새 노래"는 날마다 새롭게 다가오는 야웨의 창조적인 행위를 감지하고 고백하는 노래를 뜻한다(참조. 사 50:4).

2) 찬양의 이유 및 내용(4-19절)

(1) 창조주이신 야웨(4-9절)

4 여호와의 말씀은 정직하며

그가 행하시는 일은 다 진실하시도다.

5 그는 공의와 정의를 사랑하심이여,

세상에는 여호와의 인자하심이 충만하도다.

6 여호와의 말씀으로 하늘이 지음이 되었으며

그 만상을 그의 입 기운으로 이루었도다.

7 그가 바닷물을 모아 무더기같이 쌓으시며

깊은 물을 곳간에 두시도다.

8 온 땅은 여호와를 두려워하며

세상의 모든 거민들은 그를 경외할지어다.

9 그가 말씀하시매 이루어졌으며

명령하시매 견고히 섰도다.

4-19절은 찬양시의 중심이 되는 부분으로서 찬양의 "이유" 및 "내용"을 진술하고 있다. 시인은 여기서 네 가지를 찬양한다. 첫째, 4-9절은 우주의 창조주이신 야웨를 찬양한다. 특히 4-5절은 이 시의 핵심 부분이다. 사람들이 찬양을 올려야 하는 근본적인 이유는 다음과 같은 야웨의 성품 때문이다. 야웨께서는 말씀과 행동이 정직하고 진실하시며, 공의(צְדָקָה, 체다카)와 정의(מִשְׁפָּט, 미쉬파트)를 사랑하시는 분이다. 그리고 이 땅에는 그분의 인자하심(חֶסֶד, 헤세드)이 충만하다. "세상에는 여호와의 인자하심이 충만하도다"라는 선언은 이 시편의 핵심이다. 나머지 부분은 이 선언의 의미를 설명하고 있다.

야웨는 "말씀"(דָּבָר, 다바르)과 "영"("기운", רוּחַ, 루아흐)으로 우주 곧 "하늘과 만상"을 창조하셨다(6절). 하나님의 "말씀 선포"(Sprechen)는 그분의 영이 개입하심으로써 이 땅의 "현실"(Wirken)이 되었다. 하나님의 영(רוּחַ, 루아흐)은 그분의 말씀이 효력을 발휘하게 만드는 역동적인 힘이다. 이 시가 찬양하는 창조의 내용은 독특하다. 전체 시편 중 오직 이

시만 하나님의 말씀에 의한 창조를 말한다. 야웨는 "하늘"뿐만 아니라 "바다"(7절)와 "온 땅"도 창조하셨다(8절). 이처럼 야웨는 말씀과 명령으로 온 우주를 창조하셨다(9절).

(2) 역사의 주이신 야웨(10-12절)

10 여호와께서 나라들의 계획을 폐하시며

민족들의 사상을 무효하게 하시도다.

11 여호와의 계획은 영원히 서고

그의 생각은 대대에 이르리로다.

12 여호와를 자기 하나님으로 삼은 나라

곧 하나님의 기업으로 선택된 백성은 복이 있도다.

둘째, 10-12절은 역사의 주이신 야웨를 찬양한다. 세상 나라들의 계획과 민족들의 사상은 오래 지속되지 못하고 무너지지만(10절), 이 세상을 향한 야웨의 "계획"(עֵצָה, 에차)과 생각은 영원히 존속된다(11절). 12절에 언급된 "여호와를 자기 하나님으로 삼은 나라"가 복된 이유는 그 나라의 존재 이유가 일시적인 인간의 야망이 아닌 영원한 야웨의 계획과 생각에 근거하고 있기 때문이다.

(3) 세계의 재판장이신 야웨(13-15절)

13 여호와께서 하늘에서 굽어보사

모든 인생을 살피심이여,

14 곧 그가 거하시는 곳에서

세상의 모든 거민들을 굽어살피시는도다.

15 그는 그들 모두의 마음을 지으시며

그들이 하는 일을 굽어살피시는 이로다.

셋째, 13-15절은 이 세상의 재판장이신 야웨를 찬양한다. 야웨는 하늘의 보좌에서 "굽어보시고", "모든 사람을 살피시며"(הִבִּיט, 히비트, 13절), "세상의 모든 거민들을 굽어살피신다"(שָׁגַח, 샤가흐, 14절). 인간의 마음을 창조하신 야웨는 그들의 마음 안에 있는 모든 것을 헤아리신다. 그렇기 때문에 야웨는 인간이 하는 모든 일을 정확하게 아시고 올바르게 평가하심으로써(15절), 이 세상 모든 사람들의 올바른 재판장이 되신다.

(4) 유일한 보호자이신 야웨(16-19절)

16 많은 **군대**로 구원 얻은 왕이 없으며

용사가 힘이 세어도 스스로 구원하지 못하는도다.

17 구원하는 데에 **군마**는 헛되며

군대가 많다 하여도 능히 구하지 못하는도다.

18 여호와는 그를 경외하는 자

곧 그의 인자하심을 바라는 자를 살피사

19 그들의 영혼을 사망에서 건지시며

그들이 굶주릴 때에 그들을 살리시는도다.

넷째, 16-19절은 유일한 보호자가 되시는 야웨를 찬양한다. 시인은 많은 사람들이 의지하는 "군대"나 "용사" 또는 "군마"가 사실 "헛된 희망"(deceptive hope)에 불과하다고 말한다(16-17절). 즉 인간적인 힘이나 세상적인 노력에 의지하는 것은 허망한 일이다. 진정한 구원은 인간적인 힘이나 노력을 통해 오지 않기 때문이다. 18절의 "여호와는···살피사"는 히브리어 "여호와의 눈"(עֵין יְהוָה, 엔 야웨)을 풀어서 쓴 것이다.

> 보라, **여호와의 눈**으로 그를 경외하는 자들에게 있으며
> 그의 인자하심을 기다리는 자들에게 있으니(사역).

시인은 진정으로 신뢰할만한 유일한 보호 세력이 "여호와의 눈"밖에 없다고 고백한다. "여호와의 눈"은 그분을 경외하는 자 곧 "여호와의 인자하심"(חֶסֶד, 헤세드)을 기다리는 자를 향함으로써 그 사람을 눈동자와 같이 지키신다. "여호와의 눈"은 인생에서 가장 큰 고통인 "사망"과 "굶주림"을 겪는 사람도 구원하신다(19절). "여호와의 눈"은 스스로의 힘을 믿는 자들이 아닌 오직 그분의 "자비"(인자)하심에 희망을 두는 자들을 향한다.

3) 종결 찬양(20-22절)

> 20 우리 영혼이 여호와를 **바람이여**(חָכָה, 하카: wait),
> 그는 우리의 도움과 방패시로다.
> 21 우리 마음이 그를 즐거워함이여,

우리가 그의 성호를 **의지하였기**(בָּטַח, 바타흐: trust) 때문이로다.

22 여호와여,

우리가 주께 **바라는**(יָחַל, 야할: hope) 대로

주의 인자하심을 우리에게 베푸소서.

20-22절은 찬양이 종결되는 부분이다. 시인은 "도움과 방패"가 되시는 야웨를 기다리고(חָכָה, 하카) 있다(20절). 그는 야웨의 거룩한 이름을 의지(בָּטַח, 바타흐)하는 일을 즐거이 행하며(21절), 야웨의 인자하심을 간절히 희망한다(22절). 여기서 "바라는 대로"는 히브리어로 "야할"(יָחַל, hope)인데, 이는 능동적이고 적극적인 태도를 가리킨다.

4. 메시지

야웨는 온 우주의 부재지주(不在地主)가 아니라 모든 것을 "창조"하셨고 "통치"(경영)하시며 "감찰"하시는 분이다. 창조와 역사 속에서 활동하고 계신 야웨는 먼 곳에 떨어져 있는 분이 결코 아니다. 야웨는 시계(時計)를 만드시고 그것이 스스로 작동하도록 내부적인 장치를 세심하게 마련해두신 후에도 운영에 수수방관하지 않고 모든 것들이 유기적으로 잘 운행되도록 늘 살피는 명장(名匠)이시다. 야웨는 방관자가 아닌 동행자로서 지속적으로 자신의 피조물들을 살피신다. 그 결과 이 세상은 야웨의 인자하심으로 충만하다(5절). "여호와의 눈"(עֵין יְהוָה, 엔 야웨)은 이런 야웨의 인자하심을 인정하고 바라보며 희망하는 자를 찾고 또 찾는다.

34편

인간의 고통에 민감하고 늘 가까이 계시는 하나님:

"여호와는 마음이 상한 자를 가까이하시고"

1. 양식

시편 34편은 "교훈시"(an instructional psalm)로 분류된다. 이 시는 특히 고뇌의 순간으로부터 구원받은 이후 야웨 하나님께 어떻게 감사해야 할지를 가르쳐주는 교훈시다.

2. 구조

1) 1-3절: 서론적 찬양
2) 4-7절: 찬양의 이유
3) 8-10절: 하나님을 경외할 것을 촉구
4) 11-14절: 하나님을 경외하는 삶에 대한 가르침
5) 15-22절: 하나님과 의인의 관계

3. 내용

1) 서론적 찬양(1-3절)

1 내가 여호와를 항상 송축함이여,
내 입술로 항상 주를 찬양하리이다.
2 내 영혼이 여호와를 자랑하리니
곤고한 자들이 이를 듣고 기뻐하리로다.

3 나와 함께 "여호와를 광대하시다" 하며

함께 그의 이름을 높이세.

1-3절은 서론적인 찬양이다. 시인은 환경을 초월하여 항상 야웨를 송축하고 찬양한다(1절). 2절의 "여호와를 자랑하리니"는 "곤고한 자들"이 야웨의 도움으로 인해 승리를 얻었음을 인정하고 그 승리를 야웨의 은혜로 돌리는 행위를 말한다. 또한 "곤고한 자들"(עֲנָוִים, 아나빔)이 이를 듣고 기뻐하는 이유는 시인 자신이 "곤고한 자"(아니, 6절)로서 야웨가 간구를 들으시는 것을 직접 경험했기 때문이다. 시인은 야웨의 위대하심을 인정하고 공개적으로 그분을 찬양한다(3절).

2) 찬양의 이유(4-7절)

4 내가 여호와께 간구하매

내게 응답하시고

내 모든 두려움에서 나를 건지셨도다.

5 그들이 주를 앙망하고 광채를 내었으니

그들의 얼굴은 부끄럽지 아니하리로다.

6 이 곤고한 자가 부르짖으매

여호와께서 들으시고

그의 모든 환난에서 구원하셨도다.

7 여호와의 천사가 주를 경외하는 자를 둘러 진 치고

그들을 건지시는도다.

4-7절은 찬양의 이유를 언급한다. 야웨는 시인의 간구에 응답하시고 (4절), 곤고한 자들이 창피를 당하지 않게 하시며(5절), "곤고한 자"인 "시인"을 모든 고통으로부터 구원해주셨다(6절). 또한 시인은 "여호와의 천사"가 그분을 경외하는 "곤고한 자"를 둘러싸고 구원해주셨기 때문에 야웨를 찬양한다(7절). "여호와의 천사"(מַלְאַךְ־יְהוָה, 말아크 야웨)는 군사적인 이미지로서, 선택한 사람들을 보호하고 도와주시는 야웨의 능력을 가리킨다.

> 그가 너를 위하여 **그의 천사들**을 명령하사
>
> 네 모든 길에서 너를 지키게 하심이라(시 91:11; 참조. 수 5::13-15).

3) 하나님을 경외할 것을 촉구(8-10절)

> **8** 너희는 여호와의 **선하심**(토브)을 맛보아 알지어다.
>
> 그에게 피하는 자는 복이 있도다.
>
> **9** 너희 성도들아,
>
> 여호와를 경외하라.
>
> 그를 경외하는 자에게는 부족함이 없도다.
>
> **10** 젊은 사자는 궁핍하여 주릴지라도
>
> 여호와를 찾는 자는 모든 **좋은 것**(토브)에 부족함이 없으리로다.

8-10절은 시인이 성도들에게 야웨를 경외하도록 촉구하는 내용을 담고 있다. "여호와의 선하심을 맛보고 알지어다"라는 8절의 표현은 시

인 자신의 체험을 통해 야웨의 선하심(בוֹט, 토브)을 직접 깨달았다는 뜻
이다. 시인은 성도들에게 야웨를 경외하라고 권면한다(9절). 10절은 권
면의 이유를 좀 더 자세히 설명한다. "젊은 사자"(כְּפִיר, 케피르) 곧 자기
능력으로 충분히 자급자족하는 자들이 굶주리게 되는 상황에서도 야
웨를 찾는 자는 좋은 것(בוֹט, 토브)에 조금도 부족함이 없을 것이기 때
문이다(10절).

4) 하나님을 경외하는 삶에 대한 가르침(11-14절)

11 너희 자녀들아,

와서 내 말을 들으라.

내가 여호와를 경외하는 법을 너희에게 가르치리로다.

12 생명을 사모하고

연수를 사랑하여

복(토브) 받기를 원하는 사람이 누구뇨?

13 네 혀를 악에서 금하며

네 입술을 거짓말에서 금할지어다.

14 악을 버리고

선(토브)을 행하며

화평을 찾아 따를지어다.

11-14절은 야웨를 경외하는 삶에 대해 가르친다. 이 단락은 "너희 자
녀들아, 와서 내말을 들어라"(11절)라는 "교훈 개시 촉구"로 시작하여

교육적 질문으로 이어지고(12절) 권고로 끝을 맺는다(13-14절). 11절의 "여호와를 경외"(יִרְאַת יְהוָה, 이르아트 야웨)하는 것은 "주님의 실재하심"과 "주님의 역사하심"을 인식하고 인정하는 행동을 뜻한다. 이는 야웨를 두려워하는 것뿐만 아니라 인정하고 존중하며 존경하는 것을 포함한다. 야웨에 대한 이런 경외는 지식의 근본이 된다.

여호와를 경외하는 것이 지식의 근본이거늘
미련한 자는 지혜와 훈계를 멸시하느니라(잠 1:7).

"생명을 사모하고 연수를 사랑하여 복 받기를 원하는 것"은 모든 인간의 근본적인 소원이다(12절). 이를 위해서는 1) 혀를 악에서 금하고, 2) 악을 버리고 선을 행하며, 3) "샬롬"(שָׁלוֹם, "화평")을 찾아서 따라야 한다(13-14절). 이 조건들은 공동체를 위한 책임적 윤리에 속한다. 야웨를 경외하는 것은 행위와 분리되지 않는다.

나더러 "주여, 주여" 하는 자마다 다 천국에 들어갈 것이 아니요, 다만 **하늘에 계신 내 아버지의 뜻대로 행하는 자라야 들어가리라**(마 7:21).

또한 화평은 저절로 오는 것이 아니라 찾고 추구해야 하는 것이다. "찾고 추구하는" 행위에는 지속적이고 끈질긴 노력이 동반된다.

5) 하나님과 의인의 관계(15-22절)

15 여호와의 **눈**은 의인을 향하시고

그의 **귀**는 그들의 부르짖음에 기울이시는도다.

16 여호와의 **얼굴**은 악을 행하는 자를 향하사

그들의 자취를 땅에서 끊으려 하시는도다.

17 의인이 부르짖으매 여호와께서 들으시고

그들의 모든 환난에서 건지셨도다.

18 여호와는 마음이 상한 자를 가까이하시고

충심으로 통회하는 자를 구원하시는도다.

19 의인은 고난이 많으나

여호와께서 그의 모든 고난에서 건지시는도다.

20 그의 모든 뼈를 보호하심이여,

그중에서 하나도 꺾이지 아니하도다.

21 악이 악인을 죽일 것이라.

의인을 미워하는 자는 벌을 받으리로다.

22 여호와께서 그의 종들의 영혼을 속량하시나니

그에게 피하는 자는 다 벌을 받지 아니하리로다.

15-22절은 야웨와 의인이 맺는 관계의 모습을 결론적으로 진술한다. 우리말 개역개정 성경에서는 야웨의 "눈"(עֵינֵי, 에네)과 "귀"(אָזְנָיו, 오즈나브)와 "얼굴"(פְּנֵי, 페네)이 단수로 나오지만 히브리어 성경에서는 모두 복수 형태로 되어 있다. 이는 야웨께서 모든 기관들을 총동원하여

"의인의 부르짖음"과 "악인의 악행"에 대해 민감하게 반응하신다는 뜻이다(15-17절). 야웨는 고통받는 자들에게 가까이 다가가셔서 그들의 "상한 마음(לֵב, 레브)"과 "통회하는 충심" 곧 "영"(רוּחַ, 루아흐)을 살피고 구원하신다(18절).

그러나 의로운 자라고 해서 위기와 시련이 닥치지 않는 것은 아니다(19절). 야웨를 경외하며 사는 사람이라 할지라도 인생을 압도하는 환난으로부터 자유롭지 못하다. "모든" 고난을 피할 수 있는 사람은 없다. 하지만 야웨께서는 이런 환난에 빠진 의인을 반드시 건져주신다. 하나님은 의인 몸속에 있는 "뼈"까지도 구석구석 살피고 구원하신다 (20절). 하나님의 가까이하심과 구원하심은 정적인 행위나 추상적인 개입이 아닌 적극적인 개입과 직접적인 활동을 의미한다.

21절에 따르면 악인을 벌하는 주체는 하나님이 아니라 악 그 자체다. 악인이 범한 악은 부메랑처럼 되돌아와 그를 칠 것이다. 남을 해하기 위해 그물을 치고 은밀히 기다리는 자는 이처럼 자신이 친 그물에 걸려들 것이다.

그들이 가만히 엎드림은 자기의 피를 흘릴 뿐이요,
숨어 기다림은 자기의 생명을 해할 뿐이니(잠 1:18).

결국 야웨는 당신의 종들의 생명을 구속하심으로써 그들이 벌을 피할 수 있도록 도와주신다(22절).

4. 메시지

야웨 하나님은 인간의 고통에 매우 민감하시다. 그분은 인간의 외적인 고통은 물론이고 내면의 아픔과 상처 곧 "마음, 영, 뼈"까지도 치유의 손으로 어루만져주신다. 의인이라고 해서 늘 편안하고 고통이 없는 삶을 보장받는 것은 아니다. 하나님은 그들의 고통을 면제하시기보다는 그들이 고통을 견디고 감당하며 극복할 수 있도록 도우신다. 하나님의 자녀라고 상처와 아픔과 고통을 면제받는 것은 아니다. 신앙의 삶이란 문제를 해결할 수 있는 수월한 해결책을 즉각적으로 얻는 것이 아니라, 하나님이 함께하신다는 믿음을 바탕으로 문제를 끌어안고 지속적으로 노력하며 극복해나가는 것이다. 이처럼 궁극적인 구원에 대한 확고한 믿음을 가지고 포기하지 않는 삶이야 말로 신앙인의 참된 삶이 아닐까!

> 이것을 너희에게 이르는 것은 너희로 내 안에서 평안을 누리게 하려 함이라. **세상에서는 너희가 환난을 당하나 담대하라.** 내가 세상을 이기었노라(요 16:33).

35편

까닭 없이 미움받는 자의 기도:
"여호와여, 나와 싸우는 자와 싸우소서"

1. 양식

시편 35편은 "개인 탄원시"(psalm of an individual lament)에 속한다. 이 시는 거짓된 비난을 받으면서 까닭 없이 고난당하는 사람이 야웨 하나님을 향해 자신의 정당함을 입증해달라고 탄원하는 기도다. 또한 그 내용이 적대 세력에 대한 저주로 표현되기 때문에 "저주시"(imprecatory psalms)로 분류되기도 한다(저주시: 시 59, 69, 70, 109, 137, 140편).

2. 구조

1) 1-8절: 야웨 하나님을 향한 부름과 첫 번째 간구

2) 9-10절: 신뢰 고백

3) 11-16절: 첫 번째 탄원

4) 17-18절: 두 번째 간구

5) 19-21절: 두 번째 탄원

6) 22-26절: 세 번째 간구

7) 27-28절: 찬양 맹세

3. 내용

1) 야웨 하나님을 향한 부름과 첫 번째 간구(1-8절)

1 여호와여,

나와 다투는 자와 다투시고

나와 싸우는 자와 싸우소서.

2 방패와 손 방패를 잡으시고

일어나 나를 도우소서.

3 창(과 도끼)을 빼사 나를 쫓는 자의 길을 막으시고

또 내 영혼에게 "나는 네 구원이라" 이르소서.

4 내 생명을 찾는 자들이 부끄러워 수치를 당하게 하시며

나를 상해하려 하는 자들이 물러가 낭패를 당하게 하소서.

5 그들을 바람 앞에 겨와 같게 하시고

여호와의 천사가 그들을 몰아내게 하소서.

6 그들의 길을 어둡고 미끄럽게 하시며

여호와의 천사가 그들을 뒤쫓게 하소서.

7 그들이 까닭 없이 나를 잡으려고

그들의 그물을 웅덩이에 숨기며

까닭 없이 내 생명을 해하려고

함정을 팠사오니

8 멸망이 순식간에 그에게 닥치게 하시며

그가 숨긴 그물에 자기가 잡히게 하시며

멸망 중에 떨어지게 하소서.

1-3절에서 시인은 야웨 하나님을 부르고 난 후 곧바로 구체적인 간구의 내용을 말한다. 시인은 야웨께 자신과 다투는 자들을 직접 대면해 달라고 요청한다(1절). 그는 군사적인 용어를 동원하여 야웨의 개입을 요청한다. 2절의 "방패(מָגֵן, 마겐)와 손 방패(הַצִּנָּה, 치나)"는 방어 무기고, 3절의 "창"(חֲנִית, 하니트)과 "도끼"(סְגֹר, 이 단어는 우리말 개역개정 성경에서는 생략됨)는 공격 무기다. 시인은 하나님이 친히 이런 무기로 무장하시고 자신의 적들을 상대로 싸워주심으로써 "나는 네 구원이다"라는 승리의 확신을 주시기를 간절히 원한다.

이어지는 4-8절에서 시인은 원수들을 처벌해달라고 노골적으로 요구한다. 4절은 "동태복수법"의 정의에 따른 간구다. 야웨께서 전쟁에 개입하시는 목적은 동태복수법("네 눈이 긍휼히 여기지 말라. 생명에는 생명으로, 눈에는 눈으로, 이에는 이로, 손에는 손으로, 발에는 발로이니라", 신 19:21)에 의한 "정의를 실행"하시기 위해서다.[1] 5-6절에서 "여호와의 천사"(מַלְאַךְ יְהוָה, 말아크 야웨)는 야웨의 백성을 보호하는 역할을 대행한다.

---

[1] "동태복수법"(同態復讐法) 또는 "동해보복법"(同害報復法)은 피해자가 입은 피해와 같은 정도의 손해를 가해자에게 가한다는 "보복의 법칙"으로서 "탈리오 법"(lex talionis)이라고 한다. 이는 응보(應報) 원칙의 가장 소박한 형태며 원시 미개 사회 규범에서 볼 수 있는 정의 관념의 원시적 표현인데, 무제한 복수를 허용하는 단계에서 시작하여 동해보복의 정도까지만 보복을 제한하고 권력적 질서 아래에 두는 상태까지 온 것은 큰 진보라고 할 수 있다.

여호와의 천사가 주를 경외하는 자를 둘러 진 치고

그들을 건지시는도다(시 34:7).

7절은 탄원의 한 부분을 보여준다. 이 구절은 11-16절에서 상술된다. 원수들이 "까닭 없이" 즉 "정당한 이유 없이" 시인을 죽이려고 함정을 파자, 시인은 그물을 숨긴 자가 그 그물에 빠지게 해달라고 간구한다(8절). 이 시편 역시 "부메랑 효과"를 언급하고 있다.

이방 나라들은 **자기가 판 웅덩이에 빠짐이여,**

자기가 숨긴 그물에 자기 발이 걸렸도다(시 9:15).

악이 악인을 죽일 것이라.

의인을 미워하는 자는 벌을 받으리로다(시 34:21).

2) 신뢰 고백(9-10절)

9 내 영혼이 여호와를 즐거워함이여,

그의 구원을 기뻐하리로다.

10 내 모든 뼈가 이르기를

"여호와와 같은 이가 누구냐.

그는 가난한 자를 그보다 강한 자에게서 건지시고

가난하고 궁핍한 자를 노략하는 자에게서 건지시는 이라" 하리로다.

9-10절은 시인의 신뢰 고백을 보여준다. 시인의 "영혼"(נֶפֶשׁ, 네페쉬)은 야웨 안에서 즐거워하고 그분의 구원을 기뻐한다. 10절의 "여호와와 같은 이가 누구냐"(יְהוָה מִי כָמוֹךָ, 야웨 미 카모카)는 "당신(여호와)과 같은 이는 없다"는 의미다. 시인은 "자신의 몸 전체" 곧 "모든 뼈들"을 통해 야웨가 다른 신들과는 달리 가난하고 궁핍한 자의 하나님이 되시고 약한 자들을 강한 자들의 억압에서 건지시는 분이심을 확신하며 고백한다.

3) 첫 번째 탄원(11-16절)

11 불의한 증인들이 일어나서

내가 알지 못하는 일로 내게 질문하며

12 내게 선을 악으로 갚아

나의 영혼을 외롭게 하나

13 나는 그들이 병들었을 때에

굵은 베 옷을 입으며

금식하여 내 영혼을 괴롭게 하였더니

내 기도가 내 품으로 돌아왔도다.

14 내가 나의 친구와 형제에게 행함 같이

그들에게 행하였으며

내가 몸을 굽히고 슬퍼하기를

어머니를 곡함 같이 하였도다.

15 그러나 내가 넘어지매

그들이 기뻐하여 서로 모임이여,

불량배가 내가 알지 못하는 중에 모여서

나를 치며 찢기를 마지아니하도다.

16 그들은 연회에서 망령되이 조롱하는 자 같이

나를 향하여 그들의 이를 갈도다.

시편 35편에는 탄원과 간구가 번갈아 등장한다. 11-16절은 7절의 탄원 부분을 상세히 기술하는데, 여기서 시인의 첫 번째 탄원이 나온다. 시인은 "불의한 증인들" 즉 위증자(僞證者)들의 좋은 먹잇감이 되었다 (11절). 그들은 한때 시인의 은혜를 입은 사람들이다(13-14절). 시인이 그들에게 보여주었던 가족 같은 끈끈한 연대는 배은망덕의 결과로 되돌아왔다(12절). 결국 그들을 위한 시인의 중보기도의 효력이 정지되었고, 그 기도가 시인 자신에게로 되돌아왔다.

> 12 또 그 집에 들어가면서 평안하기를 빌라. 13 그 집이 이에 합당하면 너희 빈 평안이 거기 임할 것이요, 만일 합당하지 아니하면 그 평안이 너희에게 돌아올 것이니라(마 10:12-13).

시인이 질병을 겪고 곤경에 처하자("넘어지매") 그들은 이를 즐기고 (Schadenfreude: 다른 사람의 불행을 은근히 즐기는 것, 혹은 고소하다고 여기는 마음) 조롱하기까지 한다(15-16절). 이 단락에서 "시인의 동정심"(13-14절)과 "원수들의 배은망덕"(15-16절)이 극명한 대조를 이룬다. 시인의 탄원은 "위증자들"을 향한 고발이 된다. 고발이 기도 속에서 고개를 쳐든다. 이처럼 "기도"는 곧 "고발"이 될 수도 있다.

4) 두 번째 간구(17-18절)

17 주여,

어느 때까지 관망하시려 하나이까?

내 영혼을 저 멸망자에게서 구원하시며

내 유일한 것을 사자들에게서 건지소서.

18 내가 대회 중에서 주께 감사하며

많은 백성 중에서 주를 찬송하리이다.

17-18절은 시인의 두 번째 간구다. 시인은 관망만 하고 개입하지 않으시는 야웨께 속히 역사해달라고 촉구한다(17절). 18절의 "대회" 즉 "큰 공동체"와 "많은 백성"은 예배의 모임을 가리키는 것으로 보인다. 시인은 하나님을 찬양하기 위해 성소에 모인 그분의 백성들 속에서 자신을 구원해주신 하나님을 찬양할 수 있기를 간구한다. 신앙 공동체의 한 사람이 구원받은 소식은 다른 이에게도 기쁨의 요인이 된다.

3 여호와여,

주께서 내 영혼을 스올에서 끌어내어 나를 살리사

무덤으로 내려가지 아니하게 하셨나이다.

4 주의 성도들아,

여호와를 찬송하며

그의 거룩함을 기억하며 감사하라(시 30:3-4).

5) 두 번째 탄원(19-21절)

19 부당하게 나의 원수 된 자가

나로 말미암아 기뻐하지 못하게 하시며

까닭 없이 나를 미워하는 자들이

서로 눈짓하지 못하게 하소서.

20 무릇 그들은 화평을 말하지 아니하고

오히려 평안히 땅에 사는 자들을 거짓말로 모략하며

21 또 그들이 나를 향하여 입을 크게 벌리고

"하하 우리가 목격하였다" 하나이다.

19-21절은 시인의 두 번째 탄원이다. 여기서 시인은 자신의 억울함을 토로한다. 19절의 "서로 눈짓하다"(יִקְרְצוּ־עָיִן, 이크레추-아인)는 원수들이 뭔가 악한 일을 은밀하게 계획하고 있음을 묘사한다.

눈짓을 하는 자는 패역한 일을 도모하며

입술을 닫는 자는 악한 일을 이루느니라(잠 16:30).

20절의 "평안히 땅에 사는 자들"(רִגְעֵי־אָרֶץ, 리그에-에레츠)은 구약성경에 딱 한 번 나오는 표현(Hapaxlegomenon)으로서, "주님의 백성"을 가리키는 시적 표현이다. 21절의 "그들"은 11절의 "불의한 증인들"을 가리키며, 그들의 위증 행태가 이 구절에서 폭로된다.

6) 세 번째 간구(22-26절)

22 **여호와**(יְהוָה, 야웨)여,
주께서 이를 보셨사오니
잠잠하지 마옵소서.
주(אֲדֹנָי, 아돈)여,
나를 멀리하지 마옵소서.
23 나의 **하나님**(אֱלֹהִים, 엘로힘),
나의 **주**(אֲדֹנָי, 아돈)여,
떨치고 깨셔서 나를 공판하시며
나의 송사를 다스리소서.
24 **여호와**(יְהוָה, 야웨) 나의 **하나님**(אֱלֹהִים, 엘로힘)이여,
주의 공의대로 나를 판단하사
그들이 나로 말미암아 기뻐하지 못하게 하소서.
25 그들이 마음속으로 이르기를
"아하! 소원을 성취하였다" 하지 못하게 하시며
"우리가 그를 삼켰다" 말하지 못하게 하소서.
26 나의 재난을 기뻐하는 자들이
함께 부끄러워 낭패를 당하게 하시며
나를 향하여 스스로 뽐내는 자들이
수치와 욕을 당하게 하소서.

22-26절은 시인의 세 번째 간구다. 시인은 22-24절에서 야웨를 여섯 번이나 부른다. 이때 야웨를 부르는 호칭 곧 "여호와"(יְהוָה, 야웨), "주"(אֲדֹנָי, 아돈), "하나님"(אֱלֹהִים, 엘로힘)이라는 세 종류의 표현이 각각 두 번씩 등장한다. 이를 통해 시인은 야웨의 개입을 간구하고 재촉한다. 그는 24절에서 "주의 공의대로"(כְּצִדְקֶךָ, 케치드케카) 자신의 송사를 올바르게 판단해달라고 간구한다. 시인은 그 결과 악인들의 숨은 계획이 수포로 돌아가고(25절) 그들이 수치와 부끄러움을 당하게 되기를 바란다(26절).

7) 찬양 맹세(27-28절)

> **27** 나의 의를 즐거워하는 자들이
> 기꺼이 노래 부르고 즐거워하게 하시며
> "그의 종의 평안함을 기뻐하시는 여호와는 위대하시다" 하는 말을
> 그들이 항상 말하게 하소서.
> **28** 나의 혀가 주의 의를 말하며
> 종일토록 주를 찬송하리이다.

27-28절에서 시인은 찬양의 형식으로 야웨에 대한 믿음을 맹세한다. 시인은 자신의 의로움 곧 "나의 의"(צִדְקִי, 치드키)를 기뻐하는 사람들의 입에서 "그의 종의 평안함을 기뻐하시는 여호와는 위대하시다"라는 찬양이 항상 울리기를 간구한다(27절). 시인은 불의한 증인들로부터 자신을 구해주신 야웨의 의로움 곧 "주(당신)의 의"(צִדְקֶךָ, 치드케카)를 온종

시인의 영성 1

일 찬양하겠다고 맹세한다(28절).

4. 메시지

세상에서 평화롭게 살고자 하는 사람들이 이유 없는 미움과 거짓 비난을 받을 때, 직접 비방하는 상대와 맞서 싸우는 것만이 상책(上策)은 아니다. 신앙인이라면 야웨의 보호하심을 굳게 믿고 그분께 자신의 정당함을 입증해달라고 기도할 수도 있다. 이 기도는 자신의 억울함을 호소하는 것이다. 이런 호소는 적대 세력에 대한 저주로 표현될 수도 있다. 저주의 기도는 신자들에게 보장된 일종의 "언론의 자유"에 속한다. 이는 단순히 개인의 복수를 다짐하거나 원수의 저주를 비는 기도가 아니다. 이런 기도는 기도하는 사람이 무죄를 공적으로 입증받거나 거짓 증언이라는 위기에서 구원받을 수 있도록 돕는 통로가 된다. 의인이 구원받을 때 악인은 수치와 욕을 당한다.

36편

결국 빛이 어두움을 이긴다:

"주의 빛 안에서 우리가 빛을 보리이다"

1. 양식

시편 36편은 "개인 탄원시"(psalm of an individual lament)다. 이 시는 악인에 대해 진술하면서 내심(內心)으로는 탄원을 하고(1-4절), 동시에 야웨를 찬양하면서 그분께 대한 신뢰를 표현한다(5-9절). 그런 후 간구로 끝을 맺는다(10-12절). 이는 탄원시의 패턴과 유사하다.

2. 구조

  1) 1-4절: 악인과 그의 행태에 대한 묘사(탄원)
  2) 5-9절: 야웨 하나님을 향한 찬양(신뢰 고백)
  3) 10-12절: 간구

3. 내용

1) 악인과 그의 행태에 대한 묘사(탄원)(1-4절)

  1 악인의 죄가 그의 마음속으로 이르기를
  "그의 눈에는 하나님을 두려워하는 빛이 없다" 하니
  2 그가 스스로 자랑하기를
  "자기의 죄악은 드러나지 아니하고
  미워함을 받지도 아니하리라" 함이로다.

³ 그의 입에서 나오는 말은 죄악과 속임이라.

그는 지혜와 선행을 그쳤도다.

⁴ 그는 그의 침상에서 죄악을 꾀하며

스스로 악한 길에 서고 악을 거절하지 아니하는도다.

1-4절은 악인의 "속마음", "말", "행동"을 묘사한다. 먼저 1절에서 시인은 죄를 의인화함으로써 악인의 심중을 드러낸다. "악인의 눈에는 하나님을 두려워하는 빛이 없다." 즉 악인 안에는 하나님을 두려워하는 공간이 없다(아우구스티누스). 악인은 하나님을 무서워하거나 두려워하는 마음이 없기 때문에 결국 자기 숭배에 눈이 멀고 만다. 악인의 관심은 자신의 자아와 기만적인 자유 의지에 집중되어 있다. 자신이 삶의 중심이자 기준이다.

그는 자기 자신을 도덕의 기준으로 삼고 있으므로 자신의 죄를 깨닫거나 미워할 수 없다(2절). 한마디로 그는 죄에 대해 무감각하고 무지하다. 그래서 죄의식이 전혀 없다. 게다가 그의 입에서 나오는 죄악과 속임은 공동체 전체를 해친다. 당연히 그의 지혜와 선행은 멈춘 상태다(3절). 4절에서는 악인의 악행이 드러난다. 악인은 밤에 침상에서 하루를 반성하며 하나님의 선하심을 회고하기는커녕("내가 나의 침상에서 주를 기억하며 새벽에 주의 말씀을 작은 소리로 읊조릴 때에 하오리니", 시 63:6), 아침에 행할 새로운 악을 궁리한다.

그들이 침상에서 죄를 꾀하며 악을 꾸미고

날이 밝으면 그 손에 힘이 있으므로

그것을 행하는 자는 화 있을진저(미 2:1).

악인의 이런 모습은 하나님의 가르침을 밤낮으로 되새기는 의인의 모습과 대조를 이룬다.

> 오직 여호와의 율법을 즐거워하여
> 그의 율법을 주야로 묵상하는도다(시 1:2).

2) 야웨 하나님을 향한 찬양(신뢰 고백)(5-9절)

> 5 여호와여,
> 주의 인자하심이 하늘에 있고
> 주의 진실하심이 공중에 사무쳤으며
> 6 주의 의는 하나님의 산들과 같고
> 주의 심판은 큰 바다와 같으니이다.
> 여호와여,
> 주는 사람과 짐승을 구하여 주시나이다.
> 7 하나님이여,
> 주의 인자하심이 어찌 그리 보배로우신지요.
> 사람들이 주의 날개 그늘 아래에 피하나이다.
> 8 그들이 주의 집에 있는 살진 것으로 풍족할 것이라.
> 주께서 주의 복락의 강물을 마시게 하시리이다.
> 9 진실로 생명의 원천이 주께 있사오니

주의 빛 안에서 우리가 빛을 보리이다.

5-9절은 야웨 하나님의 성품을 찬양한다. 이 단락에서는 악한 자들의
속성과 야웨의 성품이 서로 대조된다. 5절의 "주의 인자하심"(חֶסֶד, 헤
세드)과 "주의 진실하심"(אֱמוּנָה, 에무나)은 하나님의 핵심적인 속성이다.
"하늘"과 "공중"은 경계나 한계가 없다는 암시다. 시인은 이런 표현을
통해 온 땅에 하나님의 인자하심과 진실하심이 가득하다는 사실을 드
러낸다(시 33:5; 57:10; 119:64).

6절의 "하나님의 산들"은 높이를, "큰 바다"는 깊이를 강조한다.
이를 고려하면 이 구절은 "주님의 의"(צְדָקָה, 체다카)와 "주님의 심
판"(מִשְׁפָּט, 미쉬파트)이 헤아릴 수 없을 만큼 방대하다는 뜻으로 해석
된다. 여기서 "사람과 짐승"은 이 땅에 존재하는 모든 생명체를 지칭
한다.

> 그가 **가축을 위한 풀**과 **사람을 위한 채소**를 자라게 하시며
>
> 땅에서 먹을 것이 나게 하셔서(시 104:14).

> 그가 애굽의 처음 난 자를 **사람부터 짐승까지** 치셨도다(시 135:8)

이는 양극단 즉 예를 들면 "사람"과 "짐승"을 함께 언급함으로써 생명
을 가진 모든 존재들을 지칭하는 것으로서 "메리즘(Merism) 표현법"
이라고 한다. 이와 비슷하게 창세기 1:1의 "하늘과 땅"도 우주 전체를
가리킴으로써 하나님이 이 땅의 모든 생명체를 보살피고 구원하신다

는 의미를 전달한다.

5-6절은 하나님의 위대하심을 찬양하고, 7-9절은 하나님께 대한 신뢰를 노래한다. 7절의 "주의 날개"(כְּנָפֶיךָ, 케나페카)는 날개 아래 병아리들을 품은 암탉을 연상케 함으로써 확실하고 안전한 보호를 상징하는 표현이다(시 17:8; 57:1; 출 19:4; 신 32:11; 룻 2:12).

> 예루살렘아, 예루살렘아, 선지자들을 죽이고 네게 파송된 자들을 돌로 치는 자여, **암탉이 그 새끼를 날개 아래에 모음 같이 내가 네 자녀를 모으려한 일이 몇 번이더냐?** 그러나 너희가 원하지 아니하였도다(마 23:37).

보호와 피신처의 근원에는 하나님의 인자하심이 있다.

8절은 풍성하게 차려진 성소의 제사 식탁에서 배불리 먹고 마시는 것을 암시한다. 성소는 하나님의 인자하심이 직접적으로 체험되는 장소다.

9절의 "주의 빛"은 "당신의 얼굴빛"(시 4:6)이라는 표현의 생략형일 것이다.

> 즐거운 소리칠 줄 아는 백성은 복이 있나니
> 여호와여, 그들이 **주의 얼굴 빛** 안에서 다니리로다(시 89:15).

하나님의 빛 안에서 우리는 빛을 본다(in your light we see light). 여기서 빛은 하나님의 "은혜"와 "구원"이라는 두 가지 의미를 갖는다. 우리는 "주님의 은혜"(주의 빛)로 인해 "주님의 구원"(어두움의 시간과 반대되는 빛)을 경험한다. 하나님은 "피난처"(7절), "양식"(8a절), "마실 것"(8b절)을 제공해주심으로써 생명의 원천이 되신다(9절).

3) 간구(10-12절)

> 10 주를 아는 자들에게
> 주의 인자하심을 계속 베푸시며
> 마음이 정직한 자에게
> 주의 공의를 베푸소서.
> 11 교만한 자의 발이
> 내게 이르지 못하게 하시며
> 악인들의 손이
> 나를 쫓아내지 못하게 하소서.
> 12 악을 행하는 자들이
> 거기서 넘어졌으니
> 엎드러지고 다시 일어날 수 없으리이다.

10-12절은 시인의 간구다. 10절의 "마음이 정직한 자"는 "마음 가운데 죄악이 자리 잡고 있는 악한 자"(1절)와 대비된다. 하나님을 알고 정직한 마음으로 그분을 믿는 자들은 악한 자들의 힘이 아닌 하나님의 인자하심이 자신들의 현재와 미래를 인도하는 동력이 되기를 간구한다. 사실 하나님의 인자하심은 간구의 등뼈이자 찬양의 요체(要諦)다.

11절은 악인으로부터의 구원을, 12절은 악인에 대한 심판을 말한다. 이 시는 시인의 "이중 간구"(double wish)로 끝난다. 11절에서 시인은 악인들의 강력한 영향력에서 벗어나 하나님의 날개 아래서 보존받기를 간구한다. 12절은 완료형을 사용하여 악인에 대한 심판이 이미 발생한 것처럼 표현하고 있다. 시인은 이런 "확신의 완료형"(perfect of confidence)을 사용함으로써 자신이 악인에 대한 심판을 확신하고 있음을 나타낸다.

4. 메시지

이 시는 사악한 자의 길과 하나님의 인자하심을 대조한다. 이를 통해 악의 상대는 사람이 아니라 하나님임을 밝힌다. 이 시는 하나님의 "빛"(은혜) 안에서 세상의 "빛"(אוֹר, 오르, "구원")을 본 자들과 하나님의 계시를 통해 그분의 인자하심을 깨달은 자들의 기도다. 위험을 통해 드러나는 악한 자들의 속성을 직면하며 드리는 이 기도는 "인간의 실존" 곧 "생명의 원천"이 결국 하나님의 은혜 속에 있다는 사실을 재차 확인시켜준다. 어둠은 빛을 가리지 못한다. 어둠은 빛을 이길 수 없다. 빛은 짙은 어둠 속에서 더욱 빛을 발한다. 빛이 어두움을 이긴다.

37편

악인의 일시적인 형통을
부러워하지 말라:

"잠시 후에는 악인이 없어지리니"

1. 양식

시편 37편은 "지혜시"(psalm of wisdom) 혹은 "교훈시"(an instructional psalm)라고 할 수 있다. 이 시는 교훈적인 통찰을 제공하는 지혜의 말씀들로 구성되어 있으며 일종의 잠언 수집물과 유사하다.

2. 구조

1) 1-11절: 악인의 형통으로 인한 의인의 불평
2) 12-20절: 악인의 공격으로부터 보호받는 의인
3) 21-29절: 영원히 보호받는 의인
4) 30-40절: "의인의 궁극적 미래"와 "악인의 궁극적 미래"

3. 내용

1) 악인의 형통으로 인한 의인의 불평(1-11절)

¹ 악을 행하는 자들 때문에 불평하지 말며
불의를 행하는 자들을 시기하지 말지어다.
² 그들은 풀과 같이 속히 베임을 당할 것이며
푸른 채소 같이 쇠잔할 것임이로다.
³ 여호와를 의뢰하고 선을 행하라.

땅에 머무는 동안 그의 성실을 먹을거리로 삼을지어다.

4 또 여호와를 기뻐하라.

그가 네 마음의 소원을 네게 이루어주시리로다.

5 네 길을 여호와께 맡기라.

그를 의지하면 그가 이루시고

6 네 의를 빛 같이 나타내시며

네 공의를 정오의 빛 같이 하시리로다.

7 여호와 앞에 잠잠하고 참고 기다리라.

자기 길이 형통하며

악한 꾀를 이루는 자 때문에 불평하지 말지어다.

8 분을 그치고

노를 버리며

불평하지 말라.

오히려 악을 만들 뿐이라.

9 진실로 악을 행하는 자들은 끊어질 것이나

여호와를 소망하는 자들은 땅을 차지하리로다.

10 잠시 후에는 악인이 없어지리니

네가 그 곳을 자세히 살필지라도 없으리로다.

11 그러나 온유한 자들은 땅을 차지하며

풍성한 화평으로 즐거워하리로다.

1-11절에서 시인은 악인의 형통으로 인해 의인들의 삶이 흔들리는 문제를 제기하면서 악인의 형통함을 불평하거나 시기하지 말라고 권고

한다(1절). 악인들은 결국 풀과 같이 베임을 당하고 채소같이 시들 것이기 때문이다(2절). 시인은 불평하거나 시기하는 대신 야웨를 의지하고 선을 행하면서 땅에서 성실하게 살라고 권면한다(3절). "여호와로 인하여" 혹은 "여호와 안에서" 기뻐하는 삶을 살면 하나님이 마음의 소원을 이루어주실 것이다(4절). 또한 자신의 인생길을 야웨께 맡기고 의지하면 그분께서 그 일을 맡아서 행하실 것이다(5절). 그리하면 자신의 "의"(체데크)와 "공의"(미쉬파트)가 만천하에 공개될 것이다(6절). 따라서 야웨 앞에서 잠잠히 기도하면서 인내심을 가지고 그분의 적합한 때를 기다리라고 가르친다(7a절). 악인의 형통함을 불평하는 것은 부질없는 일이다(7b절).

8절에 언급된 "분"(אַף, 아프)과 "노"(חֵמָה, 헤마)는 모든 악의 원천이다. 또한 이것은 악에 대한 분노가 아니라 잘나가는 악인의 편인 것처럼 보이는 하나님을 향한 분노다. 그러나 우리는 하나님을 향한 분과 노여움을 그쳐야 한다. 형통한 것처럼 보이는 악인은 결국 생존의 터전인 땅으로부터 끊어지고 야웨를 소망하는 자들이 땅을 차지할 것이기 때문이다(9절). 악인들은 "잠시 후에" 곧 "어느 사이에" 사라지지만(10절), 온유한 자들은 땅을 차지하고 풍성한 샬롬을 누릴 것이다(11절). 이 시편에서 여섯 번에 걸쳐 언급되는 "땅"(אֶרֶץ, 에레츠)은 야웨가 주신 축복 중 최고의 축복을 상징한다(3, 9, 11, 22, 29, 34절). 땅은 우리의 생존에 절대적인 양식과 공간을 제공하기 때문이다.

2) 악인의 공격으로부터 보호 받는 의인(12-20절)

12 악인이 의인 치기를 꾀하고

그를 향하여 그의 이를 가는도다.

13 그러나 주께서 그를 비웃으시리니

그의 날이 다가옴을 보심이로다.

14 악인이 칼을 빼고 활을 당겨

가난하고 궁핍한 자를 엎드러뜨리며

행위가 정직한 자를 죽이고자 하나

15 그들의 칼은 오히려 그들의 양심을 찌르고

그들의 활은 부러지리로다.

16 의인의 적은 소유가

악인의 풍부함보다 낫도다.

17 악인의 팔은 부러지나

의인은 여호와께서 붙드시는도다.

18 여호와께서 온전한 자의 날을 아시나니

그들의 기업은 영원하리로다.

19 그들은 환난 때에 부끄러움을 당하지 아니하며

기근의 날에도 풍족할 것이나

20 악인들은 멸망하고

여호와의 원수들은 어린 양의 기름 같이 타서

연기가 되어 없어지리로다.

12-20절은 야웨께서 악인의 공격을 받는 의인을 보호하시는 모습을 보여준다. 악인은 의인을 억압한다(12절). 그러나 이들의 멸망의 날을 아시는 하나님은 이들을 비웃고 계신다(13절). 악인의 번영과 형통은 알고 보면 가난하고 궁핍한 의인들을 짓밟고 착취한 결과다(14절). 이런 죄인들에게는 곧 하나님의 부메랑과 같은 심판이 임할 것이다(15절). 악인이 받는 심판은 자업자득(自業自得)이다. 시인은 "의인의 적은 소유가 악인의 풍부함보다 낫다"(16절)고 말한다. 부(富)가 삶을 행복하게 하는 요인이 될 수도 있지만, 모든 행복한 삶이 부(富) 위에서만 세워지는 것은 아니다. 부정한 악인의 부(富)는 사람에게 진정한 기쁨을 가져다줄 수 없다.

> 가산이 적어도 여호와를 경외하는 것이
> 크게 부하고 번뇌하는 것보다 나으니라(잠 15:16).

> 적은 소득이 공의를 겸하면
> 많은 소득이 불의를 겸한 것보다 나으니라(잠 16:8).

결국 악인의 팔은 부러진다(17a절). 여기서 "악인의 팔들"은 악인들이 부를 축적하기 위해 취하는 부지런함과 무자비함 혹은 무분별함을 가리키는 은유다. 오늘날 사용되는 "팔꿈치 사회"(Ellbogengesellschaft: 자신의 힘으로 다른 사람을 밀어젖히고 나가야 하는 사회, 경쟁 사회)라는 표현과 유사하다. 하지만 야웨는 의인들을 영원히 붙들어주신다(17b-19절). 가난하고 궁핍한 의인을 억압하는 자들은 "여호와의 원수들"로 간주되어

(20절) 멸망을 당하고 흔적도 없이 사라진다.

3) 영원히 보호받는 의인(21-29절)

21 악인은 꾸고 갚지 아니하나

의인은 은혜를 베풀고 주는도다.

22 주의 복을 받은 자들은 땅을 차지하고

주의 저주를 받은 자들은 끊어지리로다.

23 여호와께서 사람의 걸음을 정하시고

그의 길을 기뻐하시나니

24 그는 넘어지나 아주 엎드러지지 아니함은

여호와께서 그의 손으로 붙드심이로다.

25 내가 어려서부터 늙기까지 의인이 버림을 당하거나

그의 자손이 걸식함을 보지 못하였도다.

26 그는 종일토록 은혜를 베풀고 꾸어 주니

그의 자손이 복을 받는도다.

27 악에서 떠나 선을 행하라.

그리하면 영원히 살리니

28 여호와께서 정의를 사랑하시고

그의 성도를 버리지 아니하심이로다.

그들은 영원히 보호를 받으나

악인의 자손은 끊어지리로다.

29 의인이 땅을 차지함이여,

거기서 영원히 살리로다.

21-29절은 악인을 내치시고 의인을 영원히 보호하시는 야웨의 모습을 상세히 진술한다. 위기가 올 때 악인들은 무일푼이 되지만, 의인들은 궁핍한 자를 도와줄 수 있는 입장으로 바뀐다(21절). 그야말로 서로의 위치가 역전되는 것이다. 악인은 하나님의 심판을 받은 결과로 부(富)를 송두리째 상실하는 반면, 의인은 하나님의 은혜를 입어 삶의 터전인 땅을 차지하게 된다(22절). 야웨는 의인의 걸음과 길을 기뻐하신다(23절). 물론 의인일지라도 야웨와 함께 걷는 인생길에서 넘어질 때가 있다(24절). 그러나 야웨께서 의로우신 팔로 그를 붙들어주시기 때문에, 넘어지더라도 완전히 고꾸라지지 않는다. 이처럼 의로운 자는 고난을 겪더라도 야웨로부터 "영원히" 버림받지 않는다.

> 대저 **의인은 일곱 번 넘어질지라도 다시 일어나려니와**
> 악인은 재앙으로 말미암아 엎드러지느니라(잠 24:16).

> 나의 대적이여,
> 나로 말미암아 기뻐하지 말지어다.
> **나는 엎드러질지라도 일어날 것이요,**
> **어두운 데에 앉을지라도 여호와께서 나의 빛이 되실 것임이로다**(미 7:8).

인생을 오래 살아본 시인은 자신의 체험을 소개한다.

내가 어려서부터 늙기까지 의인이 버림을 당하거나

그의 자손이 걸식함을 보지 못하였도다(시 37:25).

그리고 시인은 "의인은 늘 베풀고 그의 자손은 복을 받는다"고 확신한다(26절). 이 시는 "악인의 형통은 순간이지만 의인의 형통은 영원하다"는 사실을 가르쳐준다(27-29절).

4) "의인의 궁극적 미래"와 "악인의 궁극적 미래"(30-40절)

> 30 의인의 입은 지혜로우며
>
> 그의 혀는 정의를 말하며
>
> 31 그의 마음에는 하나님의 법이 있으니
>
> 그의 걸음은 실족함이 없으리로다.
>
> 32 악인이 의인을 엿보아
>
> 살해할 기회를 찾으나
>
> 33 여호와는 그를 악인의 손에 버려두지 아니하시고
>
> 재판 때에도 정죄하지 아니하시리로다.
>
> 34 여호와를 바라고
>
> 그의 도를 지키라.
>
> 그리하면 [그가 너를 높여서] 네가 땅을 차지하게 하실 것이라.
>
> 악인이 끊어질 때에 네가 똑똑히 보리로다.
>
> 35 내가 악인의 큰 세력을 본즉
>
> 그 본래의 땅에 서 있는 나무 잎이 무성함과 같으나

36 내가 지나갈 때에 그는 없어졌나니

내가 찾아도 발견하지 못하였도다.

37 온전한 사람을 살피고 정직한 자를 볼지어다.

모든 화평한 자의 미래는 평안이로다.

38 범죄자들은 함께 멸망하리니

악인의 미래는 끊어질 것이나

39 의인들의 구원은 여호와로부터 오나니

그는 환난 때에 그들의 요새이시로다.

40 여호와께서 그들을 도와 건지시되

악인들에게서 건져 구원하심은 그를 의지한 까닭이로다.

30-40절은 의인의 미래와 악인의 미래를 대조적으로 묘사한다. 의인은 지혜를 읊조리고 정의를 말하며 야웨의 "법/가르침"(תּוֹרָה, 토라)을 주야로 묵상하기 때문에 흔들리지 않고 인생길을 걷는다(30-31절). 야웨는 악인이 파놓은 함정으로부터 의인을 지키신다(32-33절). 야웨를 기다리면서 그분의 길을 따랐던 의인은 높임을 받지만("그가 너를 높여서"가 우리말 성경에서는 생략됨), 악인은 뿌리째 뽑혀 아래로 곤두박질친다(34절). 한때 맹위를 떨치며 번성했던 악인들은 몰락하여 흔적도 없이 사라질 것이다(35-36절).

또한 의인에게는 영광스러운 "미래"가 기다리고 있지만(37절), 악인에게는 "미래"가 없다(38절). 미래는 오로지 평화의 사람에게 속한 것이다. 여기서 "미래"로 번역된 히브리어 "아하리트"(אַחֲרִית)는 "모든 것의 궁극적 상태"를 의미한다. 즉 의인의 궁극적 상태는 "평안"(샬롬)

이지만 악인의 궁극적 상태는 "멸망"이다. 마지막으로 시인은 의인들이 악인으로부터 구원받고 궁극적으로 승리할 것이라고 확신한다. 의인들의 구원은 오직 야웨로부터 온다(39절). 야웨는 당신을 피난처로 삼고 "의지한" 이들을 책임지시고 반드시 구원하신다(40절).

4. 메시지

악인의 일시적인 형통함은 의인의 시야를 흐리게 만든다. 그러나 "지금" 혹은 "한순간" 보이는 악인들의 외형적 모습은 참모습이 아니다. "앞으로 닥칠 미래" 즉 그들의 "마지막 모습"(아하리트)이 그들 인생에 대한 참된 평가다. 인생의 진정한 결과는 "중간 평가"가 아닌 "최종 평가"(아하리트)로 결정된다. 시인은 악인이 형통하고 경건한 자가 고난받는 현실을 보면서 악인을 부러워하거나 질투하려는 유혹에 빠지지말고 자신의 모든 길을 야웨께 온전히 맡기고 의지하라고 권면한다. 이세상의 순간적인 성공에 정신을 빼앗기지 말고 인내심을 갖춘 채 적절하고 적합한 하나님의 때를 기다리자.

네 길을 여호와께 맡기라.
그를 의지하면 그가 이루시고(시 37:5).

38편

지속적인 기도는 관계 지속의 표시:

"나의 모든 소원이 주 앞에 있사오니"

1. 양식

시편 38편은 "개인 탄원시"(psalm of an individual lament)에 해당된다. 또한 이 시는 "참회시"(penitential psalm)로 분류되기도 한다. 이 시는 육체적 질병과 영적·정신적 죄책감 및 사회적 적대감이라는 "삼중고"(三重苦)에 시달리고 있는 자의 간구다.

2. 구조

1) 1-2절: 야웨의 책망과 징계를 거두어달라는 서론적 간구
2) 3-10절: 육체적 질병에 대한 묘사
3) 11-20절: 질병에 대한 친구들과 친척들의 반응
4) 21-22절: 야웨의 구원을 요청하는 마지막 간구

3. 내용

1) 야웨의 책망과 징계를 거두어달라는 서론적 간구(1-2절)

1 여호와여,

주의 노하심으로 나를 책망하지 마시고

주의 분노하심으로 나를 징계하지 마소서.

2 주의 화살이 나를 찌르고

주의 손이 나를 심히 누르시나이다.

1-2절은 야웨의 책망과 징계를 거두어달라는 시인의 간구다. 시인은 자신을 향한 "주의 노하심(בְּקֶצְפֶּךָ, 베케츠페카)과 분노하심(בַחֲמָתְךָ, 바하마트카)"을 철회해달라고 간구한다(1절). 여기서 하나님은 꾸짖고 벌하시는 분으로 묘사된다. 2절의 첫 단어는 "키"(כִּי)다. 이 구절은 1절의 이유를 부연(敷衍)하여 설명한다. 2절의 "주의 화살들"(חִצֶּיךָ, 히체카)과 "주의 손"(יָדֶךָ, 야데카)은 시인에게 치명적이고 고통스러운 육체적인 병을 가져오는 심판의 도구다. 시인은 하나님께 이토록 고통스러운 심판을 제발 거두어달라고 간곡하게 요청한다.

2) 육체적 질병에 대한 묘사(3-10절)

3 주의 진노로 말미암아

내 살에 성한 곳이 없사오며

나의 죄로 말미암아

내 뼈에 평안함이 없나이다.

4 내 죄악이 내 머리에 넘쳐서 무거운 짐 같으니

내가 감당할 수 없나이다.

5 내 상처가 썩어 악취가 나오니

내가 우매한 까닭이로소이다.

6 내가 아프고 심히 구부러졌으며

종일토록 슬픔 중에 다니나이다.

7 내 허리에 열기가 가득하고

내 살에 성한 곳이 없나이다.

8 내가 피곤하고 심히 상하였으매

마음이 불안하여 신음하나이다.

9 주여,

나의 모든 소원이 주 앞에 있사오며

나의 탄식이 주 앞에 감추이지 아니하나이다.

10 내 심장이 뛰고 내 기력이 쇠하여

내 눈의 빛도 나를 떠났나이다.

3-10절은 시인이 겪고 있는 육체적인 질병을 상세히 묘사한다. 이 질병은 1) 하나님의 진노(3a절), 2) 시인의 죄(3b절)와 3) 우매함(5절)으로 인해 생긴 것이다. 3절에서 "살에 성한 곳이 없다"는 것은 "피부 질환" 혹은 "외적 질병"이 있음을 의미하며, "뼈에 평안함이 없다"는 것은 "내적 질병"을 앓고 있다는 뜻이다. 4절은 3절에 언급된 현상이 생긴 이유를 제시한다. 감당할 수 있는 수준을 벗어난 죄벌의 결과로서(창 4:13) 임한 질병을 겪으며 시인은 극도의 고통에 시달리고 있다.

5-8절에서 시인은 질병으로 인해 겪는 환난을 한탄한다. 그는 비참한 질병의 원인이 자신의 "우매함"(אִוַּלְתִּי, 이벨레트) 때문이라고 본다(5절). 6-8절은 육체적, 심리적으로 무너진 시인의 상태를 묘사한다. 6절의 "아프고 구부러졌으며"는 병과 죄책감 때문에 완전히 휘청거리는 모습이다. 시인은 온종일 슬픔 속에 잠겨 있다. 힘과 생산력의 원천이 되는 "허리"(7절)에 병이 들었고 "살" 곧 온몸엔 통증이 느껴진다.

시인은 쇠약해진 마음과 으스러진 몸을 안고 신음과 한숨으로 나날을 보내고 있다(8절).

시인은 이런 절망적인 상황에서도 하나님이 자신의 소원과 탄식에 응답하실 것이라고 굳게 확신한다(9절). 거의 죽음에 직면한 상태임에도 불구하고 말이다(10절). 10절의 "눈의 빛도 나를 떠났다"(אֵין אִתִּי אוֹר־עֵינַי גַּם־הֵם, 오르-에나이 감-헴 엔 이티)라는 표현은 "죽어가고 있는 처절한 상태"를 드러낸다.

3) 질병에 대한 친구들과 친척들의 반응(11-20절)

11 내가 사랑하는 자와

내 친구들이 내 상처를 멀리하고

내 친척들도 멀리 섰나이다.

12 내 생명을 찾는 자가 올무를 놓고

나를 해하려는 자가 괴악한 일을 말하여

종일토록 음모를 꾸미오나

13 나는 못 듣는 자 같이 듣지 아니하고

말 못하는 자 같이 입을 열지 아니하오니

14 나는 듣지 못하는 자 같아서

내 입에는 반박할 말이 없나이다.

15 여호와여,

내가 주를 바랐사오니

내 주 하나님이 내게 응답하시리이다.

¹⁶ 내가 말하기를

"두렵건대 그들이 나 때문에 기뻐하며

내가 실족할 때에

나를 향하여 스스로 교만할까" 하였나이다.

¹⁷ 내가 넘어지게 되었고

나의 근심이 항상 내 앞에 있사오니

¹⁸ 내 죄악을 아뢰고

내 죄를 슬퍼함이니이다.

¹⁹ 내 원수가 활발하며 강하고

부당하게 나를 미워하는 자가 많으며

²⁰ 또 악으로 선을 대신하는 자들이

내가 선을 따른다는 것 때문에

나를 대적하나이다.

11-20절은 죽음에 이르는 질병으로 인해 고통받고 있는 시인을 바라보는 "가까운 사람들의 반응"이다. 11절은 시인과 특별한 관계에 있는 사람들이 보이는 "외면과 냉대" 및 "배신과 버림"을 폭로한다. 질병은 사회적으로 "배척"과 "격리"를 초래한다. "사랑하는 자와 친구들과 친척들"도 갑자기 그의 원수로 돌변한다(12절). 시인은 자신과 가까이 지냈던 지인(知人)들의 "외면"과 뜻밖의 "공격"으로 말미암아 사회적 고통마저 겪어야 하는 상황에 놓였다.

시인은 13-14절에서 적들의 거짓된 이야기에 귀를 기울이지 않은 채 "못 듣는 자"와 "말 못하는 자"처럼 행동하면서 그들에게 따지기를 거부한다. 시인이 보이는 수동적인 자세는 일단 "좌절의 상태" 곧 "절망"을 표시한다. 이와 동시에 야웨에 대한 신뢰 곧 "희망"을 나타낸다. 후자의 행동은 "고난받는 하나님의 종"이 극단적인 고통의 상황에서도 인내하면서 오직 하나님만을 믿고 의지했던 모습을 연상시킨다.

> 그가 곤욕을 당하여 괴로울 때에도
> 그의 입을 열지 아니하였음이여,
> 마치 도수장으로 끌려가는 어린 양과
> 털 깎는 자 앞에서 잠잠한 양 같이
> 그의 입을 열지 아니하였도다(사 53:7).

> 욕을 당하시되 맞대어 욕하지 아니하시고 고난을 당하시되 위협하지 아니하시고 오직 공의로 심판하시는 이에게 부탁하시며(벧전 2:23).

시인은 원수들을 저주하거나 불평함으로써 맞대응하는 대신 오롯이 하나님에 대한 신뢰를 고백한다. 그는 모든 것을 하나님께 맡긴다. 이렇듯 시인은 지금 "절망"과 "희망" 사이를 오락가락하고 있다.

15절은 시인의 신뢰 고백이다. 그는 하나님의 응답을 확신한다. 여기서 시인은 하나님을 "여호와", "나의 주", "나의 하나님"이라고 부르며 고백의 강도를 점차적으로 높인다. 그는 원수들이 자신의 불행을 보면서 고소해하는 사태가 벌어지지 않도록 하나님께서 자신을 방어해 주실 것이라고 확신한다(16절).

이어 시인은 자신이 겪는 육체적·정신적 고통을 묘사한 후(17절)

자신의 죄를 고백하고 회개한다(18절). 그리고 19-20절에서는 원수들의 악한 행위를 폭로한다. 원수들은 강력하고 그 수(數)도 많다. 또한 그들은 선을 악으로 갚는다.

> **내게 선을 악으로 갚아**
>
> 나의 영혼을 외롭게 하나(시 35:12).

> **그들이 악으로 나의 선을 갚으며**
>
> 미워함으로 나의 사랑을 갚았사오니(시 109:5).

4) 야웨의 구원을 요청하는 마지막 간구(21-22절)

> 21 여호와여,
>
> 나를 버리지 마소서.
>
> 나의 하나님이여,
>
> 나를 멀리하지 마소서.
>
> 22 속히 나를 도우소서.
>
> 주 나의 구원이시여.

21-22절은 야웨의 구원을 바라는 시인의 마지막 간구다. 시인은 하나님께 자신을 버리거나 멀리하지 말아달라고 간구한다(21절). 22a절의 "속히 나를 도우소서"(חוּשָׁה לְעֶזְרָתִי, 후샤 레에즈라티)라는 표현은 상황의 긴급성을 강조한 것이다. 또한 22b절에서 시인이 야웨를 "나의 구

원"(תְּשׁוּעָתִי, 테슈아티)이라고 부르는 이유는 비록 현재 고통에 처해 있지만 야웨께서 자신에게 희망찬 미래를 보여주실 것이라고 확신하기 때문이다. 이 표현은 앞으로 임하게 될 구원을 미리 감사하는 시인의 모습을 보여준다. 이와 더불어 시인은 하나님과의 교제를 회복함으로써 육체적·영적·사회적인 건강을 회복할 수 있기를 기대한다.

4. 메시지

중한 질병은 그로 인해 고통당하는 자의 내면과 모든 관계를 파괴한다. 육체적이고 정신적인 파멸은 물론이고 타인의 외면과 관계로부터의 고립을 초래함으로써 그가 원래 공동체 안에서 갖고 있던 지위와 역할마저 잃게 만든다. 그야말로 이 땅에서 무익한 존재, 버림받은 존재가 되는 것이다. 이때 시인은 자신에게 등 돌린 지인들이 아닌 하나님 앞에 자신의 모든 것을 두고 오직 하나님만을 의지하며 기도한다. 기도는 자신과 신뢰할 만한 분을 잇는 연결선이다. 하나님께 "기도한다는 것"은 소원이 쉽게 응답받지 못하는 상황에서도 하나님과의 관계를 지속하고 있다는 표시다. 시인은 중한 질병을 앓으며 세상에서 버려진 것 같은 느낌을 받고 있음에도 불구하고 기도를 통해 하나님과의 연결선을 유지하고 있다. 그리고 지속적인 기도 속에서 궁극적인 인생의 의미가 조금씩 드러난다.

39편

죽음을 앞둔 자의 기도:

"내가 떠나 없어지기 전에"

1. 양식

시편 39편은 "개인 탄원시"(psalm of an individual lament)에 해당된다. 이 시는 치명적인 "고통" 곧 "질병"과 이로 인한 "소외감" 및 "좌절감" 이라는 삼중고(三重苦)에 시달리는 자의 간구다. 시인은 죽음을 앞두고 있다(10, 13절). 이 시편은 욥의 탄원 및 기도와 유사하여 "욥의 시편" 이라고 불리며, 인간의 "헛됨"(הֶבֶל, 헤벨)을 반복적으로 인용한 까닭에 "전도서의 시편"으로 일컬어지기도 한다.

2. 구조

1) 1-3절: 서론적 고백
2) 4-6절: 인간의 무상성(無常性)에 대한 탄원
3) 7-11절: 구원을 위한 기도
4) 12-13절: 마지막 간구

3. 내용

1) 서론적 고백(1-3절)

¹ 내가 말하기를
"나의 행위를 조심하여

내 혀로 범죄 하지 아니하리니

악인이 내 앞에 있을 때에

내가 내 입에 재갈을 먹이리라" 하였도다.

² 내가 잠잠하여

선한 말도 하지 아니하니

나의 근심이 더 심하도다.

³ 내 마음이 내 속에서 뜨거워서

작은 소리로 읊조릴 때에 불이 붙으니

나의 혀로 말하기를

1-3절은 시인의 서론적 고백이다. 이 시는 "내가 말하기를"(אָמַרְתִּי, 아마르티)이라는 일종의 개인 고백으로 시작한다. 시인은 마음으로 죄를 짓지 않으려고 자신의 입에 파수꾼을 두었다(1절). 이 침묵은 악한 말을 삼가기 위해서 악인들 앞에서 시인 자신에게 부과한 "억제의 침묵"이지만 오히려 그의 고통을 가중시킨다(2절). 3절에서 시인은 억제된 침묵으로 인해 내면에서 오는 압박을 더 이상 참을 수 없다고 말한다.

내가 입을 열지 아니할 때에

종일 신음하므로 내 뼈가 쇠하였도다(시 32:3).

내가 다시는 "여호와를 선포하지 아니하며

그의 이름으로 말하지 아니하리라" 하면

나의 마음이 불붙는 것 같아서

시인의 영성 1

골수에 사무치니

답답하여 견딜 수 없나이다(렘 20:9).

마침내 시인의 침묵이 깨어진다.

2) 인간의 무상성(無常性)에 대한 탄원(4-6절)

4 여호와여,

나의 종말과 연한이 언제까지인지 알게 하사

내가 나의 연약함을 알게 하소서.

5 주께서 나의 날을 한 뼘 길이만큼 되게 하시매

나의 일생이 주 앞에는 없는 것 같사오니

사람은 그가 든든히 서 있는 때에도

진실로 모두가 **허사**(הֶבֶל, 헤벨)뿐이니이다. (셀라)

6 진실로 각 사람은 그림자같이 다니고

헛된 일(הֶבֶל, 헤벨)로 소란하며 재물을 쌓으나

누가 거둘는지 알지 못하나이다.

4-6절은 인간의 무상함에 대한 탄원을 담고 있다. 시인은 혼자 침묵하며 사색하다가 "여호와여"(יְהוָה, 야웨)라는 부름과 함께 기도를 시작한다. 그는 그동안의 침묵을 깨고 바로 기도에 들어간다. 시인은 죽을 운명에 처해 있음을 깨닫고 야웨께 자기 인생의 기한에 대해 질문한다 (4절). 그는 인생이 짧은 기한 곧 "한 뼘 길이"(טְפָחָה, 타프하)에 지나지

않으며 야웨 앞에서 마치 자신이 없는 존재와 같다는 사실을 깨닫는다 (5절). 여기서 "한 뼘 길이"(טְפָחוֹת, 타프하)는 네 손가락의 넓이를 뜻한다(왕상 7:26; 렘 52:21). 이는 구약의 도량형에서 가장 짧은 길이를 지칭하는 단위다. 시인은 인생의 본질이 "허사/헛된 일/헛될 뿐"(הֶבֶל, 헤벨)임을 깨닫는다(5b절, 6절, 11절). 한마디로 인생은 허무한 것이다.

6절에서 시인은 인간을 "그림자"(צֶלֶם, 첼렘)로 묘사한다. 알고 보면 모든 인간은 "자신의 그림자"일 뿐이다.

> 사람은 헛것 같고
>
> 그의 날은 지나가는 **그림자 같으니이다**(시 144:4; 참조. 시 102:11).

"그림자"란 "꿈속의 모습"을 암시한다. 결국 인생은 실체가 아니라 꿈이자 허상과 같다(시 73:20). "그림자같이 다니고"라는 표현에서 "다니고"(יִתְהַלֶּךְ, 이트할레크)는 히브리어 동사 "다니다/걷다"(הָלַךְ, 할라크)에서 파생된 "히트파엘" 형태다. 이는 강조 재귀용법으로서 "앞뒤로 왔다 갔다 하다"(walk back and forth)라는 의미이며, 인간 노력의 무익함을 상징적으로 묘사하여 강조하는 표현이다. 그리스 신화에 나오는 시시포스(Sisyphos)의 운명을 연상하면 된다. 또한 "인생은 '진실로'(우리말 성경에 이 부분은 생략됨) 헛된 일로 소란만 피운다." 인간들은 자기의 운명이 어떻게 될지도 모르고 일평생 재물을 쌓는 일에만 혈안이 되어 있다. 그것을 누가 거두어들이는지도 모르면서 말이다.

20 하나님은 이르시되 "어리석은 자여, 오늘 밤에 네 영혼을 도로 찾으리

니 그러면 네 준비한 것이 누구의 것이 되겠느냐?" 하셨으니 21 자기를 위하여 재물을 쌓아 두고 하나님께 대하여 부요하지 못한 자가 이와 같으니라(눅 12:20-21).

인간의 무상함에 대한 시인의 탄원은 어쩌면 하나님의 자비와 개입을 암시적으로 호소하는 것일지도 모른다.

3) 구원을 위한 기도(7-11절)

7 주여,

이제 내가 무엇을 바라리요?

나의 소망은 주께 있나이다.

8 나를 모든 죄에서 건지시며

우매한 자에게서 욕을 당하지 아니하게 하소서.

9 내가 잠잠하고 입을 열지 아니함은

주께서 이를 행하신 까닭이니이다.

10 주의 징벌을 나에게서 옮기소서

주의 손이 치심으로 내가 쇠망하였나이다.

11 주께서 죄악을 책망하사

사람을 징계하실 때에

그 영화를 좀먹음 같이 소멸하게 하시니

참으로 인생이란 모두 헛될 뿐(הֶבֶל, 헤벨)이니이다. (셀라)

7-11절은 구원을 위한 기도다. 7절은 원래 "그러나 이제"(עַתָּה, 베아타)라는 표현으로 시작함으로써 탄원에서 간구로의 반전을 이끈다. 이 구절은 시인의 신앙 고백이다. 인생의 허무함을 깨달은 시인은 진정한 희망을 발견한다. "기다림과 기대"인 그 "희망"은 오직 하나님께만 있다. 시인은 "자신의 모든 죄"(מִכָּל־פְּשָׁעַי, 미콜-페샤아이)로부터 구원받기를 간구한다(8절). 시인은 우매한 자들의 놀림감이나 조롱거리가 되지 않기를 간구한다.

9절의 침묵("내가 잠잠하고 입을 열지 아니함")은 앞서 악인들 앞에서 취했던 "억제의 침묵"(2절)과는 달리, 시인이 하나님 앞에서 기도한 후 터득한 "깨달음의 침묵"이다. 하나님의 섭리를 깨우친 시인은 침묵한다. 이는 하나님의 섭리에 대한 순종을 의미한다. 그는 하나님의 손으로 내리신 "징벌" 곧 "질병"만은 제발 거두어달라고 간청하지만(10절, 시 32:4; 38:3), 곧 자신의 고통이 하나님이 내리신 정당한 처벌이자 그분의 교육적 "징계"(시 6:1; 38:1)임을 받아들인다(11절). 이를 통해 인생의 "욕망/욕구"(חָמַד, 하마드, 우리말 개역개정은 "영화"로 번역함)도 좀과 같이 소멸된다. 결국 모든 인생이 헛될 뿐이라는 사실이 다시금 드러난다.

4) 마지막 간구(12-13절)

12 여호와여,

나의 기도를 들으시며

나의 부르짖음에 귀를 기울이소서.

내가 눈물 흘릴 때에 잠잠하지 마옵소서.

나는 주와 함께 있는 나그네이며

나의 모든 조상들처럼 떠도나이다.

13 주는 나를 용서하사

내가 떠나 없어지기 전에

나의 건강을 회복시키소서.

12-13절은 시인의 마지막 간구다. 시인은 눈물로 호소하며 야웨의 응답을 간절히 기다린다(12a절). 그리고 자신이 "나그네"(גֵּר, 게르)이자 "거류민"(תּוֹשָׁב, 토샤브, 우리말 개역개정은 "떠도나이다"로 번역됨)이라고 말한다(12b절). 나그네와 거류민은 혈연관계나 결속력 있는 공동체 외부에서 떠도는 무방비 상태의 사람을 가리킨다(레 25:23). 이 구절은 다윗이 인생의 말년에 이르러 인생의 덧없음을 논할 때 언급한 내용과 매우 유사하다.

> 우리는 우리 조상들과 같이 주님 앞에서 **이방 나그네**(גֵּר, 게르)와 **거류민**(תּוֹשָׁב, 토샤브)들이라. 세상에 있는 날이 그림자 같아서 희망이 없나이다(대상 29:15).

시인은 인생의 덧없음을 지금까지 "허사"(הֶבֶל, 헤벨, 5절), "헛된 일"(הֶבֶל, 헤벨, 6절) 또는 "헛될 뿐"(הֶבֶל, 헤벨, 11절)이라는 단어로 표현했으며, 여기서는 "나그네와 거류민"의 삶이라는 단어를 사용하여 인생의 허무함을 다시금 강조한다.

13절의 마지막 간구는 매우 독특하다. 지금까지 시인은 자신의 죄와 문제에서 구원받기를 원했다. 그런데 여기서는 공격적인 하나님의 현존을 벗어나 죽기 직전 잠시나마 숨을 한번 돌리게 해달라고 간구한다. 히브리어 성경(BHS)에서 이 구절을 직역한 내용은 다음과 같다.

> 내게서 눈길을 돌려주소서,
>
> 숨 한번 돌릴 수 있도록
>
> 제가 가서 없어지기 전에(13절, 사역).

이 간구는 죽음을 앞두고 자신을 "치신 분"이자 "유일한 치료자"가 되시는 하나님을 향한 욥의 간구와 매우 비슷하다.

> 6 하나님이 나를 억울하게 하시고
>
> 자기 그물로 나를 에워싸신 줄을 알아야 할지니라.
>
> 21 나의 친구야,
>
> 너희는 나를 불쌍히 여겨다오.
>
> 나를 불쌍히 여겨다오.
>
> **하나님의 손이 나를 치셨구나.**
>
> 25 내가 알기에는 **나의 대속자가 살아 계시니**
>
> 마침내 그가 땅 위에 서실 것이라(욥 19:6, 21, 25).

이는 특히 임박한 죽음 앞에서 인생의 무상함을 깨닫고 평온하게 죽음을 맞이할 수 있게 해달라고 간구하는 한 인간의 고독한 외침이다.

²⁰ 내 날은 적지 아니하니이까?

그런즉 그치시고 나를 버려두사

잠시나마 평안하게 하시되

²¹ 내가 돌아오지 못할 땅

곧 어둡고 죽음의 그늘진 땅으로 가기 전에

그리하옵소서(욥 10:20-21).

그에게서 눈을 돌이켜

그가 품꾼 같이

그의 날을 마칠 때까지

그를 홀로 있게 하옵소서(욥 14:6).

4. 메시지

이 시는 시편의 탄원 중 표준적인 간구는 아니다. 시인은 죽음을 앞두고 하나님께 가까이 와달라고 간구하는 대신 자신과 거리를 둬달라는 일종의 "멀어지심"을 간구하다가 하나님에 대한 심각한 의심과 절망으로 시를 마무리한다. 시편에서 이런 형식을 갖는 것은 이 시가 유일하다. 이처럼 이 시는 시편에서 예외적이고 가시와 같은 존재다. 이런 예외적인 목소리가 시편 안에 수용되다니, 하나님의 폭과 깊이가 얼마나 대단한가!

이 시의 가르침에 따르면 우리는 해결되지 않는 절망으로 인해 슬픔을 겪지만 이 또한 하나님과 함께하는 우리 삶의 실제이며 타당한 것이다. 우리는 어둠 속에서 하나님을 향해 절규하며 비명을 지르기도 하고, 욥처럼 거짓 위로를 거부하면서도 그렇다고 일어나 희망을 붙잡지도 못한다. 그 역시도 신실한 기도자의 삶의 일부다. 시인은 고통받는 사람들과 그들 곁에 있는 사람들에게, 때로는 하나님 앞에서 자신의 처참한 심정을 숨김없이 아룀으로써 고통이 하나님과 무관하지 않음을 상기하는 것이야말로 유일하게 남겨진 믿음의 행위일 수도 있음을 가르친다.[1]

---

1   엘런 F. 데이비스, 『하나님의 진심: 구약성경, 천천히 다시 읽기』, 양혜원 역(서울: 복있는사람, 2017), 42-43.

40편

감사에서 탄원으로:
"나의 하나님이여, 지체하지 마소서"

1. 양식

시편 40편은 "개인 탄원시"(psalm of an individual lament)에 해당된다. 이 시는 감사로 시작하여 감격과 은혜의 일상을 고백하다가 갑자기 탄원과 간구로 끝을 장식한다.

2. 구조

1) 1-4절: 죽음에서 구원받은 것에 대한 감사
2) 5-10절: 구원에 합당한 삶에 대한 고백
3) 11-17절: 탄원과 간구

3. 내용

1) 죽음에서 구원받은 것에 대한 감사(1-4절)

¹ 내가 여호와를 기다리고 기다렸더니

귀를 기울이사 나의 부르짖음을 들으셨도다.

² 나를 기가 막힐 웅덩이와

수렁에서 끌어올리시고

내 발을 반석 위에 두사

내 걸음을 견고하게 하셨도다.

³ 새 노래 곧 우리 하나님께 올릴 찬송을 내 입에 두셨으니

많은 사람이 보고 두려워하여 여호와를 의지하리로다.

⁴ 여호와를 의지하고

교만한 자와 거짓에 치우치는 자를 돌아보지 아니하는 자는 복이 있도다.

1-4절은 죽음의 위험에서 구원받은 시인이 감사를 올리는 내용이다. 1절의 "기다리고 기다렸더니"(קַוֹּה קִוִּיתִי, 카보 키비티)라는 중복 표현은 시편 130:5-6에 제시된 바와 같이 "인내의 기다림"보다는 "기대의 기다림"을 뜻한다.

⁵ 나 곧 내 영혼은 여호와를 기다리며

나는 주의 말씀을 바라는도다.

⁶ 파수꾼이 아침을 기다림보다

내 영혼이 주를 더 기다리나니

참으로 파수꾼이 아침을 기다림보다 더하도다(시 130:5-6).

시인은 마침내 하나님께 응답을 받았다. 2절의 "웅덩이와 수렁"은 무덤(שְׁאוֹל, 스올)을(시 28:1; 30:3; 69:2), "반석"(צוּר, 추르)은 안정과 안전을 상징한다(시 27:5; 61:2). 시인은 하나님의 극적인 개입을 통해 죽음의 자리에서 생명의 자리로 옮겨지게 되었다.

이어서 그는 하나님이 감사의 궁극적인 근원이심을 인정한다 (3절). 마치 예언자가 소명을 받을 때처럼 그분은 "시인의 입"에 "새 노래"를 주신다.

내가 그들의 형제 중에서 너와 같은 선지자 하나를 그들을 위하여 일으키고 **내 말을 그 입에 두리니** 내가 그에게 명령하는 것을 그가 무리에게 다 말하리라(신 18:18).

여호와께서 그의 손을 내밀어 내 입에 대시며 여호와께서 내게 이르시되 "보라, **내가 내 말을 네 입에 두었노라**"(렘 1:9).

새 노래는 하나님의 위대한 구원 행위와 기도의 응답을 찬양하는 내용이다. 시인은 개인적으로 구원을 얻었지만 "많은 사람" 앞에서 공적인 감사를 올리고, 이를 본 많은 사람들이 하나님께 돌아온다. 4절은 이렇게 야웨를 의지하는 사람을 가리켜 "행복한 사람"이라고 말한다(시 1:1). 이런 사람은 "교만한 자와 거짓에 치우치는 자" 곧 우상을 숭배하는 자들을 멀리한다. "거짓"(כָּזָב, 카자브)은 "우상"을 뜻한다.

인생들아, 어느 때까지 나의 영광을 바꾸어 욕되게 하며
헛된 일을 좋아하고 **거짓**(카자브)을 구하려는가(시 4:2).

여호와께서 이와 같이 말씀하시되
"유다의 서너 가지 죄로 말미암아 내가 그 벌을 돌이키지 아니하리니
이는 그들이 여호와의 율법을 멸시하며
그 율례를 지키지 아니하고
그의 조상들이 따라가던 **거짓 것**(카자브)에 미혹되었음이라"(암 2:4).

2) 구원에 합당한 삶에 대한 고백(5-10절)

5 여호와 나의 하나님이여,

주께서 행하신 기적이 많고

우리를 향하신 주의 생각도 많아

누구도 주와 견줄 수가 없나이다.

내가 널리 알려 말하고자 하나

너무 많아 그 수를 셀 수도 없나이다.

6 주께서 내 귀를 통하여 내게 들려주시기를

"제사와 예물을 기뻐하지 아니하시며

번제와 속죄제를 요구하지 아니하신다" 하신지라.

7 그때에 내가 말하기를

"내가 왔나이다.

나를 가리켜 기록한 것이 두루마리 책에 있나이다.

8 나의 하나님이여,

내가 주의 뜻 행하기를 즐기오니

주의 법이 나의 심중에 있나이다" 하였나이다.

9 내가 많은 회중 가운데에서

의의 기쁜 소식을 전하였나이다.

여호와여,

내가 내 입술을 닫지 아니할 줄을 주께서 아시나이다.

10 내가 주의 공의를 내 심중에 숨기지 아니하고

주의 성실과 구원을 선포하였으며

내가 주의 인자와 진리를

많은 회중 가운데에서 감추지 아니하였나이다.

5-10절에서 시인은 구원받은 자로서의 삶에 충실하고자 노력하고 있음을 고백한다. 그는 하나님의 기적에 대해 최고조의 찬양을 올리며 열광적인 찬사를 보낸다(5절). 야웨 하나님은 그 누구와도 비교할 수 없는 분이시다. 이 시인은 "아침마다 깨우치시되 나의 귀를 깨우치사 학자들 같이 알아듣게 하시도다"(사 50:4)라고 말하는, 고난받는 야웨의 종의 고백을 기억하면서 그분께서 주시는 말씀에 귀를 기울인다(6절). 여기서 언급된 "제사"(זֶבַח, 제바흐), "예물"(מִנְחָה, 민하), "번제"(עֹלָה, 올라), "속죄제"(חַטָּאָה, 하타아)는 희생제사 모두를 통칭한다. 하나님은 백성들이 자신을 향해 각종 제사를 바치는 것보다 자신의 말씀을 듣는 것을 더 좋아하신다.

사무엘이 이르되 "여호와께서 번제와 다른 제사를 그의 목소리를 청종하는 것을 좋아하심 같이 좋아하시겠나이까? **순종이 제사보다 낫고 듣는 것이 숫양의 기름보다 나으니**"(삼상 15:22).

21 만군의 여호와 이스라엘의 하나님께서 이와 같이 말씀하시되 "너희 희생제물과 번제물의 고기를 아울러 먹으라. 22 사실은 **내가 너희 조상들을 애굽 땅에서 인도하여 낸 날에 번제나 희생에 대하여 말하지 아니하며 명령하지 아니하고** 23 오직 내가 이것을 그들에게 명령하여 이르기를 '**너희는 내 목소리를 들으라 그리하면 나는 너희 하나님이 되겠고 너희는 내**

백성이 되리라. 너희는 **내가 명령한 모든 길로 걸어가라. 그리하면 복을**
받으리라' 하였으나"(렘 7:21-23).

7절의 "내가 왔나이다"는 "내가 여기 있나이다"(사 6:8)와 같은 의미다.
시인은 하나님이 주시는 임무를 완벽하게 수행할 준비를 갖췄다. 시인
은 "두루마리 책"(מְגִלַּת־סֵפֶר, 메길라트-세페르) 곧 "토라"(תּוֹרָה)에 자신
이 수행해야 할 것들이 기록되어 있음을 안다. 8절에 따르면 "주님의
법"(תּוֹרָתְךָ, 토라테카) 곧 "토라"가 인격의 중심자리인 시인의 심중에 내
면화되어 있다.

> "그러나 그날 후에 내가 이스라엘 집과 맺을 언약은 이러하니 곧 내가 **나**
> **의 법을 그들의 속에 두며 그들의 마음에 기록하여** 나는 그들의 하나님이
> 되고 그들은 내 백성이 될 것이라" 여호와의 말씀이니라(렘 31:33).

하나님의 뜻과 의지로 가득 찬 마음을 갖고 있는 시인은 그분이 요구
하시는 일을 일상에서 즐겁게 행한다. 또한 시인은 공개적으로 하나님
의 구원 행동 곧 "의의 기쁜 소식"을 전하고 선포한다(9-10절). 그는 하
나님의 구원을 사유화하지 않고 그것이 공동의 자산임을 널리 알리는
일을 기쁘게 감당한다. 시인은 "야웨 하나님의 뜻 행하기"와 "기쁜 소
식 전하기"를 최고의 가치로 삼고 이를 행하는 데서 삶의 즐거움과 보
람을 느낀다.

3) 탄원과 간구(11-17절)

11 여호와여,

주의 긍휼을 내게서 거두지 마시고

주의 인자와 진리로 나를 항상 보호하소서.

12 수많은 재앙이 나를 둘러싸고

나의 죄악이 나를 덮치므로

우러러볼 수도 없으며

죄가 나의 머리털보다 많으므로

내가 낙심하였음이니이다.

13 여호와여,

은총을 베푸사 나를 구원하소서.

여호와여,

속히 나를 도우소서.

14 내 생명을 찾아 멸하려 하는 자는

다 수치와 낭패를 당하게 하시며

나의 해를 기뻐하는 자는

다 물러가 욕을 당하게 하소서.

15 나를 향하여 "하하 하하" 하며 조소하는 자들이

자기 수치로 말미암아 놀라게 하소서.

16 주를 찾는 자는 다 주 안에서 즐거워하고 기뻐하게 하시며

주의 구원을 사랑하는 자는 항상 말하기를

"여호와는 위대하시다" 하게 하소서.

17 나는 가난하고 궁핍하오나

주께서는 나를 생각하시오니

주는 나의 도움이시요,

나를 건지시는 이시라.

나의 하나님이여,

지체하지 마소서.

11-17절은 시인의 탄원과 간구를 다룬다. 이 지점에서 시인의 감사와 고백이 갑자기 탄원으로 바뀐다. 시인은 "주의 인자"(חֶסֶד, 헤세드)와 "진리"(אֱמֶת, 에메트)를 인격화하여 이 둘로 자신을 보호해달라고 간구한다(11절). 또한 그는 12절에서 "재앙과 죄악"을 언급함으로써 자신이 극심한 고통과 위기 가운데 있음을 드러낸다. 5절에서는 "주님의 기적"이 헤아릴 수 없이 많다고 했는데, 여기서는 "재앙과 죄악"이 자신의 머리카락보다 많다고 말한다.

까닭 없이 나를 미워하는 자가 나의 머리털보다 많고

부당하게 나의 원수가 되어 나를 끊으려 하는 자가 강하였으니

내가 빼앗지 아니한 것도 물어 주게 되었나이다(시 69:4).

이어지는 탄원에서 시인은 야웨의 도움을 재촉한다(13절). 이는 그의 상황이 매우 심각하고 긴박함을 나타낸다.

시인은 자신의 원수들이 수치와 낭패 및 욕을 당하며(14절) 곤란에 빠지게 해달라고 간청한다(15절). 그러나 "주를 찾는 자와 주의 구원을

사랑하는 자"는 삶의 즐거움을 체험하고 야웨의 위대하심을 계속 전할 수 있게 해달라고 간구한다(16절). 시인은 하나님의 도움이 절대적으로 필요하다고 고백하는 간절한 기도를 올리며 이 시를 끝맺는다(17절). 이처럼 이 시는 탄원과 간구로 끝난다.

4. 메시지

다수의 탄원 시편은 간구와 찬양으로 끝난다. 그러나 시편 40편은 그와 반대로 먼저 찬양을 한 다음에 탄식과 간구로 이어지는 형태다. 시인은 신앙의 삶이 간구에서 찬양으로만 흐르는 것이 아니라 찬양에서 새로운 탄식과 간구로 이어질 수도 있음을 보여준다. 우리는 탄식에서 찬양으로 움직이는 교과서적인 기도의 흐름에 묶이지 않고, 때론 내 몸과 감정 및 삶의 흐름에 따라 자연스럽게 우러나오는 기도를 따라야 한다. 오늘은 단단한 바위에 서서 하나님을 기쁜 맘으로 찬양하지만, 내일은 깊은 수렁에 빠져서 처절한 탄식으로 눈물 흘리며 하나님을 찾을 수도 있다. 이것이 인생이며 신앙인의 삶이다. 인간은 본질적으로 나약한 존재다. 그렇기에 우리는 하나님의 도움이 매순간 그리고 영원히 필요하다.

41편

돌보는 자에게는 돌봄이:

"가난한 자를 돌보는 자에게 복이 있음이여"

1. 양식

시편 41편은 "개인 감사시"(psalm of an individual thanksgiving)에 해당된다. 이 시는 심각한 질병을 치유하시는 야웨의 은혜를 경험한 후 의로운 사람으로 인정받은 사람의 감사 보고다. 찬양시는 하나님의 일반적인 속성(자비로움, 신실하심, 긍휼하심)을 찬양으로 노래하는 내용인 데 반해, 감사시는 하나님의 구체적인 속성을 경험한 개인이나 집단이 이를 감사하는 내용을 담고 있다.

2. 구조

1) 1-3절: 행복 찬양을 통한 교훈
2) 4-10절: 과거의 탄원 기도에 대한 회상
3) 11-12절: 결론적 찬양
4) 13절: 종결 찬양

3. 내용

1) 행복 찬양을 통한 교훈(1-3절)

¹ 가난한 자를 보살피는 자에게 복이 있음이여,
재앙의 날에 여호와께서 그를 건지시리로다.

2 여호와께서 그를 지키사 살게 하시리니

그가 이 세상에서 복을 받을 것이라.

주여,

그를 그 원수들의 뜻에 맡기지 마소서.

3 여호와께서 그를 병상에서 붙드시고

그가 누워 있을 때마다 그의 병을 고쳐 주시나이다.

1-3절은 행복 찬양(אַשְׁרֵי, 아쉐레, "복이 있음이여")을 통해 교훈을 제시한다. 이 단락은 행복 찬양(1a절)과 그 근거(1b-3절)로 구성되어 있으며, 이런 형식의 구문은 간접적으로 특정 행동을 할 것을 요구함으로써 교훈을 제시한다(시 1:1). 1절에 나오는 "보살피다"라는 히브리어 동사(שָׂכַל, 사칼)는 행동뿐만 아니라 생각까지도 살핀다는 의미다.

삼가 말씀에 **주의하는**(사칼) 자는 좋은 것을 얻나니

여호와를 의지하는 자는 복이 있느니라(잠 16:20).

이 동사는 대상에 대한 적극적인 관심을 뜻한다. "약자를 품는 것" 곧 "약자를 보살피는 것"은 올바른 삶에 대한 표시다. "재앙의 날에 여호와께서 그를 건지시리로다"라는 구절에 의하면 약자를 돌보는 자는 자신이 약자가 되었을 때 돌봄을 받을 것이다.

2절에 따르면 야웨는 약자를 품는 자를 "지키시고 살려주신다." 또한 그가 이 땅에서 복을 받도록 하신다. 시인은 그를 원수들의 "뜻"으로부터 보호해달라고 간구한다. 여기서 "뜻"(נֶפֶשׁ, 네페쉬)은 본래 "탐

욕"을 가리킨다. 즉 시인은 원수들의 탐욕에서 이 사람을 지켜달라고 요청하는 것이다. 약자를 보살피는 자는 병상에서도 야웨의 개입으로 인한 치유를 받는다(3절). 따라서 야웨의 구원을 요청하려면 평소에도 약하고 가난한 자들의 필요에 적극적으로 반응하는 삶을 살아야 한다.

2) 과거의 탄원 기도에 대한 회상(4-10절)

4 내가 말하기를

"여호와여,

내게 은혜를 베푸소서

내가 주께 범죄하였사오니

나를 고치소서" 하였나이다.

5 나의 원수가 내게 대하여 악담하기를

"그가 어느 때에나 죽고

그의 이름이 언제나 없어질까?" 하며

6 나를 보러 와서는 거짓을 말하고

그의 중심에 악을 쌓았다가

나가서는 이를 널리 선포하오며

7 나를 미워하는 자가

다 하나같이 내게 대하여 수군거리고

나를 해하려고 꾀하며

8 이르기를 "악한 병이 그에게 들었으니

이제 그가 눕고 다시 일어나지 못하리라" 하오며

9 내가 신뢰하여 내 떡을 나눠 먹던 나의 가까운 친구도

나를 대적하여 그의 발꿈치를 들었나이다.

10 그러하오나 주 여호와여,

내게 은혜를 베푸시고

나를 일으키사

내가 그들에게 보응하게 하소서. (이로써)

4-10절은 시인이 질병으로 고통을 받던 과거에 올린 탄원을 회고하는 내용이다. 시인은 1-3절에서 일반적인 교훈을 제시하면서 잊고 있었던 자신의 지난 경험을 끄집어낸다. 4절의 첫 단어 "내가 말했다"(אֲנִי־אָמַרְתִּי, 아니 아마르티)는 히브리어 동사(אָמַר, 아마르) 완료형을 사용하고 있다. 시인은 심각한 질병과 주위의 배척에 시달리다가 야웨께 도움을 요청했다(4절). "내게 은총을 베푸소서"(חָנֵּנִי, 하네니)는 야웨의 자비와 은혜의 성품에 호소하는 말이다.

> 여호와께서 그의 앞으로 지나시며 선포하시되 "여호와라, 여호와라, 자비롭고 **은혜롭고**(한눈) 노하기를 더디하고 인자와 진실이 많은 하나님이라"(출 34:6).

사람들은 보통 뜻밖의 고난을 겪으며 죄를 자백하게 된다.

시인은 자신의 초점을 질병에서 병자를 둘러싼 적들에게로 옮긴다. 그들은 마치 병자의 죽음을 기다리며 주위를 맴도는 독수리 떼와 같다. 원수들은 병자의 죽음을 기다리면서 그의 이름이 이 땅에서 소멸

되기를 고대한다(5절). "이름의 소멸"이라는 표현은 이름을 이어줄 자식 하나 없이 대(代)가 끊겨서 죽는 사람을 일컫는 은유다. 원수들은 심지어 병문안을 온다. 그러나 지인의 비밀을 지켜주기는커녕 이를 악의 적으로 널리 퍼뜨리고(6절), 한 명의 병자를 먹잇감으로 삼기 위해 여러 명이 모여 공모한다(7절). 8절은 시인의 불운을 바라는 원수들의 기원을 인용한다. 악인들은 시인이 지독한 질병에 걸려 영원히 회복하지 못하기를 기원하고 있다.

9절에서 시인이 느꼈던 가장 큰 배신의 감정은 "내 떡을 나눠 먹던 나의 가장 가까운 친구도 나를 대적하여"라는 말로 표출된다. 고대에서 "공동 식사"는 친밀한 신뢰의 표시다. "그의 발꿈치를 들다"라는 표현은 아마도 거절/배반/배척을 뜻하는 것으로 보인다.

> 내가 너희 모두를 가리켜 말하는 것이 아니니라. 나는 내가 택한 자들이 누구인지 앎이라. 그러나 내 떡을 먹는 자가 내게 **발꿈치를 들었다** 한 성경을 응하게 하려는 것이니라(요 13:18).

친한 벗마저 "도"(ּגַם, 감) 적들의 판단에 동의하여 시인을 배척한다.

10절에서 시인은 야웨를 향해 이중적 부름("그러나 당신 여호와여", וְאַתָּה יְהוָה, 베아타 야웨)의 표현을 사용한 후 4절과 동일한 은혜를 구한다. "나를 일으키사"(קוּם, 쿰)라는 시인의 간구는 8절의 "다시 일어나지(קוּם, 쿰) 못하리라"는 원수들의 진술을 정면으로 부정하는 것이다. 이어서 시인은 "내가 그들에게 보응하게 하소서"라고 간구한다. 그런데 개인적인 보응은 구약에서 매우 낯선 표현이다. 이는 지혜의 가르침에도 위배된다.

> 너는 악을 갚겠다 말하지 말고
> 여호와를 기다리라.
> 그가 너를 구원하시리라(잠 20:22).

보응(報應)은 인간의 일이 아닌 "하나님의 몫"이다.

> 너희 모든 성도들아,
> 여호와를 사랑하라.
> 여호와께서 진실한 자를 보호하시고
> 교만하게 행하는 자에게 **엄중히 갚으시느니라**(시 31:23).

> 주여,
> 인자함은 주께 속하오니
> 주께서 각 사람이 행한 대로 **갚으심이니이다**(시 62:12).

> 이는 나의 대적들이
> 곧 내 영혼을 대적하여 악담하는 자들이 여호와께 받는 **보응이니이다**(시 109:20).

이 시편에서의 보응은 야웨의 개입으로 시인이 치유를 받은 후 그를 비방한 자들의 악행이 만천하에 폭로됨으로써 수치를 당하는 것이다.

10절의 "이로써"(בְּזֹאת, 베조트)는 히브리어 성경(BHS)을 따르면 11절
의 첫 단어가 되어야 한다.

3) 결론적 찬양(11-12절)

> 11 (이로써) 내 원수가 나를 이기지 못하오니
> 주께서 나를 기뻐하시는 줄을 내가 알았나이다.
> 12 주께서 나를 온전한 중에 붙드시고
> 영원히 주 앞에 세우시나이다.

11-12절은 결론적 찬양으로서 응답과 구원의 사건을 전제한다. 시인
은 하나님이 자신의 편이 되어주셔서 원수들이 승리의 함성을 지르
지 못하도록 역사하신 것을 찬양한다(11절). 또한 하나님이 시인의 "온
전함"(תֹּם, 톰)을 붙드시고 그분 앞에 영원히 세워주셨음을 찬양한다
(12절). 여기서 "온전함"은 시인의 "자기 의"(義)가 아니라 "특정한 고소
사건과 관련한 무죄"(無罪) 곧 "결백함"을 뜻한다.

> 여호와께서 만민에게 심판을 행하시오니
> 여호와여,
> 나의 의와 나의 **성실함**(톰)을 따라 나를 심판하소서(시 7:8; 참조. 시
> 26:1, 11).

시인은 건강을 회복함으로써 그가 고통당해 마땅하다는 원수들의 주

장이 잘못되었음을 입증한다.

4) 종결 찬양(13절)

> 13 이스라엘의 하나님 여호와를
> 영원부터 영원까지 송축할지로다. 아멘, 아멘.

마지막 절인 13절은 종결 찬양으로서 다윗의 시편(시 3-41편)의 수집물을 마감하는 역할을 한다. 시편 41편은 시편 전체(시 1-150편) 중 제1권(시 1-41편)의 마지막에 위치하는 시다.

4. 메시지

이 시편은 가난하고 궁핍하며 무력하고 연약한 자들을 돌보는 것이 "의로운 행위"라는 사실을 가르쳐준다. 하나님은 약자들을 품고 돌보신다. 따라서 그의 백성들도 마땅히 약자를 품고 돌보아야 한다. 그러나 대적들은 그렇지 않았다. 병중에 있는 자를 대하는 그들의 태도는 매우 잘못되었다. 대적들은 병자를 "연대와 환대"로 대하지 않고 오히려 "냉대와 홀대"로 대한다. 그러나 병중에 있는 자들에게는 함께 울어줄 진정한 연대가 필요하다.

> 즐거워하는 자들과 함께 즐거워하고 우는 자들과 함께 울라(롬 12:15).

¹³ 나는 그들이 병들었을 때에

굵은 베 옷을 입으며

금식하여 내 영혼을 괴롭게 하였더니

내 기도가 내 품으로 돌아왔도다.

¹⁴ 내가 나의 친구와 형제에게 행함 같이

그들에게 행하였으며

내가 몸을 굽히고 슬퍼하기를

어머니를 곡함 같이 하였도다(시 35:13-14).

남을 돌보는 자, 특히 약자를 돌보는 자에게는 그에 상응하는 돌봄이
주어진다.

긍휼히 여기는 자는 복이 있나니

그들이 긍휼히 여김을 받을 것임이요(마 5:7).

42편

두 자아의 갈등:

"내 영혼아, 네가 어찌하여 낙심하며"

1. 양식

이 시편은 "개인 탄원시"(psalm of an individual lament)다. 시인은 하나님의 부재와 그로 인한 고통을 탄원한다.

2. 구조

  1) 1-4절: 부재하신 하나님으로 인한 눈물의 탄원
  2) 5절: 후렴
  3) 6-10절: 부재하신 하나님을 찾는 절규의 탄원
  4) 11절: 후렴

3. 내용

1) 부재하신 하나님으로 인한 눈물의 탄원(1-4절)

  1 하나님이여,
  사슴이 시냇물을 찾기에 갈급함 같이
  내 영혼이 주를 찾기에 갈급하니이다.
  2 내 영혼이 하나님 곧 살아 계시는 하나님을 갈망하나니
  내가 어느 때에 나아가서 하나님의 얼굴을 뵈올까?
  3 사람들이 종일 내게 하는 말이

"네 하나님이 어디 있느뇨?" 하오니

내 눈물이 주야로 내 음식이 되었도다.

4 내가 전에 성일을 지키는 무리와 동행하여

기쁨과 감사의 소리를 내며

그들을 하나님의 집으로 인도하였더니

이제 이 일을 기억하고 내 마음이 상하는도다.

1-4절은 하나님의 부재에 대해 말한다. 1절의 "시냇물"(אֲפִיקֵי-מָיִם, 아피케-마임)은 작은 개울로서 아마도 물이 말라버린 상태를 전제하는 것으로 보인다. 여기에 쓰인 "갈급하다"(ערג, 아라그)라는 동사는 구약을 통틀어 이곳과 요엘 1:20에서만 사용된다.

> 들짐승도 주를 향하여 **헐떡거리오니**(아라그)
>
> 시내가 다 말랐고
>
> 들의 풀이 불에 탔음이니이다(욜 1:20).

시인은 물이 없어 죽음의 위험에 처한 목마른 사슴이 마실 물을 찾아 헐떡이는(ערג, 아라그, "갈망하다") 모습으로 하나님을 찾아 헤맨다. 생명을 유지하기 위해서는 물이 절대적으로 필요한 상황인데도 물 한 방울 얻을 곳이 없다("물의 결핍"). 1절은 시인이 처한 극단적인 상황을 비유로 기술한다.

2절의 "영혼"(נֶפֶשׁ, 네페쉬)은 갈증을 강하게 느끼며 해갈을 욕구하는 생명체를 가리킨다. 이토록 절박한 시인의 영혼은 "살아 계시는 하나님"을 찾고 찾는다. "살아 계시는 하나님"은 생명의 근원이 되신다 (시 36:9). "하나님의 얼굴을 뵈올까"(אֶרְאֶה פְּנֵי אֱלֹהִים, 에라에 페네 엘로힘)라는 말에서 "하나님의 얼굴을 보다"라는 표현은 하나님의 임재를 직접적으로 경험하는 것을 의미한다.

> 너희가 **내 앞에 보이러**(레라오트 파나이) 오니
>
> 이것을 누가 너희에게 요구하였느냐?
>
> 내 마당만 밟을 뿐이니라(사 1:12).

"어느 때에"(מָתַי, 마타이, "언제?")라는 단어는 억눌린 상태에서 흘러나오는 절망적인 탄식이다. 시인은 얼마나 오래 기다려야 하나님의 임재를 경험할 수 있을지 염려하며 막막함을 토로한다. 하나님의 부재는 모든 고통의 근본적인 원인이다.

3절은 시인의 고통을 묘사한다. 시인은 "네 하나님이 어디 있느냐?"(אַיֵּה אֱלֹהֶיךָ, 아예 엘로헤카)라는 주위의 조롱에 종일 시달린다. 눈물이 날마다 먹는 음식이 될 정도로 그의 일상은 고통의 연속이다(시 80:5; 102:9). 4절의 원문은 "이 일을 내가 기억하고(זָכַר, 자카르) 내가 나의 영혼을 내 위에 쏟아붓는다(שָׁפַךְ, 샤파크)"라는 말로 시작한다.

> 한나가 대답하여 이르되 "내 주여, 그렇지 아니하니이다. 나는 마음이 슬픈 여자라. 포도주나 독주를 마신 것이 아니요, 여호와 앞에 내 심정을 **통한 것**(샤파크)뿐이오니"(삼상 1:15).

백성들아 시시로 그를 의지하고

그의 앞에 마음을 **토하라**(샤파크).

하나님은 우리의 피난처시로다. (셀라)(시 62:8).

시인은 하나님의 성전에서 예배하던 시절을 기억한다. "과거의 예배"를 기억하자 새로운 힘이 솟구친다. 이처럼 그는 기쁨과 감사의 예배를 기억함으로써 하나님의 부재와 거리감으로 인한 고통에서 벗어나고 있다.

2) 후렴(5절)

> 5 내 영혼아,
> 네가 어찌하여 낙심하며
> 어찌하여 내 속에서 불안해 하는가?
> 너는 하나님께 소망을 두라.
> 그가 나타나 도우심으로 말미암아
> 내가 여전히 찬송하리로다.

5절의 후렴구에는 독특한 장면이 나온다. 시인의 내면에서 두 자아(自我)가 서로 충돌(a conflicted self)한다. 하나는 주변의 조롱을 받고 고립되어 절망에 사로잡힌 "낙담하는 자아"이며, 다른 하나는 예배를 기대하며 희망에 가득 찬 "격려하는 자아"다. 시인의 내면에서 "불안의 자아"와 "믿음의 자아"가 서로 갈등하고 있는 것이다. 예배를 기억하는 믿음의 자아는 하나님을 망각한 불안의 자아에게 그분에 대한 기억을 소환하며 그분께 소망을 두라고 권면한다.

3) 부재하신 하나님을 찾는 절규의 탄원(6-10절)

> 6 내 하나님이여,
> 내 영혼이 내 속에서 낙심이 되므로
> 내가 요단 땅과 헤르몬과 미살 산에서 주를 기억하나이다.
> 7 주의 폭포 소리에 깊은 바다가 서로 부르며
> 주의 모든 파도와 물결이 나를 휩쓸었나이다.
> 8 낮에는 여호와께서 그의 인자하심을 베푸시고
> 밤에는 그의 찬송이 내게 있어
> 생명의 하나님께 기도하리로다.
> 9 내 반석이신 하나님께 말하기를
> "어찌하여 나를 잊으셨나이까?
> 내가 어찌하여 원수의 압제로 말미암아 슬프게 다니나이까?" 하리로다.
> 10 내 뼈를 찌르는 칼 같이
> 내 대적이 나를 비방하여
> 늘 내게 말하기를
> "네 하나님이 어디 있느냐?" 하도다.

6-10절은 하나님의 부재로 인한 고통을 진술한다. 6절에서 시인은 영혼이 완전히 녹아버리는 것을 경험한다. 생명력과 삶의 의지가 완전히

해체되었다. 시인은 하나님이 현존하시는 성전("예루살렘")에서 멀리 떨어진 지역("요단강과 헤르몬과 미살산")에 있지만, 그럼에도 불구하고 애써 하나님을 기억하려고 한다.

7절의 "폭포", "깊은 바다", "파도", "물결"(תְּהוֹם, 테홈)은 사람이 감당할 수 없는 혼돈의 세력을 상징한다. 물이 너무 많다("물의 과잉"). 여기 등장하는 물은 "생명을 주는 물"(1절)이 아니라 "파괴하는 물"이다. 물은 본디 양날의 칼처럼 "생명"과 "죽음" 두 가지를 동시에 상징한다. 적당한 물은 생명에 필수적이지만 지나친 물은 죽음을 불러온다. 더욱 심각한 것은 이런 죽음의 물이 하나님으로부터 나왔다는 사실이다. 이처럼 하나님은 "생명의 하나님"이자 "죽음의 하나님"이시기도 하다.

> 이제는 나 곧 내가 그인 줄 알라.
> 나 외에는 신이 없도다.
> **나는 죽이기도 하며 살리기도 하며**
> 상하게도 하며 낫게도 하나니
> 내 손에서 능히 빼앗을 자가 없도다(신 32:39).

> **여호와는 죽이기도 하시고 살리기도 하시며**
> 스올에 내리게도 하시고 거기에서 올리기도 하시는도다(삼상 2:6).

8절에 따르면 시인은 "죽음의 하나님"(7절) 앞에서 "생명의 하나님"(חַיִּי אֵל, 엘 하야이)께 기도한다. 그분은 인자하심과 찬송의 하나님이시다. 9절에서 시인은 하나님을 반석에 비유한다. "반석"(סֶלַע, 셀라)은 안전과 방어의 상징이다(시 18:2). 시인은 "어찌하여"(מָה, 마)를 두 번이나 반복하면서 안전과 방어의 하나님이 자신을 잊으셨다고 탄식한다. 시인은 10절에서 자신을 향한 대적들의 조롱을 언급한다. "네 하나님이 어디 있느냐?"와 "내 뼈를 찌르는 칼"은 시인의 불행에 대한 원수들의 조롱과 비웃음을 극대화한 표현이다.

4) 후렴(11절)

> 11 내 영혼아,
>
> 네가 어찌하여 낙심하며
>
> 어찌하여 내 속에서 불안해 하는가?
>
> 너는 하나님께 소망을 두라.
>
> 나는 그가 나타나 도우심으로 말미암아
>
> 내 하나님을 여전히 찬송하리로다.

11절의 마지막 후렴구는 5절과 유사하지만 약간 다른 점이 있다. 5절은 "그(하나님)의 얼굴의 구원에 감사할 것이다"라고 하지만 11절은 "내 얼굴의 구원이신 내 하나님께 감사할 것이다"라고 말한다. 시인은 5절에 비해(פְּנָיו, 파나브, "그의 얼굴") 보다 직접적으로(פָּנַי, 파나이, "내 얼굴") 자신의 구원에 대한 신뢰감을 표현한다.

4. 메시지

신앙은 하나님이 부재(죽음의 하나님)하는 것처럼 보이는 현실 가운데서도 과거에 현존하셨던 하나님(생명의 하나님)을 "기억"하고 미래에도 활동하실 하나님을 "기대"하는 것이다. 살아 계신 하나님에 대한 "갈망의 잊혀감"(절망감)은 그 갈망에 대한 "기억의 되살림"(희망)에 의해 극복된다. 사람의 내면에는 늘 "낙담하는 자아"와 "격려하는 자아"가 공존한다. 또한 "불안의 자아"와 "믿음의 자아"가 공존한다. 신앙은 "믿음의 자아"가 "불안의 자아"를 넘어설 때 작동하며, 이 순간 비로소 새로운 영적 생명이 탄생한다. 유영모 선생의 용어를 빌려 표현하면 이런 영적 생명은 "몸의 겉 나"에서 "얼의 속 나"로 거듭나는 새로운 삶이다. 얼이 몸에 끌려다니지 않고 얼이 몸을 이끄는 삶이 믿음의 삶이다. 다시 말해 격려가 낙담을, 믿음이 불안을 압도하는 삶이 믿음의 삶이다.

43편

희망의 대화인 기도:

"너는 하나님께 소망을 두어라"

1. 양식

이 시는 "개인 탄원시"(psalm of an individual lament)에 해당된다. 시인은 사회적 불의로 인해 고통을 당하고 있으나 희망을 잃지 않고 구원을 간청하며 믿음으로 하나님을 찬양한다.

2. 구조

1) 1-3절: 간구
2) 4절: 응답의 확신과 찬양
3) 5절: 후렴

3. 내용

1) 간구(1-3절)

> ¹ 하나님이여, 나를 판단하시되
>
> 경건하지 아니한 나라에 대하여 내 송사를 변호하시며
>
> 간사하고 불의한 자에게서 나를 건지소서.
>
> ² 주는 나의 힘이 되신 하나님이시거늘
>
> 어찌하여 나를 버리셨나이까?
>
> 내가 어찌하여 원수의 억압으로 말미암아 슬프게 다니나이까?

3 주의 빛과 주의 진리를 보내시어 나를 인도하시고

주의 거룩한 산과 주께서 계시는 곳에 이르게 하소서.

1-3절은 시인의 간구를 담고 있다. 1절에서 시인은 고소인들에게 시달리면서 고통을 받고 있다("내 송사를 변호하시며"). 시인의 대적자인 고소인들은 "경건하지 아니한 나라"로 표현된다. 이 표현은 문자적으로 보면 "경건(חֶסֶד, 헤세드)이 없는 백성"을 뜻한다. 사실상 이들은 하나님과 무관한 삶을 살고 있으며, 이들의 무기는 "간사(속임수)와 불의"다. 이들은 남을 속이고 비방하는 일에 선수(選手)다. 하지만 시인은 단순히 그들의 증오심을 한탄하기보다는 하나님께 친히 자신의 변호사가 되어 사건을 담당해달라고 간청한다. 그가 하나님께 바라는 것은 원수들에 대한 복수가 아니라 정의로운 그분의 임재와 역사하심이다.

2절에서 시인은 "주는 나의 힘이 되신 하나님이시거늘"이라고 말하며 하나님에 대한 신뢰를 고백한다. 이어 "어찌하여"(לָמָה, 라마)라는 단어를 반복 사용하면서 하나님의 부재를 강한 어조로 탄원한다. 시인은 이전에 자신의 힘이 되어 주셨던 분이 자신을 버린 것 같은 현실에 매우 고통스러워한다. 그러나 이런 모순된 현실을 회피하지 않고 탄원을 통해 자신의 고통을 적극적으로 표출한다. "자신의 힘이 되셨던 하나님"(야웨의 임재와 말씀하심)과 "자신을 버리신 하나님"(야웨의 부재와 침묵)이 상반되어 보이는 현실에도 불구하고 동일한 그분 앞에 자신의 고통을 낱낱이 털어놓는다. "나의 힘이 되시는 하나님이 어찌하여 나를 버리셨나이까?" 멀리 계신 하나님의 응답이 들리지 않는 상황에서도 시인은 신뢰를 굳건히 함으로써 그분과 연결된 끈을 놓지 않고 대화를

끝까지 이어나간다. 이는 현실을 뛰어 넘는 믿음에 근거한 용기 있는 행동이다.

3절에서 "주의 빛"(אוֹרְךָ, 오르카)과 "주의 진리"(אֲמִתְּךָ, 아미테카)는 하나님의 속성으로 의인화되어 언급된다. 이 둘은 하나님을 대신하여 보냄을 받은 사자(使者)나 천사들이다. "주의 빛"(אוֹרְךָ, 오르카)은 "어둠"과 "불의" 및 "창조를 대적하는 혼돈"을 끝장내고 "생명"과 "정의"와 "구원"을 불러들인다. "주의 진리"(אֲמִתְּךָ, 아미테카)는 탄원하는 자를 안전하고 바른길로 이끌어 하나님과의 친밀한 교제로 인도한다. 시인은 하나님이 보내주시는 빛과 진리의 인도를 받아 "주의 거룩한 산과 주께서 계시는 곳"으로 가기를 간구한다. 생명의 하나님께 가까이 가는 것이야말로 모든 문제를 해결할 수 있는 답이기 때문이다.

> **하나님께 가까이 함이 내게 복이라.**
> 내가 주 여호와를 나의 피난처로 삼아
> 주의 모든 행적을 전파하리이다(시 73:28).

2) 응답의 확신과 찬양(4절)

> 4 그런즉 내가 하나님의 제단에 나아가
> 나의 큰 기쁨의 하나님께 이르리이다.
> 하나님이여, 나의 하나님이여,
> 내가 수금으로 주를 찬양하리이다.

4절에서 시인은 자신의 기도가 응답될 것이라고 확신하며 찬양한다. 시인은 지성소 입구에 있는 "하나님의 제단"(מִזְבַּח אֱלֹהִים, 미즈바흐 엘로힘)에서 그분의 현존을 체험할 수 있다. 시인은 이곳에 이르러 "자신을 버리신 하나님"이 아닌 "자신의 힘이 되시는 하나님"을 만난다. 그리고 그분을 "나의 큰 기쁨의 하나님"이라고 일컫는다. 시편 42편의 시인은 "내가 어느 때에 나아가서 하나님의 얼굴을 뵈올까?"라고 말하며 하나님의 부재를 탄식했으나, 시편 43편의 시인은 하나님의 응답을 확신하고 그분의 임재를 바라보며 "선취적인 기쁨"을 고백한다. 그는 곧 찬양을 한다. 이처럼 버림받아 비탄으로 시작되었던 그의 기도(1-2절)는 4절에서 찬양으로 끝난다.

3) 후렴(5절)

> 5 내 영혼아,
> 네가 어찌하여 낙심하며
> 어찌하여 내 속에서 불안해 하는가?
> 너는 하나님께 소망을 두라.
> 그가 나타나 도우심으로 말미암아
> 내 하나님을 여전히 찬송하리로다.

5절의 후렴구는 시편 42:5, 11의 후렴구 내용과 거의 비슷하다. 그러나 시편 42편의 후렴구가 "낙담의 분위기"였다면, 시편 43편에서는 "확신의 분위기"가 지배적이다. 전자는 "내 영혼아, 네가 어찌하여 낙심하며 어찌하여 내 속에서 불안해 하는가"라는 전반절("낙심하며")에 방점이 찍혀 있다면, 후자는 "너는 하나님께 소망을 두라. 그가 나타나 도우심으로 말미암아 내 하나님을 여전히 찬송하리로다"라는 후반절("찬송하리로다")에 강조점이 있다. 이를 통해 43편의 후렴구가 탄식보다 신뢰와 희망의 뜻을 더 강조함을 알 수 있다.

요약하면 시편 42편의 시인은 자기 연민에 빠져 자아에 갇혀 있는 반면, 시편 43편의 시인은 절박한 상황을 딛고 하나님께 기도하며 그분의 응답을 확신하고 찬양한다.

4. 메시지

시편 42편이 자기 자신과의 "내적 대화"라면, 시편 43편은 하나님과 말을 나누는 "외적 대화"다. 전자는 지난날을 동경하며 과거에 머물러 있으나(낙담의 대화), 후자는 동일한 상황에서도 하나님께서 빛과 진리를 보내주실 것이라는 확신을 품고 미래로 나아간다(희망의 대화). 자신에 대해 말하는 "심리학"(시 42편)에서 하나님을 향해 말하는 "신학"(시 43편)으로 넘어가자 비로소 구원이 시작된다. 심리학은 질문하고 신학은 답한다. 우리는 내면의 고민을 하나님 앞에서 드러내고 그분께 호소할 때 찬양의 삶을 회복할 수 있다. 그리고 그 순간 자기 연민은 안개와 같이 사라지고 자기 확신과 찬양이 아침 해와 같이 솟아오른다.

44편

무고한 고난에 처한 자들의 신실한 기도:

"우리가 종일 주를 위하여 죽임을 당하게 되며"

1. 양식

이 시는 시편 중 첫 번째로 등장하는 "공동체 탄원시"(psalm of a communal lament)다. 시편에는 총 11편(시 60, 74, 80, 83, 85, 90, 94, 108, 123, 137편)의 공동체 탄원시가 있다. 이 시편은 시인으로 대표되는 공동체가 이해할 수 없는 무고한 고난 속에서 탈출구를 찾기 위해 하나님 앞으로 나아가는 모습을 보여준다.

2. 구조

1) 1-3절: 과거의 구원 역사에 대한 회고
2) 4-8절: 하나님을 향한 신뢰 고백
3) 9-16절: 현재의 고난에 대한 탄원
4) 17-22절: 결백의 선언
5) 23-26절: 마지막 간구

3. 내용

1) 과거의 구원 역사에 대한 회고(1-3절)

1 하나님이여,

주께서 우리 조상들의 날 곧 옛날에 행하신 일을

그들이 우리에게 일러 주매

우리가 우리 귀로 들었나이다.

2 주께서 주의 손으로 뭇 백성을 내쫓으시고

우리 조상들을 이 땅에 뿌리 박게 하시며

주께서 다른 민족들은 고달프게 하시고

우리 조상들은 번성하게 하셨나이다.

3 그들이 자기 칼로 땅을 얻어 차지함이 아니요,

그들의 팔이 그들을 구원함도 아니라.

오직 주의 오른손과 주의 팔과 주의 얼굴의 빛으로 하셨으니

주께서 그들을 기뻐하신 까닭이니이다.

1-3절은 공동체가 이스라엘 초기 역사를 회고하는 내용이다. 그들은 조상들을 통해 가나안 땅 정착에 얽힌 역사를 구전으로 전해 들으며 살았다(1-2절). 하지만 이런 업적은 그들의 조상들이 이룬 것이 아니었다(3절). 그 땅은 조상들의 "칼"(חֶרֶב, 헤레브)과 "팔"(זְרוֹעַ, 제로아)로 차지한 것이 아니라 하나님께서 자기 백성의 역사에 직접 참여하신 결과물이다. 이처럼 과거의 모든 구원 업적은 전적으로 하나님의 손에서 나온 것이다.

2) 하나님을 향한 신뢰 고백(4-8절)

4 하나님이여,

주는 나의 왕이시니

야곱에게 구원을 베푸소서.

5 우리가 주를 의지하여

우리 대적을 누르고

우리를 치러 일어나는 자를

주의 이름으로 밟으리이다.

6 나는 내 활을 의지하지 아니할 것이라.

내 칼이 나를 구원하지 못하리이다.

7 오직 주께서 우리를 우리 원수들에게서 구원하시고

우리를 미워하는 자로 수치를 당하게 하셨나이다.

8 우리가 종일 하나님을 자랑하였나이다

우리는 하나님의 이름에 영원히 감사하리이다. (셀라)

4-8절은 공동체가 하나님을 향해 신뢰를 고백하는 내용이다. 그들은 주는 "나의 왕이며 하나님"이라고 고백한다(4절). 또한 그들은 승리와 구원이 군대의 활과 칼의 강함에 있지 않고(5-6절) 전적으로 하나님께 속한 것임을 강조한다(7절). 그들은 하나님이 하신 일에 대해 "종일"(כָּל־הַיּוֹם, 콜-하욤) 감사하며 그분을 "영원히"(לְעוֹלָם, 레올람) 찬양한다(8절). 이 단락에서는 하나님에 대한 찬양과 더불어 역사 회고가 마무리된다.

3) 현재의 고난에 대한 탄원(9-16절)

9 그러나 이제는 주께서 우리를 버려 욕을 당하게 하시고

우리 군대와 함께 나아가지 아니하시나이다.

10 주께서 우리를 대적들에게서 돌아서게 하시니

우리를 미워하는 자가 자기를 위하여 탈취하였나이다.

11 주께서 우리를 잡아먹힐 양처럼 그들에게 넘겨주시고

여러 민족 중에 우리를 흩으셨나이다.

12 주께서 주의 백성을 헐값으로 파심이여,

그들을 판값으로 이익을 얻지 못하셨나이다.

13 주께서 우리로 하여금 이웃에게 욕을 당하게 하시니

그들이 우리를 둘러싸고 조소하고 조롱하나이다.

14 주께서 우리를 뭇 백성 중에 이야기거리가 되게 하시며

민족 중에서 머리 흔듦을 당하게 하셨나이다.

15 나의 능욕이 종일 내 앞에 있으며

수치가 내 얼굴을 덮었으니

16 나를 비방하고 욕하는 소리 때문이요,

나의 원수와 나의 복수자 때문이니이다.

9-16절은 현재의 고난에 대해 탄원하는 내용이다. 9절의 첫 단어 "그
러나"(אַף, 아프)는 상반되는 분위기를 이끌어냄으로써 "과거의 혁혁한
승리"와 "현재의 처절한 비참함"을 강렬하게 대조한다. "우리를 버려"
에서 "버리다"(זָנַח, 자나흐)는 한쪽의 일방적인 관계 청산을 의미한다(시
43:2; 77:7; 88:14). 백성들은 하나님의 이름을 종일 자랑하며 감사하고
있는 와중에(8절), 하나님으로부터 갑작스럽게 해고 통지를 받고 버림
받게 된다. 이 공동체가 당하고 있는 환난은 "주께서 우리 군대와 함께

나아가지 아니하시나이다"(9절)와 같은 상황에서 비롯된다.

9-12절은 이스라엘의 패배를, 13-16절은 그들이 당하는 모욕을 진술한다. 전투에서 패한 뒤(9-10절) 그들은 여러 나라에 포로로 끌려가거나 노예로 팔려갔다(11-12절). 그들은 이제 이웃 나라의 조롱과 비웃음의 대상이 되었다(13-14절). 또한 능욕과 수치를 당하고(15절) 원수와 복수자의 비방과 모독에 시달려야 했다(16절). 이 단락(9-16절)의 여덟 절 중 처음 여섯 절의 주어는 "주께서"("당신께서")로 시작한다. 이를 통해 알 수 있듯이 하나님에 대한 그들의 맹렬한 고발이 이 시의 특징이자 핵심이다. 이처럼 이 공동체는 하나님이 과거에 보여주셨던 구원 행위와 현재의 내치시는 모습 사이에 발생하는 괴리에 대해 강력하게 항변하고 탄원하고 있다.

4) 결백의 선언(17-22절)

17 이 모든 일이 우리에게 임하였으나

우리가 주를 잊지 아니하며

주의 언약을 어기지 아니하였나이다.

18 우리의 마음은 위축되지 아니하고

우리 걸음도 주의 길을 떠나지 아니하였으나

19 주께서 우리를 승냥이의 처소에 밀어 넣으시고

우리를 사망의 그늘로 덮으셨나이다.

20 우리가 우리 하나님의 이름을 잊어버렸거나

우리 손을 이방 신에게 향하여 폈더면

21 하나님이 이를 알아내지 아니하셨으리이까?

무릇 주는 마음의 비밀을 아시나이다.

22 우리가 종일 주를 위하여 죽임을 당하게 되며

도살할 양 같이 여김을 받았나이다.

17-22절은 공동체가 자신의 결백을 하나님께 호소하는 내용이다. 여기서는 당면한 현실로 인한 당혹감이 분명히 드러난다. 그들은 하나님과의 언약 관계에서 온전함을 유지하면서(17절) 하나님이 설정하신 것을 "내적으로"(생각: לֵב, 레브, "마음") 그리고 "외적으로"(행동: אָשֻׁר, 아슈르, "걸음") 정직하게 행했다(18절). 그러나 하나님은 그들을 보호하시기는커녕 죽음으로 내모셨다(19절). 언약에 충실한 무고한 자들에게 오히려 언약의 저주가 임한 것이다(신 28:15-68).

그들은 1계명을 충실히 준수했다(20절). 사람의 내면을 샅샅이 살피시는 하나님께선 이 사실을 잘 알고 계신다(21절). 따라서 전통적인 언약 신학에 의하면 하나님은 당연히 그들과 함께하시고 그들에게 큰 승리를 주셔야 했다. 그러나 현실은 정반대였다. 하나님은 그들이 살육을 당하도록 허용하셨다(22절). 그들이 현재 당하는 고난은 하나님을 배반해서가 아니라 오히려 그분께 충성한 결과였다. 하나님과의 온전한 연합이 고난을 가져온 것이다. "하나님을 위하여" 살아온 신실한 자들이 결국 "하나님 때문에" 처참한 죽임을 당한 꼴이 되었다! 이런 상황에서는 고난이 하나님을 위한 헌신의 표시가 될 수도 있다.

선을 행함으로 고난 받는 것이 하나님의 뜻일진대 악을 행함으로 고난 받

는 것보다 나으니라(벧전 3:17).

5) 마지막 간구(23-26절)

23 주여 깨소서.

어찌하여 주무시나이까?

일어나시고 우리를 영원히 버리지 마소서.

24 어찌하여 주의 얼굴을 가리시고

우리의 고난과 압제를 잊으시나이까?

25 우리 영혼은 진토 속에 파묻히고

우리 몸은 땅에 붙었나이다.

26 일어나 우리를 도우소서.

주의 인자하심으로 말미암아 우리를 구원하소서.

23-26절은 황당한 현실에 직면한 하나님의 백성이 그분께 드리는 마지막 간구다. 공동체는 당혹스러운 질문에 대한 해결책을 찾지 못했다("어찌하여" לָמָּה, 람마, 23-24절). 다만 하나님께 자신들을 "영원히" 버리지만 말아달라고 간구할 뿐이다(23절). 그들의 현재 상태는 죽음과도 같다(25절). 26절의 마지막 간구인 "일어나소서"(קוּמָה, 쿠마)는 고대 이스라엘이 법궤를 앞세우고 전장을 향해 출정할 때 사용하던 전쟁 구호였다. 이는 하나님의 구원 행동을 촉구하는 말이다. 그들은 "주님의 인자하심"(חֶסֶד, 헤세드)에 근거하여 마지막 기도를 올린다.

4. 메시지

합리적인 눈으로 볼 때 하나님을 신뢰할 수 없는 현실을 맞닥뜨리게 되는 경우가 있다. 그럼에도 불구하고 기도는 이성보다 신앙에 뿌리를 둔다. 신앙은 우리로 하여금 이성을 초월하여 하나님의 신비에 투신(投身)하게 한다. 우리 삶에는 현실이 다 담을 수 없고 파악할 수도 없는 초현실적 신비가 존재한다. 그 영역에서는 오직 신앙으로만 앞에 있는 문을 두드릴 수 있다. 그리고 믿음은 그 문을 열어준다. 따라서 시인은 이해할 수 없어도, 아니 이해할 수 없기 때문에 기도한다. 선하신 하나님의 역사하심을 기대하며!

45편

축복의 통로가 되는 하나님의 지도자:

"왕은 진리와 온유와 공의를 위하여"

1. 양식

이 시편은 왕에 대해 노래하는 "제왕시"(royal psalm)다. 이 시는 결혼식을 올리는 신랑인 왕과 신부인 왕비에게 초점을 맞추고 있으며, 시편에서 유일하게 왕의 결혼을 축하하는 노래다.

2. 구조

    1) 1절: 시인의 서론적 자기 진술
    2) 2-8절: 신랑에 대한 찬양
    3) 9-15절: 신부에 대한 찬양
    4) 16-17절: 시인의 마지막 진술

3. 내용

1) 시인의 서론적 자기 진술(1절)

> **1** 내 마음이 좋은 말로 왕을 위하여 지은 것을 말하리니
> 내 혀는 글솜씨가 뛰어난 서기관의 붓끝과 같도다.

1절에서 시인은 자신에 관해 서론적으로 진술하면서 시를 시작한다. 이 구절은 시편 전체에서 시인이 자신의 의도를 밝히는 유일한 경우

에 속한다. 그는 감당하기 벅찬 영감의 말들이 자신에게 주어졌음을 밝힌다.

2) 신랑에 대한 찬양(2-8절)

2 왕은 사람들보다 아름다워 은혜를 입술에 머금으니
그러므로 하나님이 왕에게 영원히 복을 주시도다.
3 용사여, 칼을 허리에 차고
왕의 영화와 위엄을 입으소서.
4 왕은 진리와 온유와 공의를 위하여
왕의 위엄을 세우시고 병거에 오르소서.
왕의 오른손이 왕에게 놀라운 일을 가르치리이다.
5 왕의 화살은 날카로워 왕의 원수의 염통을 뚫으니
만민이 왕의 앞에 엎드러지는도다.
6 하나님이여, 주의 보좌는 영원하며
주의 나라의 규는 공평한 규이니이다.
7 왕은 정의를 사랑하고 악을 미워하시니
그러므로 하나님 곧 왕의 하나님이
즐거움의 기름을 왕에게 부어
왕의 동료보다 뛰어나게 하셨나이다.
8 왕의 모든 옷은 몰약과 침향과 육계의 향기가 있으며
상아궁에서 나오는 현악은 왕을 즐겁게 하도다.

2-8절에서 시인은 신랑인 왕에 대해 찬양한다. 그는 왕의 아름다움과 인자하고 우아한 말 때문에 하나님이 끝없이 복을 주신다고 말한다 (2절). 2절에 언급된 "복"은 전쟁에서 승리하는 군사적인 성공을 의미하며 3-6절에서 상술되고 있다. 3절에서 왕은 군대 지휘관(גִּבּוֹר, 기보르, "용사여")으로서 백성을 위해 전쟁을 수행한다. "영화와 위엄"은 하나님으로부터 주어지는 것이다(시 21:5). 즉 왕은 하나님의 영광으로 옷을 입고 전쟁에 나선다. 4절은 전쟁의 목적을 제시한다. 왕은 "진리(אֱמֶת, 에메트)와 온유(עֲנָוָה, 안바)와 공의(צֶדֶק, 체데크)"를 위해 전쟁을 수행한다. 특히 "온유"(עֲנָוָה, 안바)는 "가난" 혹은 "겸허"라는 뜻이다. 가난한 자나 겸허한 자들을 위하는 것은 하나님이 기뻐하시는 왕의 핵심적 의무다.

1 하나님이여,

주의 판단력을 왕에게 주시고

주의 공의를 왕의 아들에게 주소서.

2 그가 주의 백성을 공의로 재판하며

주의 **가난한 자**(아니예카)를 정의로 재판하리니

3 의로 말미암아

산들이 백성에게 평강을 주며

작은 산들도 그리하리로다.

4 그가 **가난한**(아니예) 백성의 억울함을 풀어 주며

궁핍한 자의 자손을 구원하며

압박하는 자를 꺾으리로다(시 72:1-4).

5절은 왕이 막강한 군사력을 힘입어 전쟁에서 승리하는 모습을 묘사한다.

6절은 구약성경에서 "인간 왕"을 "하나님"이라고 일컫는 유일한 본문이다. 고대 근동에서는 인간 왕을 신(神)이라고 부르는 것이 보편적이었다. 근동의 왕은 신이 임명한 신의 대리자이자 신의 형상으로 인정되어 신으로 간주되곤 했다. 그러나 구약성경은 하나님과 왕을 엄격하게 구별한다. 왕은 하나님이 될 수 없으며 기껏해야 하나님의 아들로 여겨진다.

> 내가 여호와의 명령을 전하노라.
> 여호와께서 내게 이르시되
> **"너는 내 아들이라. 오늘 내가 너를 낳았도다"**(시 2:7).

> **내가 또 그를 장자로 삼고**
> 세상 왕들에게 지존자가 되게 하며(시 89:27).

따라서 여기서 시인이 왕을 하나님이라고 부르는 것은 상당히 이례적인 일이라 할 수 있다. 아마도 이는 하나님이 부여한 왕의 신성한 임무를 강조하려는 의도로 보인다. 왕은 세상에서 "하나님의 질서"를 옹호하고 땅이 풍성한 수확을 내도록 함으로써 왕국 전체를 위한 "축복의 통로"로서의 역할을 해야 한다. 이런 임무를 수행하기 위해서는 하나님과 연합되어야만 한다(2절). 그리고 하나님과 결합된 왕의 주권("보좌와 규")은 영원하다(참조. 삼하 7:16).

이런 왕은 당연히 "정의"(צֶדֶק, 체데크)를 사랑하고 "악"을 미워한다 (7절). 하나님은 그에게 "즐거움의 기름"(שֶׁמֶן שָׂשׂוֹן, 쉐멘 사손)을 부어주셔서 결혼식 날에 기쁨이 흘러넘치도록 하신다.

> 무릇 시온에서 슬퍼하는 자에게 화관을 주어
> 그 재를 대신하며 **기쁨의 기름**(쉐멘 사손)으로
> 그 슬픔을 대신하며 찬송의 옷으로
> 그 근심을 대신하시고
> 그들이 의의 나무
> 곧 여호와께서 심으신 그 영광을 나타낼 자라 일컬음을 받게 하려 하심이라(사 61:3).

8절은 왕의 화려한 결혼식을 묘사한다. 왕의 옷에는 값비싼 향("몰약과 침향과 육계의 향기")이 가득 배어있으며, 상아로 장식된 결혼식장에는 현악기 연주 소리가 들린다.

3) 신부에 대한 찬양(9-15절)

> 9 왕이 가까이 하는 여인들 중에는 왕들의 딸이 있으며
> 왕후는 오빌의 금으로 꾸미고 왕의 오른쪽에 서도다.
> 10 딸이여, 듣고 보고 귀를 기울일지어다.
> 네 백성과 네 아버지의 집을 잊어버릴지어다.
> 11 그리하면 왕이 네 아름다움을 사모하실지라.

그는 네 주인이시니 너는 그를 경배할지어다.

12 두로의 딸은 예물을 드리고

백성 중 부한 자도 네 얼굴 보기를 원하리로다.

13 왕의 딸은 궁중에서 모든 영화를 누리니

그의 옷은 금으로 수 놓았도다.

14 수 놓은 옷을 입은 그는 왕께로 인도함을 받으며

시종하는 친구 처녀들도 왕께로 이끌려 갈 것이라.

15 그들은 기쁨과 즐거움으로 인도함을 받고

왕궁에 들어가리로다.

9-15절에서 시인은 신부인 왕비에게로 시선을 옮긴다. 왕비(왕후)는 수많은 왕들의 딸(공주들) 중 선택된 사람으로서 존귀한 자리를 차지한다(9절). 왕비는 "오빌의 금"으로 단장하고 왕과 함께 영광과 영예를 공유한다("왕의 오른쪽에 서도다").

10절에서 시인은 왕비의 외로움과 향수(鄕愁)의 감정을 포착하고 부모의 집을 떠난 것을 슬퍼하지 말라고 권면한다. 만약 신부가 이방인이라면 섬기는 신을 버리고 이스라엘의 하나님을 따르라고 권한다.

룻이 이르되 "내게 어머니를 떠나며 어머니를 따르지 말고 돌아가라 강권하지 마옵소서. 어머니께서 가시는 곳에 나도 가고 어머니께서 머무시는 곳에서 나도 머물겠나이다. 어머니의 백성이 나의 백성이 되고 어머니의 하나님이 나의 하나님이 되시리니"(룻 1:16).

결혼은 과거와 결별하고 새로운 관계로 들어가는 것이므로 신랑과 신부 모두에게 변화를 요구한다. 시인은 신부에게 신랑으로부터 얻게 될 사랑을 기대하라고 말한다(11절). 신부가 왕비가 되면 많은 사람들이 그녀의 은혜를 구할 것이다(12절). 두로의 사신들("두로의 딸": 부유한 이웃)도 새 왕비에게 결혼 축하 예물을 바친다.

13-15절은 결혼식 과정을 묘사한다. 신부는 금으로 수놓은 옷을 입고(13절) 왕과 함께 거하기 위해 왕궁의 뜰로 행진한다(14절). 이 결혼식은 신부가 기쁨과 즐거움이 가득한 상태로 왕궁에 들어가면서 끝난다(15절).

4) 시인의 마지막 진술(16-17절)

¹⁶ 왕의 아들들은 왕의 조상들을 계승할 것이라.

왕이 그들로 온 세계의 군왕을 삼으리로다.

¹⁷ 내가 왕의 이름을 만세에 기억하게 하리니

그러므로 만민이 왕을 영원히 찬송하리로다.

16-17절은 왕의 결혼에 내려질 축복을 다룬다. 시인은 왕의 아들들이 태어남으로써 왕조가 영속되기를 바란다(16절). 또한 왕의 이름이 온 세대에 기억되고 열방이 왕을 영원히 찬양하기를 기원한다(17절).

4. 메시지

예나 지금이나 왕의 관심은 자국(自國)의 국경을 지키고(2-8절) 이 일
을 이어나갈 합당한 후계자를 세우는 데 집중된다(9-15절). 그러나 왕
위 계승 자체보다 왕위 계승의 목적이 더 중요하다. 하나님은 왕의 이
런 역할을 통해 이 땅에 진리와 온유와 공의가 세워지도록 하신다. 왕
은 하나님과 온전히 결합될 때만이 사명을 온전히 수행할 수 있다.

> **18** 그가 왕위에 오르거든 이 율법서의 등사본을 레위 사람 제사장 앞에서
> 책에 기록하여 **19** 평생에 자기 옆에 두고 읽어 그의 하나님 여호와 경
> 외하기를 배우며 이 율법의 모든 말과 이 규례를 지켜 행할 것이라(신
> 17:18-19).

하나님 앞에서 이를 행하는 신실한 지도자만이 만민을 위한 축복의 통
로가 될 수 있다.

46편

내 주는 강한 성이요:

"만군의 여호와께서 우리와 함께 하시니"

1. 양식

이 시편은 거룩한 성 예루살렘이 하나님의 도성임을 노래하는 "시온 시"(a song of Zion, 시온의 노래)다. 이 시는 시편에 나오는 시온의 노래들 (시 46, 48, 76, 84, 87, 122편) 가운데 제일 처음 등장한다. 또한 이 시편은 종교개혁자 마르틴 루터(M. Luther, 1483-1546)가 지은 유명한 찬송가 "내 주는 강한 성이요"의 배경이 되는 성경 본문이기도 하다.

2. 구조

1) 1-3절: 자연의 위협 속에서 피난처가 되신 하나님
2) 4-7절: 열방의 위협 속에서 피난처가 되신 하나님
3) 8-11절: 온 세상에서 높임을 받으시는 하나님

3. 내용

1) 자연의 위협 속에서 피난처가 되신 하나님(1-3절)

¹ 하나님은 우리의 피난처시요 힘이시니

환난 중에 만날 큰 도움이시라.

² 그러므로 땅이 변하든지

산이 흔들려 바다 가운데에 빠지든지

3 바닷물이 솟아나고 뛰놀든지

그것이 넘침으로 산이 흔들릴지라도

우리는 두려워하지 아니하리로다. (셀라)

1-3절은 자연 재난으로부터 인간을 보호하시는 하나님을 노래한다. 이 시에서 시인은 자연의 위협을 다룬다. 1절의 "피난처"(מַחְסֶה, 마흐세)는 어떤 것도 범접할 수 없는 안전한 장소를 말한다(시 104:18). 그런데 이 피난처는 하나님이 계시는 예루살렘(시온)이라는 장소가 아니라 야웨 그 자체다. "환난 중에 만날 큰 도움"은 "환난에서 벗어나게 해주는 든든한 도움"이라는 뜻이다. 다시 말해 하나님은 사람이 어려움에 봉착했을 때 "조력자"가 되심으로써 자신을 증명하신다. 여기서 "만나다"(נִמְצָא, 님차)의 주어는 "도움"이 아니라 "하나님"이다. 시인은 환난 가운데 필요한 것이 "하나님의 도우심"이 아니라 "도우심의 하나님", 즉 "도우시는 하나님"이라고 말한다. 이 "환난"(צָרָה, 차라)은 복수형(צָרוֹת, 차로트)으로 쓰였으며, 바로 뒤에 나오는 자연과 열방의 위협을 모두 가리키는 것으로 보인다.

2-3절은 지진의 모습을 묘사함으로써 자연의 위협을 서술한다. 땅이 요동하고 산들이 흔들려서 바닷속으로 무너져 내리며(2절), 바닷물이 격동하고 산들이 진동한다(3절). 그래도 시인은 결코 두려워하지 않는다. 왜냐하면 하나님이 그의 피난처가 되어주시기 때문이다.

2) 열방의 위협 속에서 피난처가 되신 하나님(4-7절)

4 한 시내가 있어 나뉘어 흘러

하나님의 성 곧 지존하신 이의 성소를 기쁘게 하도다. [선택]

5 하나님이 그 성 중에 계시매   [거주]

성이 흔들리지 아니할 것이라.

새벽에 하나님이 도우시리로다.

6 뭇 나라가 떠들며 왕국이 흔들렸더니

그가 소리를 내시매 땅이 녹았도다.   [난공불락]

7 만군의 여호와께서 우리와 함께 하시니

야곱의 하나님은 우리의 피난처시로다. (셀라)   [피난처]

시온시는 1) 하나님의 시온 선택, 2) 하나님의 시온 거주, 3) 난공불락의 시온, 4) 피난처 되는 시온을 노래한다. 4-7절은 시온시의 네 가지 구성요소를 모두 포함하고 있으며, 국가적 재난으로부터 보호하시는 하나님을 노래한다. 또한 이 단락은 열방의 위협을 다루고 있다. 4절의 "하나님의 성"과 "지존하신 이의 성소"는 "예루살렘"(시온)을 가리킨다.

1 여호와는 위대하시니

우리 **하나님의 성**,

거룩한 산에서 극진히 찬양 받으시리로다.

2 터가 높고 아름다워 온 세계가 즐거워함이여,

큰 왕의 성 곧 북방에 있는 **시온산**이 그러하도다(시 48:1-2).

"한 시내가 예루살렘을 기쁘게 하다"라는 표현은 구원받은 것에 대한 응답을 은유적으로 묘사한 말이다(시 30:11; 107:30). 5절에서 "하나님의 성"이 보호를 받는 것은 하나님이 그 안에 현존하시기 때문이다.

> 여호와가 네 형벌을 제거하였고
> 네 원수를 쫓아냈으며
> **이스라엘 왕 여호와가 네 가운데 계시니**
> **네가 다시는 화를 당할까 두려워하지 아니할 것이라**(습 3:15; 참조. 미 3:11).

"새벽에 하나님이 도우시리로다"라는 표현은 구약에 자주 나온다(시 5:3; 17:15; 30:5). 태양이 떠오르면서 어둠이 물러가고 빛이 등장할 때 비로소 하나님의 도움이 임한다는 말이다. 이처럼 어둠과 빛이 교차하는 이른 아침은 환난이 사라지고 하나님의 응답과 도움이 시작되는 시간이다.

> 모세가 곧 손을 바다 위로 내밀매 **새벽이** 되어 바다의 힘이 회복된지라. 애굽 사람들이 물을 거슬러 도망하나 여호와께서 애굽 사람들을 바다 가운데 엎으시니(출 14:27).

> 여호와의 사자가 나가서 앗수르 진중에서 십팔만 오천인을 쳤으므로 **아**

침에 일찍이 일어나 본즉 시체뿐이라(사 37:36).

6절의 "뭇 나라들이 떠들며"(הָמוּ גוֹיִם, 하무 고임)라는 관용구는 열방이 시온을 향해 쳐들어오는 상황을 뜻한다. "왕국이 흔들렸더니"(מָמְלָכוֹת מָטוּ, 마투 맘라코트)는 나라들이 무너지는 모습을 가리킨다. 또한 "그가 소리를 내시매 땅이 녹았도다"(נָתַן בְּקוֹלוֹ תָּמוּג אָרֶץ, 나탄 베콜로 타무그 아레츠)는 표현은 하나님의 목소리(천둥소리, 시 18:13; 29:3-9)를 듣고 적군이 엄청난 두려움에 사로잡혀 우왕좌왕하는 모습을 그린다.

7절의 "만군의 여호와"(יְהוָה צְבָאוֹת, 야웨 체바오트)는 하늘의 군대를 이끌고 우주적이고 인간적인 대적들을 격파하시는 전사(戰士)로서의 하나님을 표현한다. 그리고 "야곱의 하나님"은 "환난의 날에 응답하시며 당신의 백성과 함께 동행하시는 하나님이시다"(창 35:3; 시 20:1). 이 호칭은 보호자로서의 하나님의 속성을 강조한다. 시인은 강력한 전사이자 환난 중에 보호자가 되시는 하나님이 자신의 "피난처"(מִשְׂגָּב, 미스가브)이심을 고백한다.

3) 온 세상에서 높임을 받으시는 하나님(8-11절)

8 와서 여호와의 행적을 볼지어다.

그가 땅을 황무지로 만드셨도다.

9 그가 땅 끝까지 전쟁을 쉬게 하심이여,

활을 꺾고 창을 끊으며 수레를 불사르시는도다.

10 이르시기를

"너희는 가만히 있어 내가 하나님 됨을 알지어다.

내가 뭇 나라 중에서 높임을 받으리라.

내가 세계 중에서 높임을 받으리라" 하시도다.

11 만군의 여호와께서 우리와 함께하시니

야곱의 하나님은 우리의 피난처시로다. (셀라)

8-11절은 하나님이 온 세상의 주(主)이심을 노래한다. 8절에서 초대의 대상은 바로 "뭇 나라"(גּוֹיִם, 고임, 6절)다. 시인은 전쟁으로 야기된 황폐함 속에서 이 열방(뭇 나라)이 야웨 하나님의 행하심을 깨닫기를 원하고 있다. 야웨께서 역사에 개입하시는 궁극적인 목적은 모든 전쟁 무기를 제거함으로써 이 땅에서 전쟁을 완전히 종식시킨 후 평화를 이룩하기 위함이다(9절).

10절의 "너희는 가만히 있어"(הַרְפּוּ, 하르푸)는 "멈추라/중지하라" 는 뜻이다. 이 말은 서로 적대적 행위(전쟁)를 멈추고 야웨가 참 하나님이심을 알아야 한다는 의미다. 지금까지 질서를 위협하는 존재로 묘사된 "뭇 나라"(הַגּוֹיִם, 하고임, "그 열방")와 "그 세계"(הָאָרֶץ, 하아레츠, "그 땅")가 모두 예배에 참여하여 야웨를 찬양한다. 따라서 7절에서의 "우리"는 "하나님의 백성"에 국한되지만, 11절의 "우리"는 "이스라엘과 열방" 모두를 포함한다. 평화는 이처럼 열방이 야곱의 하나님을 인정하고 "이스라엘과 열방" 모두 야웨 하나님을 "함께" 예배할 때 비로소 도래한다.

4. 메시지

"자연"(1-3절)과 "역사"(4-7절)는 모두 하나님의 지배 아래 있으므로, 그분의 자녀인 우리는 자연과 역사로 인해 발생하는 혼돈을 두려워할 필요가 없다. 창조주께서는 이 땅의 "모든" 혼돈을 지배하신다. 물론 인간의 삶에는 혼돈의 상황이 끊임없이 출현한다. 하지만 여전히 피조 세계를 주관하고 계시는 하나님께서 "언제나 그리고 마침내" 혼돈을 정복하시고 평강을 확립하실 것이다. 이 시는 하나님이 거하시는 "성소"(시온)를 신뢰하는 대신 온 백성과 함께 거하시는 하나님을 믿으라고 말한다. 임재하고 통치하시는 하나님이 그들의 피난처가 된다. 하나님이 거하는 장소가 아니라 하나님 자체가 강한 성이다. 그렇기 때문에 "내 주는 강한 성"이다.

47편

모두를 품는 포용 공동체:

"하나님은 온 땅의 왕이심이라"

1. 양식

이 시편은 "야웨 왕권시"(Yahweh-kingship psalm)로 분류된다. 이 시는 야웨가 온 땅의 왕이심을 밝히며 그분의 왕권과 통치를 찬양한다. 이 시는 시편의 야웨 왕권시들(시 47, 93, 96, 97, 98, 99편) 중 첫 번째로 등장한다.

2. 구조

  1) 1-5절: 열방의 왕이신 하나님을 향한 충성 환호
  2) 6-9절: 열방의 왕이신 하나님을 향한 찬양

3. 내용

1) 열방의 왕이신 하나님을 향한 충성 환호(1-5절)

  1 너희 만민들아, 손바닥을 치고
  즐거운 소리로 하나님께 외칠지어다.
  2 지존하신 여호와는 두려우시고
  온 땅에 큰 왕이 되심이로다.
  3 여호와께서 만민을 우리에게,
  나라들을 우리 발 아래에 복종하게 하시며

4 우리를 위하여 기업을 택하시나니

곧 사랑하신 야곱의 영화로다. (셀라)

5 하나님께서 즐거운 함성 중에 올라가심이여,

여호와께서 나팔 소리 중에 올라가시도다.

첫 번째 단락(1-5절)은 1) 충성 환호를 촉구(1절), 2) 충성 환호의 이유 (2-4절), 3) 하나님의 오르심에 대한 묘사(5절)로 세분된다.

1절에서 시인은 하나님의 통치 시작을 이 땅의 "왕의 즉위식"으로 묘사하면서 "만민들"(כָּל־הָעַמִּים, 콜-하아밈)에게 손뼉을 치며(시 98:8; 왕하 11:12) 기뻐 외치라(왕상 1:40)고 촉구한다. "손뼉치기"와 "환호 소리"는 왕의 즉위식과 관련된다. 그는 사람들에게 야웨 하나님의 즉위를 축하하고 더 나아가 그분에게 충성을 표하라고 요구한다.

2-4절은 충성 환호를 촉구하는 이유를 언급한다. 2절은 우선 중요한 사실을 간단히 진술하고, 3-4절은 이를 보다 자세히 풀이한다. 야웨는 "지존하신 분"(עֶלְיוֹן, 엘욘), "두려우신 분"(נוֹרָא, 노라), "큰 왕"(גָּדוֹל מֶלֶךְ, 멜레크 가돌)이시다(2절). 야웨는 여러 신들 가운데 "최고신"(עֶלְיוֹן, 엘욘: 가나안 신 엘[El]의 속성)이자 "혼돈을 몰아낸 승리자"(נוֹרָא, 노라: 가나안 신 바알[Baal]의 속성)로 간주된다. 또한 야웨는 "온 땅의 큰 왕"이시다. 이런 표현은 야웨가 신들 중에서 "최고의 왕"이라는 점을 강조함으로써 그분의 우월성을 드러낸다. 이 세상에서 감히 야웨 하나님께 대항할 수 있는 신은 없다. "온 땅의 큰 왕"이신 야웨는 이방 민족들과 나라들을 이스라엘의 발아래 복종시키셨다(3절). 고대 근동에서는 관례적으로 승리자가 정복당한 원수의 목을 발로 누르고 서 있었다.

시인의 영성 1

여호와께서 내 주에게 말씀하시기를

"내가 **네 원수들로 네 발판이 되게** 하기까지

너는 내 오른쪽에 앉아 있으라" 하셨도다(시 110:1).

그 왕들을 여호수아에게로 끌어내매 여호수아가 이스라엘 모든 사람을 부르고 자기와 함께 갔던 지휘관들에게 이르되 "가까이 와서 **이 왕들의 목을 발로 밟으라**" 하매 그들이 가까이 가서 **그들의 목을 밟으매**(수 10:24).

4a절의 "기업"(נַחֲלָה, 나할라)은 이스라엘의 땅을 가리킨다(사 58:14). 4b절의 "야곱의 영화"에서 "영화"(גָּאוֹן, 가온)는 "자랑"이라는 뜻이며 여기서는 "기업"과 동의적인 대구(동의 평행법)를 이루고 있다. 이를 통해 4절 전체가 야곱(이스라엘)이 자랑스러워하는 땅 곧 하나님이 사랑의 선물로 주신 땅을 묘사하고 있음을 알 수 있다. 야웨 하나님은 보잘것없는 이스라엘에게 머물 수 있는 땅을 기업으로 주심으로써 온 세상의 위대한 왕으로서의 능력을 보여주셨다.

이어서 5절은 야웨께서 자신의 보좌인 시온에 오르는 장면을 진술한다. 지존한 왕이신 야웨 하나님은 모든 만민들의 충성 환호와 나팔소리가 울려 퍼지는 가운데 이 세상의 중심지인 시온으로 올라가신다.

2) 열방의 왕이신 하나님을 향한 찬양(6-9절)

⁶ 찬송하라. 하나님을 찬송하라.

찬송하라. 우리 왕을 찬송하라.

7 하나님은 온 땅의 왕이심이라.

지혜의 시로 찬송할지어다.

8 하나님이 뭇 백성을 다스리시며

하나님이 그의 거룩한 보좌에 앉으셨도다.

9 뭇 나라의 고관들이 모임이여,

아브라함의 하나님의 백성이 되도다.

세상의 모든 방패는 하나님의 것임이여,

그는 높임을 받으시리로다.

두 번째 단락(6-9절)은 첫 번째 단락과 마찬가지로 세 부분으로 나누어지며, 1) 찬양 촉구(6절), 2) 찬양의 이유(7-8절), 3) 하나님의 백성이 된 열방에 관한 묘사(9절)로 세분된다.

6절에서 시인은 1절의 청중들인 "만민"에게 야웨 하나님을 찬양하라고 촉구한다. 그는 사람들에게 온 땅의 왕이신 하나님의 왕권을 찬양하라고 반복적으로 요청한다. 실제로 "찬양하라"는 단어는 6-7절에서 다섯 차례나 언급된다.

7-8절은 찬양의 이유를 진술한다. 한마디로 "하나님은 온 땅의 왕"이시므로 찬양받기에 합당하신 분이다(7a절). 7b절은 "지혜의 시"로 찬양할 것을 권고한다. "지혜의 시"(מַשְׂכִּיל, 마스킬)는 지혜의 원리에 따라 매우 기교적으로 만들어진 노래를 말한다. 즉 이 구절은 온 땅의 왕이신 하나님께 적합한 (혹은 기교적인) 노래로 찬양을 올리라는 말이다. 8절은 7절의 진술을 풀어서 설명한다. 7절의 명사 "왕"(מֶלֶךְ, 멜레

크)이 여기서는 "다스리다"(מָלַךְ, 말라크)라는 동사로 설명된다. 야웨 하나님은 "뭇 백성"인 "나라들"을 다스리신다. 그리고 "거룩한 보좌"(법궤)에 좌정하신다(시 99:1; 렘 3:16-17).

9절에서 시인은 뭇 나라의 고관들이 아브라함의 하나님의 백성이 될 것이라고 노래한다. 이는 열방의 백성이 하나님의 백성이 될 것이라는 뜻이다. 8-9절의 동사는 모두 "완료형"으로 쓰였다. 이는 확신을 표현하는 것으로서(확신의 완료형), 모두 미래적 사건을 말한다. 여기서 "아브라함"이 언급된 이유는 아마도 그가 진정한 하나님이신 야웨를 온전히 섬기기 위해 잘못된 신들로부터 돌이켰던 경험이 있는 사람이기 때문일 것이다.

> 2 여호수아가 모든 백성에게 이르되 "이스라엘의 하나님 여호와께서 이 같이 말씀하시기를 '**옛적에 너희의 조상들 곧 아브라함의 아버지, 나홀의 아버지 데라가 강 저쪽에 거주하여 다른 신들을 섬겼으나** 3 내가 너희의 조상 아브라함을 강 저쪽에서 이끌어내어 가나안 온 땅에 두루 행하게 하고 그의 씨를 번성하게 하려고 그에게 이삭을 주었으며'"(수 24:2-3).

열방의 고관들도 거짓 신들을 버리고 아브라함과 같이 하나님의 백성이 된다. 그리고 세상의 모든 방패는 하나님의 소유가 된다. 여기서 "세상의 방패"(מָגִנֵּי־אֶרֶץ, 마기네-에레츠)는 "열방의 왕들"(נְדִיבֵי עַמִּים, 네디베 아밈)을 가리킨다.

우리의 **방패**(마기네누)는 여호와께 속하였고

우리의 왕은 이스라엘의 거룩한 이에게 속하였기 때문이니이다(시 89:18).

이는 하나님께서 이 땅의 모든 권력자들을 무력하게 만드실 것임을 시 사하는 표현이다(시 46:8-10).

4. 메시지

우리가 믿는 "아브라함의 하나님"은 "야곱(이스라엘)의 하나님"(4절) 이자 "열방의 하나님"(9절)이시다. 한마디로 그분은 온 땅의 하나님이 시다! 우리 하나님은 이스라엘과 열방을 차별하지 않고 모두를 동일하 게 품어주시는 분이다.

> 24 그날에 **이스라엘이 애굽 및 앗수르와**
>
> **더불어 셋이 세계 중에 복이 되리니**
>
> 25 이는 만군의 여호와께서 복 주시며 이르시되
>
> **"내 백성 애굽이여,**
>
> **내 손으로 지은 앗수르여,**
>
> **나의 기업 이스라엘이여,**
>
> 복이 있을지어다" 하실 것임이라(사 19:24-25).

따라서 그분을 따르는 신앙 공동체 역시 인종, 계층, 국가, 종교나 신념 등을 뛰어넘어 온 인류를 품는 "포용 공동체"가 되어야 한다.

너희는 유대인이나 헬라인이나 종이나 자유인이나 남자나 여자나 다 그리스도 예수 안에서 하나이니라(갈 3:28).

신앙은 혐오보다 사랑을, 다툼보다 용서를, 의혹보다 믿음을, 분열보다 일치를, 배제보다 포용을 요구한다. 포용보다 배제가 앞서는 세상에는 신앙이 떠나가고 그 자리에 불신앙만이 똬리를 튼 채로 남아 있게 된다. 마치 약이 잔뜩 오른 독사처럼!

48편

보이는 것보다 더 중요한 것:

"우리 하나님의 성에서 보았나니"

1. 양식

이 시편은 "시온시"(a song of Zion)로 분류된다. 이 시는 시온 성과 그곳에 계시는 하나님을 찬양한다.

2. 구조

1) 1-3절: 시온산의 영광에 대한 찬양
2) 4-8절: 시온의 불패(不敗)에 대한 찬양
3) 9-11절: 시온 순례자들의 찬양
4) 12-14절: 이방인의 신앙 고백

3. 내용

1) 시온산의 영광에 대한 찬양(1-3절)

¹ 여호와는 위대하시니 우리 하나님의 성,

거룩한 산에서 극진히 찬양 받으시리로다.

² 터가 높고 아름다워 온 세계가 즐거워함이여,

큰 왕의 성 곧 북방에 있는 시온산이 그러하도다.

³ 하나님이 그 여러 궁중에서

자기를 요새로 알리셨도다.

1-3절은 시온산의 영광에 대해 찬양한다. 야웨는 하나님의 성에서 모든 세상의 왕으로 통치하신다(1절). 2절은 시온의 아름다움을 노래한다. 시온은 단순히 이스라엘만의 성이 아닌 "온 세계"의 성이다. 여기서 "큰 왕"(מֶלֶךְ רָב, 멜레크 라브)은 야웨가 "위대한 왕"이자 "세계의 통치자"이심을 뜻한다(시 47:2; 95:3). "큰"(רָב, 라브)이라는 형용사는 야웨 하나님이 모든 신들 중 최고의 신임을 강조한다.

3절에 따르면 하나님은 그분의 성에 난공불락의 힘("피난처/요새")을 부여하셨다(시 46:5, 7). 이곳이 "요새"(מִשְׂגָּב, 미스가브)인 까닭은 이 성 자체가 힘을 가지고 있기 때문이 아니라, 야웨 하나님이 이 성의 보호자시기 때문이다. 따라서 시온이 이 시의 중심이 되는 것처럼 보일지라도 찬양의 진정한 대상은 시온에 거하시는 야웨이심을 알아야 한다.

2) 시온의 불패(不敗)에 대한 찬양(4-8절)

4 왕들이 모여서 함께 지나갔음이여,

5 그들이 보고 놀라고

두려워 빨리 지나갔도다.

6 거기서 떨림이 그들을 사로잡으니

고통이 해산하는 여인의 고통 같도다.

7 주께서 동풍으로

다시스의 배를 깨뜨리시도다.

8 우리가 들은 대로 만군의 여호와의 성,

우리 하나님의 성에서 보았나니

하나님이 이를 영원히 견고하게 하시리로다. (셀라)

4-8절은 시온의 불패에 대해 노래한다. 4절은 원래 "보라"(כִּי־הִנֵּה, 키-힌네)로 시작한다. 이방의 왕들이 동맹을 맺고("모여서 함께") 연합한 후 전투를 벌이기 위해 행군을 한다. 그리고 그들은 거룩한 성(시온)을 바라보았다(5절). 4-5절에 나타난 그들의 진격 과정은 "이방 왕들과 그들의 군대가 함께 모여 전투 태세를 갖춰 행진하면서 그 도시를 보고 놀라 두려움에 떨며 도망쳤다"로 바뀐다. 이를 요약하면 모임 → 행진 → 봄 → 놀람 → 두려움 → 도망 순이다. 그들은 아마도 "여호와의 나타나심"에 놀라 도망쳤을 것이다.

하나님이여, 물들이 주를 보았나이다.

물들이 주를 보고 두려워하며

깊음도 진동하였고(시 77:16).

6-7절은 시온에 계신 하나님의 왕적 권능을 강조한다. 이방의 왕들은 두려움에 몸부림친다. 그들은 "해산하는 여인"처럼 떨고 있다(כַּיּוֹלֵדָה חִיל, 힐 카욜레다, 6절). 또한 사막에서 불어오는 거센 동풍에 다시스의 배가 산산이 부서진다(7절). "다시스의 배"는 화려하게 무장하고 스페인의 다시스(욘 1:3)로 향하는 원양 항해선이다. 이것은 당시 최고의 선박으로서, 가장 튼튼한 큰 배를 뜻한다.

왕이 바다에 **다시스 배들**을 두어 히람의 배와 함께 있게 하고 그 다시스 배로 삼 년에 한 번씩 금과 은과 상아와 원숭이와 공작을 실어 왔음이더라(왕상 10:22).

다시스의 배는 떼를 지어 네 화물을 나르니 네가 바다 중심에서 풍부하여 영화가 매우 크도다(겔 27:25).

8절에서 시온의 순례자들은 4-7절에 묘사된 사건("우리가 들은 대로")을 직접 경험함으로써 확증한다("우리가 보았나니"). 시온은 함락되지 않는다. 순례자들은 이 점을 찬송조로 고백한다. "하나님이 이를 영원히 견고하게 하시리로다." 5절과 8절은 시온산에 거하시는 하나님을 본 후 대조적인 반응을 보이는 사람들을 다루고 있는데, 이들은 각각 야웨를 보고 "무서워서 떠는 대군의 인솔자인 이방의 왕들"(5절)과 "기뻐하는 순례자들"(8절)이다.

3) 시온 순례자들의 찬양(9-11절)

9 하나님이여,

우리가 주의 전 가운데서

주의 인자하심을 생각하였나이다.

10 하나님이여, 주의 이름과 같이

찬송도 땅 끝까지 미쳤으며

주의 오른손에는 정의가 충만하였나이다.

11 주의 심판으로 말미암아 시온산은 기뻐하고

유다의 딸들은 즐거워할지어다.

9-11절은 시온의 순례자들이 부르는 찬양이다. 이들은 하나님의 성의 내부("주의 전 가운데서")로 눈을 돌린다. 시온의 존엄성은 성전에 임재하시는 하나님이 그곳에서 자신의 "인자하심"(חֶסֶד, 헤세드)과 "정의"(צֶדֶק, 쩨데크)와 "심판"(מִשְׁפָּט, 미쉬파트)을 행하신다는 점을 근거로 한다(9-11절). 11절에 언급된 심판의 대상은 "큰 왕의 성"(קִרְיַת מֶלֶךְ רָב, 키르야트 멜레크 라브, 2절)인 시온을 공격하는 "이방 왕들"(הַמְּלָכִים, 하멜라킴, 4절)일 것이다. 이 "작은 왕들"(이방 왕들)은 시온에 계시는 "큰 왕"에 의해 무력화되었다. 그로 인해 시온산이 기뻐하고 그곳에 거하는 유다의 딸들이 즐거워한다.

4) 이방인의 신앙 고백(12-14절)

12 너희는 시온을 돌면서 그곳을 둘러보고

그 망대들을 세어보라.

13 그의 성벽을 자세히 보고

그의 궁전을 살펴서 후대에 전하라.

14 이 하나님은 영원히 우리 하나님이시니

그가 우리를 죽을 때까지 인도하시리로다.

12-14절은 이방인들의 신앙 고백을 다룬다. 12절에서 지칭하는 "너

희"는 4절의 "(이방) 왕들"을 가리킨다. 이제 그들은 하나님의 성 외부로 눈을 돌려야 한다. "시온의 하나님이 나타나심"(Epiphanie)으로 인해 무력화된 이방 왕들은 시온을 둘러싸고 있는 "망대들"(מִגְדָּל, 미그달)과 "성벽"(חֵיל, 헤일)과 돌로 건축된 "궁전들"(אַרְמוֹן, 아르몬)을 둘러보라는 명령을 받는다(12-13절). 그들은 자신의 후손들에게 "시온의 하나님이 참 하나님이시다"라는 깨달음을 반드시 전해야 한다.

14절은 "이방인들의 신앙 고백"이다. 그들은 "시온의 하나님("이 하나님")은 영원히 우리 하나님이시다"라는 고백을 통해 지금까지 섬겨 왔던 우상 신들을 버리고 시온의 하나님을 참 하나님으로 받아들인다.

10 이르시기를 "너희는 가만히 있어
내가 하나님 됨을 알지어다.
내가 뭇 나라 중에서 높임을 받으리라.
내가 세계 중에서 높임을 받으리라" 하시도다.
11 만군의 여호와께서 우리와 함께하시니
야곱의 하나님은 우리의 피난처시로다. (셀라) (시 46:10-11).

뭇 나라의 고관들이 모임이여,
아브라함의 하나님의 백성이 되도다.

세상의 모든 방패는 하나님의 것임이여,
그는 높임을 받으시리로다(시 47:9).

그리고 그 하나님이 자신들의 "목자"라는 사실도 고백한다. "인도하시리도다"(נָהַג, 나하그)라는 표현은 참 목자로서 안전하게 이끌어주는 것을 뜻한다(시 78:52; 80:1; 사 49:10; 63:14). 이처럼 야웨 하나님은 이스라엘 백성뿐만 아니라 이방 백성도 이끄시는 목자시다.

> 여호와가 우리 하나님이신 줄 너희는 알지어다.
> 그는 우리를 지으신 이요,
> 우리는 그의 것이니 그의 백성이요,
> **그의 기르시는 양**이로다(시 100:3).

4. 메시지

시온의 순례자들은 눈에 보이는 성전의 건물을 통해 보이지 않는 것들을 봄으로써 하나님의 인자하심과 정의와 심판을 깨닫는다. 시온은 성소에 내재된 특별한 능력이 아닌 성소에 임재하시는 하나님으로 인해 불패의 요새가 된다. 성소의 하나님은 인자하심(חֶסֶד, 헤세드)과 정의(צֶדֶק, 체데크)와 심판(מִשְׁפָּט, 미쉬파트)으로 통치하신다. 오늘날의 성소인 교회(성도) 역시 외부(건물)보다 내부(정신)를 통해 정체성을 확고히 해야 한다. 교회는 하나님의 통치가 실현되는 곳이다. 또한 교회는 하나님의 인자하심과 정의와 심판을 최우선의 가치로 삼고 하나님의 뜻을 실현해나가는 곳이 되어 하나님 나라를 향해 거룩한 순례의 길을 뚜벅뚜벅 걸어가는 공동체로 거듭나야 한다.

49편

존귀한 삶 vs 짐승의 삶:

"존귀하나 깨닫지 못하는 사람은
멸망하는 짐승 같도다"

1. 양식

이 시편은 "지혜시"(psalm of wisdom)로 분류된다. 이 시에 쓰인 지혜, 명철, 비유, 오묘한 말(3-4절)과 같은 표현들은 전형적인 지혜의 용어다.

2. 구조

1) 1-4절: 온 백성을 부르는 서론적 초청
2) 5-12절: 재물이 가진 한계
3) 13-15절: 어리석은 자들과 정직한 자들의 대조적인 운명
4) 16-20절: 재물의 덧없음

3. 내용

1) 온 백성을 부르는 서론적 초청(1-4절)

¹ 뭇 백성들아,

이를 들으라.

세상의 거민들아,

모두 귀를 기울이라.

² 귀천 빈부를 막론하고

다 들을지어다.

3 내 입은 지혜를 말하겠고

내 마음은 명철을 작은 소리로 읊조리리로다.

4 내가 비유에 내 귀를 기울이고

수금으로 나의 오묘한 말을 풀리로다.

1-4절은 남녀노소 및 빈부격차를 막론하고 온 백성들을 부르는 서론적 초청이다. 시인은 초청의 대상을 이스라엘로 국한하지 않고 "뭇 백성들"(כָּל־הָעַמִּים, 콜-하아밈)과 "세상의 거민들"(כָּל־יֹשְׁבֵי חָלֶד, 콜-요쉬베 할레드)까지 확대한다(1절). 이 초청은 "(비)천한 자"(בְּנֵי אָדָם, 베네 아담)와 "(존)귀한 자"(בְּנֵי־אִישׁ, 베네 이쉬) 그리고 "부한 자"와 "가난한 자" 간의 차이를 구별하지 않고 "모든" 사람을 교훈의 대상으로 삼는다(2절).

여기서 시인은 사람들에게 "지혜", "명철", "비유", "오묘한 말"을 주의 깊게 들으라고 교훈한다(3-4절). 그는 또한 "비유에 귀를 기울인다"(4절)고 말한다. 이는 그가 받은 "비유"(מָשָׁל, 마샬, "지혜 격언")가 하나님으로부터 직접 주어졌음을 강조하는 것으로서 5절 이후에 이어지는 교훈의 권위를 높여주는 역할을 한다.

2) 재물이 가진 한계(5-12절)

5 죄악이 나를 따라다니며

나를 에워싸는 환난의 날을 내가 어찌 두려워하랴.

6 자기의 재물을 의지하고

부유함을 자랑하는 자는

7 아무도 자기의 형제를 구원하지 못하며

그를 위한 속전을 하나님께 바치지도 못할 것은

8 그들의 생명을 속량하는 값이 너무 엄청나서

영원히 마련하지 못할 것임이니라.

9 그가 영원히 살아서

죽음을 보지 않을 것인가?

10 그러나 그는 지혜 있는 자도 죽고

어리석고 무지한 자도 함께 망하며

그들의 재물은 남에게 남겨 두고 떠나는 것을 보게 되리로다.

11 그러나 그들의 속 생각에

그들의 집은 영원히 있고

그들의 거처는 대대에 이르리라 하여

그들의 토지를 자기 이름으로 부르도다.

12 사람은 존귀하나 장구하지 못함이여,

멸망하는 짐승 같도다.

5-12절은 재물의 한계성에 대해 교훈한다. 시인은 현재 매우 곤란한 처지에 놓여 있다(5절). 아마도 "힘 있는 자들"(עֹשְׁרָם, 아쉬람, "부유한 자들")의 위협을 받고 있는 것 같다. 이들은 "재물을 의지하고 부유함을 자랑하는 자들"이다(6절). 사람이 재물을 의지하게 되면 자연히 하나님과 멀어진다. 7절은 아무리 재물이 많아도 죽음 앞에서는 소용이 없음을 말한다. 여기서 "구원하다"(פָּדָה, 파다)는 "값을 지불하고 죽음에서 건져내는 것"을 뜻한다(출 21:29-30; 잠 6:3, 5; 13:8). 그리고 "구원하지

(פָּדָה, 파다) 못하며"와 "속전을 하나님께 바치지도 못한다"는 표현은 하나님께서 사람의 생명을 요구하시는 상황에서는 다른 어떠한 대안도 찾을 수 없다는 뜻이다.

사람의 생명은 값을 매길 수 없을 정도로 비싸기 때문에 우리가 제 아무리 용을 써도 그 값을 영원히 지불할 수 없다(8절). 죽지 않고 영원히 사는 자도 없다(9절). 재물을 의지하면서 자신의 부유함을 자랑하는 사람 역시 죽음을 피할 수 없을 뿐만 아니라 자기가 소유한 많은 재물을 이 땅에 고스란히 두고 가야 한다(10절). 이처럼 이 구절은 피할 수 없는 죽음의 현실을 보여준다. 생명이 있는 존재는 모두 죽는다. 죽음은 "궁극적인 평등 장치"(ultimate equalizer)다. 모든 피조물은 죽음 앞에서 균등하고 평등하다.

11절은 부유한 자들이 품고 있는 생각을 폭로한다. 그들은 자신의 집과 처소가 영원히 보존될 것이라고 착각하고 토지를 마구 사들인다. 그러나 사람은 존귀한 상태로 영원히 머물 수 없다(12절). 왜냐하면 사람의 생명은 유한하기 때문이다. 이런 점에서 보면 인간은 멸망할 짐승과 조금도 다르지 않다.

18 내가 내 마음속으로 이르기를

"인생들의 일에 대하여 하나님이 그들을 시험하시리니

그들이 자기가 짐승과 다름이 없는 줄을 깨닫게 하려 하심이라" 하였노라.

19 인생이 당하는 일을 짐승도 당하나니

그들이 당하는 일이 일반이라.

다 동일한 호흡이 있어서

짐승이 죽음 같이 사람도 죽으니

사람이 짐승보다 뛰어남이 없음은 모든 것이 헛됨이로다(전 3:18-19).

3) 어리석은 자들과 정직한 자들의 대조적인 운명(13-15절)

13 이것이 바로 어리석은 자들의 길이며

그들의 말을 기뻐하는 자들의 종말이로다. (셀라)

14 그들은 양 같이 스올에 두기로 작정되었으니

사망이 그들의 목자일 것이라.

정직한 자들이 아침에 그들을 다스리리니

그들의 아름다움은 소멸하고

스올이 그들의 거처가 되리라.

15 그러나 하나님은 나를 영접하시리니

이러므로 내 영혼을 스올의 권세에서 건져내시리로다. (셀라)

13-15절은 "정직한 자들"과 "어리석은 자들"의 운명을 대조한다. 시인은 13절에서 재물을 의지하고 부요함을 자랑하는 자들을 "어리석은 자"로 평가한다. 사망은 그들을 스올로 이끄는 "목자"가 된다(14a절). 목자는 본래 돌봄과 보호를 의미하는 이미지다. "사망이 목자가된다"(מָוֶת יִרְעֵם, 마베트 이르엠)는 표현은 비꼬는 말로서, 구약성경에서는 이 부분에만 등장한다. 재물을 주인으로 삼은 자들의 궁극적인 주인은 사망이다. 그 결과 이들의 아름다움은 사라지고 그들의 거처는 스올

이 될 것이다(14b절).

그러나 하나님께서는 시인과 같이 정직한 자들을 스올의 권세(מִיַּד־שְׁאוֹל, 미야드-쉐올)에서 건져내신다(15절). 7절의 "구원하다"와 15절의 "건져내다"는 동일한 히브리어 동사 "파다"(פָּדָה)를 쓴다. 재물은 사람을 죽음에서 구원해내지 못하지만(7절), 하나님은 사람을 죽음의 권세에서 건져내신다(15절). 사람의 생명을 속량하기 위한 값은 너무 비싸서, 오직 하나님만이 그것을 대신 감당하실 수 있다.

4) 재물의 덧없음(16-20절)

16 사람이 치부하여 그의 집의 영광이 더할 때에
너는 두려워하지 말지어다.
17 그가 죽으매 가져가는 것이 없고
그의 영광이 그를 따라 내려가지 못함이로다.
18 그가 비록 생시에 자기를 축하하며
스스로 좋게 함으로 사람들에게 칭찬을 받을지라도
19 그들은 그들의 역대 조상들에게로 돌아가리니
영원히 빛을 보지 못하리로다.
20 존귀하나 깨닫지 못하는 사람은
멸망하는 짐승 같도다.

16-20절은 재물의 덧없음을 상세히 서술한다. 시인은 풍부한 재물을 이용하여 영광을 누리는 어리석은 자들의 번영을 부러워하거나 두려

워할 필요가 없다고 말한다(16절). 여기서 "너"는 부유하지 못한 가난한 자를 칭한다. 가난한 자는 부유한 자를 두려워하지 말아야 한다. "부유한 어리석은 자들"이 죽어도 그 많은 재물과 영광은 그들을 따라가지 않는다(17절). 최후 여정에는 부나 명예가 동행할 수 없다. 생시(生時)에 자신의 생애를 자축하고(자고[自高]) 사람들로부터 많은 칭찬을 받았을지라도(자만[自慢], 18절), 인간은 죽음이 다가오면 조상들의 품으로 돌아가 영원히 빛을 보지 못하게 된다(19절). 사람은 존귀하나 깨닫지 못하는 존재다(20절). 사람의 깨달음은 극히 제한적이다. 따라서 인간은 하나님 앞에서 영원한 무지의 존재일 수밖에 없다.

하나님이 모든 것을 지으시되

때를 따라 아름답게 하셨고

또 사람들에게는 영원을 사모하는 마음을 주셨느니라.

그러나 하나님이 하시는 일의 시종을

사람으로 측량할 수 없게 하셨도다(전 3:11).

16 내가 마음을 다하여 지혜를 알고자 하며

세상에서 행해지는 일을 보았는데

밤낮으로 자지 못하는 자도 있도다.

17 또 내가 하나님의 모든 행사를 살펴보니

해 아래에서 행해지는 일을 사람이 능히 알아낼 수 없도다.

사람이 아무리 애써 알아보려고 할지라도 능히 알지 못하나니

비록 지혜자가 아노라 할지라도 능히 알아내지 못하리로다(전 8:16-17).

무지한 사람은 멸망하는 짐승과 다를 바가 없다. 12절의 후렴구가 "인간의 무상함"을 가리킨다면, 20절은 "인간의 무지함"을 강조한다.

4. 메시지

모든 인간은 결국 죽는다. 지혜자도 죽고 어리석고 무지한 자도 죽는다. 죽음 앞에서 모든 것이 상대화된다. 이 세상에서 누렸던 부와 지위는 인간에게 그 어떤 것도 보증해주지 못한다. 아무리 큰 부자라 해도 생명의 위기 앞에서는 자신의 목숨을 구할 수 없다. 그러므로 인생의 한계를 깨닫지 못하고 재물만 의지해서 사는 삶은 어리석은 것이다. 우리를 죽음과 그 권세로부터 구원해주실 수 있는 분은 오직 하나님뿐이시다. 이 사실을 기억하고 그분만을 의지하고 사는 것이 가장 지혜로운 삶이 아닐까!

50편

앎과 삶이 다르면 악인이다:

"하나님을 잊어버린 너희여"

1. 양식

이 시편은 "예언시"(prophetic psalm)로 분류된다. 이 시는 독특하게도 사람이 하나님께 아뢰는 기도가 아닌 하나님이 사람에게 하시는 말씀으로 구성되어 있으며(시 50:5-23), 아마도 (성소) 예언자를 통해 주신 말씀으로 추정된다. 또한 본 시편에 등장하는 예언자는 재판 연설 양식에 따라 말을 하고 있다.

2. 구조

    1) 1-6절: 하나님의 소환
    2) 7-15절: 올바른 제사를 위한 재판 연설
    3) 16-21절: 올바른 삶을 위한 재판 연설
    4) 22-23절: 최후의 경고

3. 내용

1) 하나님의 소환(1-6절)

> 1 전능하신 이 여호와 하나님께서 말씀하사
> 해 돋는 데서부터 지는 데까지 세상을 부르셨도다.
> 2 온전히 아름다운 시온에서

하나님이 빛을 비추셨도다.

3 우리 하나님이 오사 잠잠하지 아니하시니

그 앞에는 삼키는 불이 있고

그 사방에는 광풍이 불리로다.

4 하나님이 자기의 백성을 판결하시려고

위 하늘과 아래 땅에 선포하여

5 이르시되 "나의 성도들을 내 앞에 모으라.

그들은 제사로 나와 언약한 이들이니라" 하시도다.

6 하늘이 그의 공의를 선포하리니

하나님 그는 심판장이심이로다. (셀라)

1-6절에서는 하나님이 자신의 백성을 소환하신다. 1절의 "전능하신
이 여호와 하나님"(אֵל אֱלֹהִים יְהוָה, 엘 엘로힘 야웨)이라는 어구는 하나님
의 명칭 세 가지가 결합된 매우 독특한 표현이다.

> 전능하신 자 하나님 여호와(엘 엘로힘 야웨), 전능하신 자 하나님 여호와
> (엘 엘로힘 야웨)께서 아시나니 이스라엘도 장차 알리라. 이 일이 만일 여
> 호와를 거역함이거나 범죄함이거든 주께서는 오늘 우리를 구원하지 마시
> 옵소서(수 22:22).

이는 야웨가 "최고의 하나님"(신들 중의 신이신 야웨)이심을 선포하는 것
이다(사 45:22-25). 이런 최고의 하나님께서 침묵을 깨고 당신의 백성
을 직접 소환하신다. "해 돋는 데서부터 지는 데까지"(שֶׁמֶשׁ עַד־מְבֹאוֹ

מִמִּזְרָח, 미미즈라흐-쉐메쉬 아드-메보오)는 동쪽에서부터 서쪽에 이르는 땅 전체를 가리키는 표현이다.

2절의 "하나님의 빛"(참조. 신 33:2)과 3절의 "삼키는 불과 광풍"(출 19:18; 나 1:3)은 하나님이 나타나실 때 동반되는 현상이다. 하나님은 특별한 말씀을 선포하시기 위해 현현(顯顯)하신다. 4절에서 "하늘과 땅"은 중립적인 증인으로 소환된다(신 31:28; 32:1; 사 1:2). 하나님은 이렇게 그분의 백성을 바로 잡으려고 하신다. 5절의 "나의 성도들"(חֲסִידִים, 하시딤)은 하나님과 언약을 체결함으로써 그분께 자신을 바친 야웨 신앙인들을 가리킨다. 6절에서는 "하늘"이 중립적인 증인이 되어 하나님이 심판장이심을 선포한다.

2) 올바른 제사를 위한 재판 연설(7-15절)

7 내 백성아,

들을지어다. 내가 말하리라.

이스라엘아,

내가 네게 증언하리라.

나는 하나님 곧 네 하나님이로다.

8 나는 네 제물 때문에 너를 책망하지는 아니하리니

네 번제가 항상 내 앞에 있음이로다.

9 내가 네 집에서 수소나

네 우리에서 숫염소를 가져가지 아니하리니

10 이는 삼림의 짐승들과

뭇 산의 가축이 다 내 것이며

11 산의 모든 새들도 내가 아는 것이며

들의 짐승도 내 것임이로다.

12 내가 가령 주려도 네게 이르지 아니할 것은

세계와 거기에 충만한 것이 내 것임이로다.

13 내가 수소의 고기를 먹으며

염소의 피를 마시겠느냐?

14 감사로 하나님께 제사를 드리며

지존하신 이에게 네 서원을 갚으며

15 환난 날에 나를 부르라.

내가 너를 건지리니

네가 나를 영화롭게 하리로다.

7-15절은 올바른 제사를 요구하는 재판 연설이다. 7절의 "나는 하나님 곧 네 하나님이로다"(אֱלֹהִים אֱלֹהֶיךָ אָנֹכִי, 엘로힘 엘로헤카 아노키)라는 말은 하나님께서 시내산에서 십계명을 수여하시던 장면의 도입부를 상기시킨다.

> 1 하나님이 이 모든 말씀으로 말씀하여 이르시되 2 "**나는**(아노키) 너를 애굽 땅, 종 되었던 집에서 인도하여 낸 **네 하나님 여호와니라**"(출 20:1-2).

하나님은 이 백성을 십계명의 언약을 체결하던 그때로 이끌고 가신다. 하나님이 질책하는 이유는 제물 때문이 아니다(8절). 사실 하나님은 제물을 필요로 하시는 분이 아니다(9절). 예배자들이 바치는 모든 제물은 원래 하나님의 것이다(10-11절). 이 세상에서 본디 그분의 것이 아닌 것은 하나도 없다(12절). 하나님은 "세계의 창조자"(Weltschöpfer)이자 온 "세계의 주인"(Weltherr)이시다. 또한 하나님은 백성이 드리는 제물을 먹거나 그 피를 마시는 분도 아니다(13절).

하나님은 제물 자체를 원하시는 것이 아니다. 하나님은 다른 것을 원하신다. 그분은 백성들이 감사 제사를 드리고 서원을 실행하며(14절) 환난 때 기도하기를 원하신다(15절). 14절의 "지존하신 이"(עֶלְיוֹן, 엘욘)는 세계의 창조자이자 주인을 뜻한다. 우주의 주인은 어떤 선물(제물, 예물)에도 영향을 받지 않는다(13절). 그분은 다만 우리가 모든 것이 그분이 주신 선물임을 깨닫고 인정하며 감사하기를 원하신다. 우리는 제물 없이도 감사 제사를 올릴 수 있지만, 감사 없이 제물을 바치는 것은 무익한 제사에 불과하다. 진정한 감사 그 자체가 하나님이 진정으로 원하시는 제물이다.

3) 올바른 삶을 위한 재판 연설(16-21절)

16 악인에게는 하나님이 이르시되

"네가 어찌하여 내 율례를 전하며

내 언약을 네 입에 두느냐?

17 네가 교훈을 미워하고

내 말을 네 뒤로 던지며

18 도둑을 본즉 그와 연합하고

간음하는 자들과 동료가 되며

19 네 입을 악에게 내어 주고

네 혀로 거짓을 꾸미며

20 앉아서 네 형제를 공박하며

네 어머니의 아들을 비방하는도다.

21 네가 이 일을 행하여도 내가 잠잠하였더니

네가 나를 너와 같은 줄로 생각하였도다.

그러나 내가 너를 책망하여

네 죄를 네 눈앞에 낱낱이 드러내리라" 하시는도다

16-21절은 올바른 삶을 요구하는 재판 연설이다. 악인(하나님의 백성)은 하나님의 율례와 언약을 잘 알고 있으며 그것을 전하기도 한다(16절). 그러나 그들은 일상에서 하나님의 교훈을 미워하고 하나님의 말씀과 전혀 무관한 삶을 산다(17절). 이들의 일상은 온갖 죄악으로 더럽혀져 있다(18-20절). 이들이 범한 죄악은 십계명의 "도둑질하는 것"(8계명), "간음하는 것"(7계명), "거짓 증거 하는 것"(9계명)과 관련된 것으로 보인다. 따라서 16절에 언급된 "나의 율례"(בְּרִיתִי, 베리티)는 "십계명"으로 볼 수 있다. 하나님은 십계명을 잘 알고 있으면서도 이를 실천하지 않는 사람을 "성도"가 아닌 "악인"(רָשָׁע, 라샤)이라고 일컬으신다(16절).

이 악인들은 하나님의 침묵을 보면서 그분이 자신의 암묵적 동조자라고 오인한다(21절). 그러나 하나님의 침묵은 그분의 동의를 나타내는 것이 아니라 그분의 인내를 보여주는 것이다. 하나님은 자주 침묵하신다. 그러나 영원히 침묵하시지는 않는다.

4) 최후의 경고(22-23절)

22 하나님을 잊어버린 너희여,

이제 이를 생각하라.

그렇지 아니하면 내가 너희를 찢으리니

건질 자 없으리라.

23 감사로 제사를 드리는 자가

나를 영화롭게 하나니

그의 행위를 옳게 하는 자에게

내가 하나님의 구원을 보이리라.

22-23절은 하나님이 내리시는 최후의 경고다. 이 시는 처벌 장면 대신 엄중한 경고와 마지막 가르침으로 끝난다. 하나님의 말씀을 입에 달고 살면서도 그에 순종하지 않는 것은 그분을 망각한 행태다(22절). 만성적으로 하나님을 망각한 환자들은 먹이를 찢는 굶주린 사자와 같은 진노의 하나님을 만나게 될 것이다.

사자가 부르짖은즉

누가 두려워하지 아니하겠느냐?

주 여호와께서 말씀하신즉

누가 예언하지 아니하겠느냐?(암 3:8)

내가 에브라임에게는 사자 같고

유다 족속에게는 젊은 사자 같으니

바로 내가 움켜갈지라.

내가 탈취하여 갈지라도 건져낼 자가 없으리라(호 5:14).

하나님을 잊어버린 자들은 결국 불가역의 심판을 맞이하게 된다. 23절은 진정한 제사(7-15절)와 진정한 일상(16-21절)이라는 기존의 두 가지 교훈을 통합한다. 이처럼 하나님은 감사로 올바른 제사를 드리며 올바른 일상의 삶을 사는 자에게 당신의 구원을 보여주실 것이다.

15 그러므로 우리는 예수로 말미암아 항상 **찬송의 제사**를 하나님께 드리자. 이는 그 이름을 증언하는 입술의 열매니라. 16 오직 **선을 행함과 서로 나누어 주기를 잊지 말라.** 하나님은 이같은 제사를 기뻐하시느니라(히 13:15-16).

인간의 삶은 감사를 통해 기쁨으로 충만해진다. 그것을 아시는 하나님은 당신의 백성에게 감사의 제사를 권하신다.

4. 메시지

이 시에서 하나님은 종교적 형식주의자들을 책망하신다. 하나님은 뜻밖에도 그분과 언약을 맺고 십계명을 잘 알며 이를 전하기도 하는 성도들을 악인으로 낙인찍으신다. "나의 성도들"(5절)은 "내 백성"(7절)으로 호칭이 바뀌고, 마침내 "악인"(16절)으로 불린다. 그들은 모든 예배에 적극적으로 참여하고 고액의 헌금도 거침없이 바친다. 외적으로는 경건해보이고 입술로는 은혜의 말을 달고 산다. 그러나 일상의 삶은 그렇지 않다. 이들은 예배의 자리에서는 한없이 겸손하고 경건하지만, 삶의 자리에서는 한없이 교만하고 세속적이다. 이런 삶은 종교와 일상이 이혼한 상태라고 할 수 있다. 말과 삶이 다른 사람이 있다면 그의 말을 지우고 삶을 주목해야 한다. 그의 "삶"이 바로 그 "사람"이기 때문이다. 이렇게 속과 겉이 다른 종교 형식주의자들은 하나님의 눈에 악인으로 보일 뿐이다. 예배와 생활이 판이하게 다른 사람은 곧 악인이다. 이들은 하나님을 망각한 표리부동한 사람들이다.

참고문헌

김이곤. 『시편(1): 1-60편』. 대한기독교서회 창립 100주년 기념 성서주석; 서울: 대한기독교서회, 2007.

김정우. 『시편주석(1)』. 서울: 총신대학교출판부, 2005(개정판).

김정우. 『시편주석(2)』. 서울: 총신대학교출판부, 2005.

김정우. 『시편주석(3)』. 서울: 총신대학교출판부, 2010.

김태경. 『시편(3): 90-150편』. 대한기독교서회 창립 100주년 기념 성서주석; 서울: 대한기독교서회, 2011.

데이비스, 엘런 F. 『하나님의 진심: 구약성경, 천천히 다시 읽기』. 양혜원 역. 서울: 복있는사람, 2017.

드클레세-왈포드, 낸시/롤프 제이콥슨/베스 라닐 태너. 『NICOT 시편』. 강대이 역. 서울: 부흥과개혁사, 2019.

로스, 앨런. 『예배와 영성: 앨런 로스의 시편 강해를 위한 주석 I (1-41편)』. 정옥배 역. 서울: 디모데, 2015.

로스, 앨런. 『예배와 영성: 앨런 로스의 시편 강해를 위한 주석 II (42-89편)』. 김수영 역. 서울: 디모데, 2016.

로스, 앨런. 『예배와 영성: 앨런 로스의 시편 강해를 위한 주석 III (90-150편)』. 김수영 역. 서울: 디모데, 2018.

루이스, C. S. 『시편사색』. 이종태 역. 서울: 홍성사, 2019.

메이스, 제임스 L. 『시편』. 신정균 역. 현대성서주석; 서울: 한국장로교출판사, 2002.

바이저, A. 『시편(1)』. 김이곤 역. 국제성서주석; 서울: 한국신학연구소, 1992.

바이저, A. 『시편(2)』. 김이곤 역. 국제성서주석; 서울: 한국신학연구소, 1992.

본회퍼, 디트리히. 『본회퍼의 시편 이해: 기도의 책』. 최진경 역. 서울: 홍성사, 2019.

송병현. 『시편(1): 1-41편』. 엑스포지멘터리; 서울: 도서출판이엠, 2018.

송병현. 『시편(2): 42-89편』. 엑스포지멘터리; 서울: 도서출판이엠, 2019.

송병현. 『시편(3): 90-150편』. 엑스포지멘터리; 서울: 도서출판이엠, 2019.

안소근. 『시편: 이스라엘의 찬양 위에 좌정하신 분』. 서울: 생활성서사, 2011.

알렌, C. 레슬리. 『시편 101-150)』. 손석태 역. WBC 성경주석; 서울: 솔로몬, 2001.

오경웅. 『시편사색』. 송대선 옮김·해설. 의왕: 꽃자리, 2019.

유선명. 『유목사의 시편 묵상』. 서울: 대서, 2019.

이환진. 『시편(2): 61-89편』. 대한기독교서회 창립 100주년 기념 성서주석; 서울: 대한기독교서회, 2010.

전봉순. 『시편 1-41편』. 거룩한 독서를 위한 구약성경 주해; 서울: 바오로딸, 2015.

전봉순. 『시편 42-89편』. 거룩한 독서를 위한 구약성경 주해; 서울: 바오로딸, 2016.

천사무엘(외). 『구약학자들의 시편 설교』. 서울: 한들출판사, 2018.

크레이기, 피터. 『시편 1-50)』. 손석태 역. WBC 성경주석; 서울: 솔로몬, 2000.

테이트, 마빈 E. 『시편 51-100)』. 손석태 역. WBC 성경주석; 서울: 솔로몬, 2002.

하우어워스, 스탠리/윌리엄 윌리몬. 『주여, 기도를 가르쳐 주소서』. 이종태 역. 서울: 복있는사람, 2006.

Anderson, A. A. *The Book of Psalms* Ⅰ (1-72). The New Century Bible Commentary; Grand Rapids; Eerdmans, 1972.

Anderson, A. A. *The Book of Psalms* Ⅱ (73-150). The New Century Bible Commentary; Grand Rapids; Eerdmans, 1972.

Brueggemann, W. "Psalms and the Life of Faith: A Suggested Typology of

Function." *JSOT* 17(1980), 3-32.

Brueggemann, W./W. H. Bellinger, Jr. *Psalms.* New Cambridge Bible Commentary;
New York: Cambridge University Press, 2014.

Clifford, R. J. *Psalms 1-72.* Abingdon Old Testament Commentaries; Nashville:
Abingdon Press, 2002.

Clifford, R. J. *Psalms 73-150.* Abingdon Old Testament Commentaries; Nashville:
Abingdon Press, 2003.

Davidson, R. *The Vitality of Worship: A Commentary on the Book of Psalms.* Grand
Rapids: Eerdmans, 1998.

Deissler, A. *Die Psalmen.* Düsseldorf: Patmos Verlag, 1993.

Estes, D. J. *Psalms 73-150.* The New American Commentary; Nashville: B&H
Publishing Group, 2019.

Fohrer, G. *Psalmen.* Berlin: Walter de Gruyter, 1993.

Gerstenberger, E. S. *Psalms Part 1 with an Introduction to Cultic Poetry.* FOTL;
Grand Rapids, Michigan: Eerdmans, 1988.

Gerstenberger, E. S. *Psalms Part 2 and Lamentations.* FOTL; Grand Rapids,
Michigan: Eerdmans, 2001.

Hossfeld, F.-J./E. Zenger. *Die Psalmen: Psalm 1-50.* Die Neue Echter Bibel;
Würzburg: Echter Verlag, 1993.

Hossfeld, F.-J./E. Zenger. *Die Psalmen: Psalm 51-100.* Die Neue Echter Bibel;
Würzburg: Echter Verlag, 2002.

Hossfeld, F.-J./E. Zenger. *Die Psalmen: Psalm 101-150.* Die Neue Echter Bibel;
Würzburg: Echter Verlag, 2012.

Kraus, H.-J. *Psalmen 1. Teilband Psalmen 1-59.* Biblischer Kommentar Altes
Testament; Neukirchen-Vluyn: Neukirchener Verlag, [6]1989.

Kraus, H.-J. *Psalmen 2. Teilband Psalmen 60-150.* Biblischer Kommentar Altes Testament; Neukirchen-Vluyn: Neukirchener Verlag, ⁶1989.

Limburg, J. *Psalms.* Westminster Bible Companion; Louisiville, Kentucky: Westminster John Knox Press, 2000.

Oeming, M. *Das Buch der Psalmen: Psalm 1-41.* Neuer Stuttgarter Kommentar Altes Testament; Stuttgart: Verlag Katholische Bibelwerk, 2000.

Oeming M./J. Vette. *Das Buch der Psalmen: Psalm 42-89.* Neuer Stuttgarter Kommentar Altes Testament; Stuttgart: Verlag Katholische Bibelwerk, 2010.

Oeming M./J. Vette. *Das Buch der Psalmen: Psalm 90-151.* Neuer Stuttgarter Kommentar Altes Testament; Stuttgart: Verlag Katholische Bibelwerk, 2016.

Schaefer, K. *Psalms.* Berit Olam: Studies in Hebrew Narrative & Poetry. Collegeville, Minnesota: The Liturgical Press, 2001.

Seybold, K. *Die Psalmen.* Handbuch zum Alten Testament; Tübingen: Mohr Siebeck, 1996.

Terrien, S. *The Psalms: Strophic Structure and Theological Commentary.* The Eerdmans Critical Commentary; Grand Rapids, Michigan: Eerdmans, 2003.

Weber, B. *Werkbuch Psalmen* Ⅰ: *Die Psalmen 1 bis 72.* Stuttgart: Kohlhammer, 2001.

Weber, B. *Werkbuch Psalmen* Ⅱ: *Die Psalmen 73 bis 150.* Stuttgart: Kohlhammer, 2003.

시인의 영성 1: 시편 1-50편 해설과 묵상

Copyright ⓒ 차준희 2021

1쇄 발행 2021년 4월 12일
5쇄 발행 2024년 7월 8일

지은이 차준희
펴낸이 김요한
펴낸곳 새물결플러스

편 집 왕희광 정인철 노재현 이형일 나유영 노동래
디자인 황진주 김은경
마케팅 박성민 이원혁
총 무 김명화 이성순
영 상 최정호
아카데미 차상희

홈페이지 www.holywaveplus.com
이메일 hwpbooks@hwpbooks.com
출판등록 2008년 8월 21일 제2008-24호
주 소 (우) 04114 서울시 마포구 신촌로28가길 29
전 화 02) 2652-3161
팩 스 02) 2652-3191

ISBN 979-11-6129-197-0 93230

책값은 뒤표지에 있습니다.